Netzwerk

Deutsch als Fremdsprache A2

Lehrerhandbuch A2

Katja Wirth

Klett-Langenscheidt
München

Von
Katja Wirth

Projektleitung: Angela Kilimann
Redaktion: Marion Schomer
Gestaltungskonzept, Layout und Cover: Andrea Pfeifer, München
Illustrationen: Florence Dailleux
Satz und Repro: kaltner verlagsmedien GmbH, Bobingen

Verlag und Autoren danken Christoph Ehlers, Beate Lex, Margret Rodi, Dr. Annegret Schmidjell und allen Kolleginnen und Kollegen, die **Netzwerk** begutachtet sowie mit Kritik und wertvollen Anregungen zur Entwicklung des Lehrwerks beigetragen haben.

Quellen: S. 108: Christian Morgenstern: Die drei Spatzen; Joachim Ringelnatz: Die Ameisen; Victor Blüthgen: Die fünf Hühnerchen

Netzwerk A2 – Materialien

Teilbände	
Kurs- und Arbeitsbuch A2.1 mit DVD und 2 Audio-CDs	606142
Kurs- und Arbeitsbuch A2.2 mit DVD und 2 Audio-CDs	606143
Gesamtausgaben	
Kursbuch A2 mit 2 Audio-CDs	606997
Kursbuch A2 mit DVD und 2 Audio-CDs	606998
Arbeitsbuch A2 mit 2 Audio-CDs	606999
Zusatzkomponenten	
Lehrerhandbuch A2	605010
Digitales Unterrichtspaket A2 (DVD-ROM)	605011
Interaktive Tafelbilder A2 (CD-ROM)	605012
Intensivtrainer A2	607000
Testheft A2	605013
Interaktive Tafelbilder zum Download unter www.klett-sprachen.de/tafelbilder	

Abkürzungsverzeichnis

AB	– Arbeitsbuch
GR	– Grammatik
IAW	– Interactive Whiteboard
KB	– Kursbuch
KV	– Kopiervorlage
TB	– Tafelbild
TN	– (Kurs-)Teilnehmer/in bzw. Teilnehmer/innen
WS	– Wortschatz

Besuchen Sie uns auch im Internet:
www.klett-sprachen.de/netzwerk

1. Auflage 1 7 6 5 4 | 2019 18 17 16

Gesamtherstellung: Print Consult GmbH, München

ISBN 978-3-12-605010-4
9 783126 050104

MIX
Papier aus verantwortungsvollen Quellen
FSC® C084279

Inhalt

Netzwerk – ein Lernpaket

Netzwerk richtet sich an Erwachsene und Jugendliche ab 16 Jahren ohne Vorkenntnisse, die Deutsch für Freizeit, Beruf, Studium oder Schule lernen wollen.
Das Lehrwerk führt in 6 Halbbänden bzw. 3 Gesamtbänden zu den Niveaustufen A1, A2 und B1 und bereitet auf die Prüfungen von Goethe-Institut, ÖSD und telc vor. Die Lernziele, die Sprachhandlungen und die Progression von Netzwerk entsprechen dem Gemeinsamen Europäischen Referenzrahmen (GER).
Band 2 bietet Material für die Niveaustufe A2 gemäß dem Gemeinsamen Europäischen Referenzrahmen. Die Anzahl der Unterrichtseinheiten ist abhängig von den Voraussetzungen der Lernergruppe sowie vom Kursformat, d. h. ob der Kurs mit hoher oder geringer wöchentlicher Stundenzahl durchgeführt wird. Zusätzlich spielt es eine Rolle, wie viele weitere Komponenten neben Kurs- und Arbeitsbuch in den Unterricht miteinbezogen werden.

Das **Konzept** von Netzwerk ist vielfältig und lerneraktivierend:
- Die Lernwege und die Spracharbeit sind kontextbezogen, handlungsorientiert und jederzeit für Lehrer und Lerner transparent.
- Die Lerner werden als individuelle Personen mit ihrer Muttersprache, ihrer Mehrsprachigkeit, ihrem kulturellen Hintergrund und ihren eigenen Lebenserfahrungen in die Lernwege integriert (z. B. durch Interviews, in denen sie als sie selbst handeln, durch die Präsentation der eigenen Stadt, durch Vergleiche mit der Muttersprache). Dadurch entsteht eine Verzahnung von kognitivem und emotionalem Lernen.
- Die Textsorten sind modern und aktuell, die Texte authentisch und aus dem Alltag der Lerner gegriffen.
- Die Aufgabenformen sind motivierend, abwechslungsreich und lerneraktivierend, sodass die Lerner bereits von Beginn an zum sprachlichen Handeln angeregt werden.
- Die Lerner können von Anfang an erfolgreich kommunizieren: Redemittel, Wortschatz und Strukturen werden kontextbezogen und frühzeitig im Überblick angeboten und geübt.
- Die Grammatik ist gebrauchsfertig und kommunikationsrelevant in den Kapitelablauf integriert. Die Formen und Strukturen, die bei einer Aufgabe benötigt werden, stehen direkt bei der Aufgabe in übersichtlichen Grammatikkästen.
- Wichtige Aspekte der gesprochenen Sprache werden von Anfang an niveaugerecht thematisiert.
- Die digitalen Medien sind durch Textsorten, Aufgabenformen und Layout im Kurs- und Arbeitsbuch sowie dem Angebot an zusätzlichen Komponenten integraler Bestandteil des Lehrwerks.

Darüber hinaus bietet Netzwerk neben den herkömmlichen Materialien auch eine enge **Vernetzung von Buch und digitalen Medien**:
- Der Film zum Buch: Die Lerner bekommen einen Einblick in den deutschsprachigen Alltag und trainieren das Hör-Seh-Verstehen. Die Filmszenen passen inhaltlich und strukturell zu konkreten Kursbuch-Aufgaben.
- Interaktive Tafelbilder: Mit zusätzlichen Sprechanlässen und über spielerische Vertiefung der Themen aus dem Kursbuch ermöglichen sie einen abwechslungsreichen und kommunikativen Unterricht.
- Das Digitale Unterrichtspaket: Eine DVD-ROM mit Kursbuch, Arbeitsbuch, Audiomaterial, Film, interaktiven Tafelbildern, Lehrerhandbuch, Arbeitsblattgenerator und vielem mehr unterstützt Sie bei einer modernen und flexiblen Unterrichtsvorbereitung und Unterrichtsgestaltung.
- Das Klett-Langenscheidt Unterrichtsportal: Es hält zusätzliche Materialien für Sie und Ihre Lerner bereit, wie z. B. alle Transkripte, interaktive Online-Übungen, Lernfortschrittstests, Modelltests des Goethe-Instituts, von telc und des ÖSD und vieles mehr. www.klett-sprachen.de/netzwerk
- Das Facebook-Profil von Bea Kretschmar: Die Lerner können mit der Hauptfigur des Films authentisch auf Deutsch kommunizieren und „erleben" Landeskunde. www.facebook.com/beakretschmar
- Das Facebook-Profil für Lehrer: Hier erfahren Sie mehr über aktuelle Veranstaltungen, den Werdegang von Netzwerk und vieles mehr. www.facebook.com/netzwerk.lehrwerk
- Moodle: Auf der Lernplattform stehen kursbegleitende Materialien wie Online-Übungen und Tests sowie Moodle-angepasste Aufgabenformate aus dem Kursbuch zur Verfügung.

Der Aufbau von **Netzwerk** A2

Kursbuch je 12 Kapitel, je 4 Plattformen

Arbeitsbuch je 12 Kapitel, je 4 Plattformen

DVD
Der Film zum Buch:
2–3 Szenen pro Kapitel
mit Aufgaben

Lehrerhandbuch
Unterrichtsvorschläge
Kopiervorlagen
Didaktisches Glossar

Audio-CDs
2 CDs zum Kursbuch
2 CDs zum Arbeitsbuch

Intensivtrainer
Übungen zu Wortschatz,
Grammatik und Redemitteln

Moodle
Materialien für Moodle-
Kursräume

Testheft mit Audio-CD
Lernfortschrittstests und
Prüfungsvorbereitung

Facebook-Profil
Netzwerk
Neues vom Lehrwerk
Kontakt mit anderen Lehrern

Interaktive Tafelbilder
3 Tafelbilder pro Kapitel auf
CD-ROM oder als Download

Facebook-Profil
Bea Kretschmar
Infos aus Beas Leben in D
Kommunikation mit Bea

Unterrichtsportal
Materialien und
Zusatzangebote
für Lehrer — für Lerner

Digitales Unterrichtspaket
Multimediales Vorbereiten
und Unterrichten mit einer
DVD-ROM

Hinweis: **Netzwerk** A2 ist auch in 2 Teilbänden erhältlich:
Integriertes Kurs- und Arbeitsbuch A2.1 mit DVD und 2 Audio-CDs (alle eingelegt)
Integriertes Kurs- und Arbeitsbuch A2.2 mit DVD und 2 Audio-CDs (alle eingelegt)

Die Komponenten des Lehrwerks

Das Kursbuch

Das Kursbuch (KB) enthält 12 Kapitel und vier Plattformen. Die Kapitel haben je zehn Seiten. Nach jeweils drei Kapiteln gibt es eine vierseitige Plattform mit spielerischen Angeboten zum Wiederholen von Strukturen, Wortschatz und Redemitteln der vorangegangenen drei Kapitel sowie zu Landeskunde, Literatur, Musik und anderen Themenbereichen.

Der Kapitelaufbau

Jedes Kapitel beginnt mit einer Doppelseite, die vor allem über Bildmaterial das Kapitelthema präsentiert und deren Schwerpunkt die Wortschatzarbeit ist. Der visuelle Einstieg lädt die Lerner ein, sich erstmals mit dem Thema zu befassen und dabei an ihr Vorwissen anzuknüpfen. Er motiviert zur konkreteren Auseinandersetzung mit dem Kapitelthema über abwechslungsreiche Aufgabentypen und Aktivitäten; es gibt auch immer eine Aufgabe zum Hörverstehen. Außerdem befindet sich zur Information der Lerner auf der linken Seite oben eine Übersicht über die Lernziele des Kapitels (Sprachhandlungen und Grammatik).

Die **Kapitelseiten 3–6** stellen den Progressionsteil dar. Auf diesen Seiten erarbeiten und üben die Lerner Wortschatz, Redemittel und grammatische Strukturen niveaugerecht in interessanten authentischen Kontexten. Dabei werden alle Fertigkeiten (Hören, Sprechen, Lesen, Schreiben) über die Kapitel hinweg gleichermaßen trainiert. Auch Ausspracheübungen sind in den Kapitelablauf integriert. Die Lernziele (Sprachhandlungen) sind oben auf der Seite sichtbar, so dass der Lerner jederzeit weiß, worauf die Aufgaben abzielen.

Die **Kapitelseiten 7 und 8** sind durch einen blauen Fond gekennzeichnet. Diese Seiten vermitteln einerseits landeskundliche Inhalte, andererseits bieten sie Fertigkeiten- und Strategietraining und erarbeiten Lerntechniken. Auch diese Doppelseite ist mit konkreten Sprachhandlungen als Lernziel verknüpft, die oben auf der Seite sichtbar sind.

DVD-Seite (Kapitelseite 9)

Auf der DVD-Seite finden Sie Aufgaben zu den Filmszenen, die das Kapitel thematisch und inhaltlich aufgreifen. Sie beinhalten Aufgaben zum Hör-Seh-Verstehen sowie vorbereitende Aufgaben (Aktivierung von Vorwissen, Vorentlastung) und weiterführende Aktivitäten (Recherche, eigene Sprachproduktion usw.). Die Aufgabenstellungen sind so gestaltet, dass sie sich für die Arbeit im Kurs eignen, die Lerner aber auch zu Hause mit der DVD arbeiten können. Stellen im Kapitel, an die der Film anknüpft, sind mit gekennzeichnet.

Kurz und klar (Kapitelseite 10)

Jedes Kapitel schließt mit einer Übersichtsseite ab, auf der die wichtigsten Lerninhalte des Kapitels noch einmal zusammengefasst dargestellt werden. Hier findet man einen klaren systematischen Überblick über die Redemittel und eine lernerfreundlich visualisierte Darstellung der Grammatik aus dem jeweiligen Kapitel.

Die Plattformen

Immer nach drei Kapiteln gibt es eine Plattform. Sie besteht aus zwei Doppelseiten: Auf der 1. Doppelseite gibt es ein Spiel zur Wiederholung von Strukturen, Wortschatz und Redemitteln der vorangegangenen drei Kapitel. Auf der 2. Doppelseite setzen sich die Lerner kreativ mit landeskundlichen Themen, mit Literatur, Liedern oder anderen interessanten Materialien auseinander.

Anhang

- **Grammatikübersicht:** eine systematische Übersicht über die im Kursbuch vermittelte Grammatik mit Verweis auf das Kapitel, in dem das Phänomen behandelt wird
- **Alphabetische Wortliste:** alle Wörter aus den Kursbuch-Kapiteln sowie alle Wörter aus den mit **Wortschatz** gekennzeichneten Arbeitsbuch-Aufgaben
- **Kurssprache** (hintere Umschlaginnenseite): visualisierter Wortschatz, Redemittel und wichtige Wendungen zur Kurssprache

Das Arbeitsbuch

Im Arbeitsbuch finden die Lerner eine große Vielfalt an Übungen zur Festigung und Vertiefung der Lerninhalte des Kursbuchs. Die Übungen sind im Allgemeinen für die Arbeit zu Hause vorgesehen. Die mit **Wortschatz** gekennzeichneten Aufgaben, die neuen Wortschatz einführen, sowie Aufgaben mit Interaktion sollten Sie in der Regel im Unterricht bearbeiten. Ebenso kann es sinnvoll sein, Übungen zur Vorentlastung oder Binnendifferenzierung in den Unterricht einzubeziehen. Auf die entsprechenden Übungen wird in den *Erläuterungen* des Lehrerhandbuchs hingewiesen.

Der Kapitelaufbau

Die Aufgabennummern von Kurs- und Arbeitsbuch sind parallel angeordnet, d. h. zu einer Aufgabe 5 im Kursbuch gibt es eine passende Übung 5 im Arbeitsbuch. Zur DVD-Seite gibt es keine Übungen im Arbeitsbuch. Die Lösungen zum Arbeitsbuch befinden sich auf dem Unterrichtsportal für Lehrer (www.klett-sprachen.de/netzwerk).
Am Ende eines Kapitels können die Lerner auf der *Rückschau*-Seite *Das kann ich nach Kapitel …* ihren Lernerfolg mit Hilfe von drei unterschiedlichen Aufgaben und der zu den Lernzielen des Kapitels passenden Selbsteinschätzung (Kann-Beschreibungen) kontrollieren. Hinter der Selbsteinschätzung sieht der Lerner auf einen Blick, wo im Kurs- und Arbeitsbuch ggf. Aufgaben zur Wiederholung stehen.
Im Anschluss finden die Lerner eine Doppelseite mit dem Lernwortschatz des Kapitels mit Schreibzeilen zum Eintragen der muttersprachlichen Entsprechung. Darüber hinaus gibt es auch Übungen zu den wichtigsten Wortschatz-Themen des Kapitels. Der Lernwortschatz gibt den Lernern die Möglichkeit, die Wörter aus dem Kapitel zu erarbeiten, zu wiederholen und auch zu erweitern.

Plattform mit Prüfungstraining

In den Arbeitsbuch-Plattformen können sich die Lerner mit Prüfungstrainings für die A2-Prüfung fit machen. Sie befassen sich mit Aufgabenformaten der A2-Prüfungen und lernen Strategien und Tipps für die Prüfung kennen. Sie bearbeiten auch exemplarisch Prüfungsaufgaben von *Start Deutsch 2*. (Eine Übersicht zu den vier Prüfungsteilen von *Start Deutsch 2* und den dazugehörigen Aufgaben in Band A2 finden Sie auf der ersten Seite der Plattform 1.) Auch im Kurs- und Arbeitsbuch sind Aufgabenformate aller Prüfungen (Goethe-Institut, telc und ÖSD) ohne explizite Kennzeichnung enthalten, so dass die Lerner am Ende von **Netzwerk** A2 mit allen Prüfungsformaten vertraut sind.

Symbole im Kursbuch und im Arbeitsbuch

Zu dieser Aufgabe gibt es ein interaktives Tafelbild.

Mini-Projekte regen die Lerner an, über das Buch hinaus zu arbeiten und zu recherchieren.

4.8 Hier passt Szene 8 (Kapitel 4) aus dem Film. Eine Aufgabe dazu gibt es auf der vorletzten Seite des Kapitels.

Hörtext auf der CD

Hörtext auf der CD mit Übung zur Aussprache

In der Schreibaufgabe wird niveaugerecht freies Schreiben ausprobiert und geübt.

Wortschatz AB Im Arbeitsbuch gibt es eine Aufgabe, in der noch mehr Lernwortschatz zu diesem Thema erarbeitet wird. Diese Übungen sind im Arbeitsbuch ebenfalls gekennzeichnet (**Wortschatz**) und sind die einzigen Arbeitsbuchübungen, in denen neuer Wortschatz eingeführt wird. Die Wörter dieser Aufgaben befinden sich auch in der alphabetischen Wortliste.

Aufgabe im Arbeitsbuch, die man mit und ohne Hilfe lösen kann. Die Lösungshilfen sind umgekehrt in kleiner Schrift unter der Aufgabe abgedruckt.

Hier werden Informationen, Strategien oder Lerntipps präsentiert.

In *Gut gesagt* werden Aspekte der gesprochenen Sprache und regionale Varianten vorgestellt. In der Regel gibt es dazu Hörbeispiele.

Audiomaterialien

Zum Kursbuch und zum Arbeitsbuch gibt es jeweils zwei CDs mit Hörtexten und Ausspracheübungen. Die CDs sind ins Buch eingelegt. Die Transkripte der Audiomaterialien sowie des Films finden Sie und Ihre Lerner auf dem Unterrichtsportal (www.klett-sprachen.de/netzwerk).
Sämtliche Transkripte sind auch im Digitalen Unterrichtspaket enthalten. Das Unterrichtspaket bietet Ihnen außerdem die Möglichkeit, im Unterricht Audios abzuspielen und gleichzeitig das passende Transkript zu zeigen.

Der Film – die DVD

Der Film zeigt das Leben von Bea Kretschmar, wie sie in bzw. bei München lebt und arbeitet. Die Filmszenen sind thematisch und situativ eng mit dem Kursbuch verzahnt. Es werden sowohl Sprachhandlungen als auch Wortschatz und Redemittel aus dem jeweiligen Kapitel aufgegriffen und dargestellt. Der Film bietet immer eine neue Variante des im Kapitel Präsentierten. Zu jeder Filmszene gibt es eine bestimmte Aufgabe im Kapitel, zu der die Filmszene inhaltlich und sprachlich passt; sie ist dort mit gekennzeichnet. Eine andere Möglichkeit ist es, den Film am Ende eines Kapitels einzusetzen. Auf der vorletzten Seite jedes Kursbuchkapitels finden Sie die Aufgaben zum Film, von denen einige auch ohne DVD lösbar sind (als Vorentlastung, zur Aktivierung des Vorwissens, eigene Sprachproduktion o. Ä.). Die Aufgaben sind so gestaltet, dass sie sich für den Unterricht im Kurs eignen. Falls nicht immer genug Zeit dafür ist, können die Lerner auch allein zu Hause mit der DVD arbeiten. Die Transkripte zum Film finden Sie auf dem Unterrichtsportal und im Digitalen Unterrichtspaket.

Interaktive Tafelbilder

Die interaktiven Tafelbilder eröffnen eine weitere Möglichkeit, den Unterricht abwechslungsreich und kommunikativ zu gestalten. Sie bieten zu den Kapiteln passende Sprechanlässe und vertiefen die Themen spielerisch und kurzweilig. Im Kursbuch sind die Tafelbilder mit gekennzeichnet.
Die Tafelbilder laufen auf Interactive Whiteboards aller Hersteller. Sie können auch über Beamer an die Wand projiziert und über den Computer aktiviert werden.

Die interaktiven Tafelbilder sind auf CD-ROM oder als kostenpflichtiger Download erhältlich. Auf der CD-ROM befinden sich neben den Tafelbildern die Lehrerhandreichung dazu und Portfolio-Tafeln, die dem Lehrer zur eigenen Bearbeitung zur Verfügung stehen. Lehrerhandreichung und didaktische Hinweise zu den Tafelbildern finden Sie außerdem in unserem Unterrichtsportal (www.klett-sprachen.de/netzwerk) bzw. im Digitalen Unterrichtspaket. Dort ist pro Kapitel auch ein (kostenloses) Tafelbild integriert, das sich auf Klick öffnen lässt.

Lehrerhandbuch

Das Lehrerhandbuch bietet zu jeder Kursbuch-Aufgabe Erläuterungen, wie Sie damit im Unterricht verfahren können, die Lösungen der Aufgabe sowie ggf. Varianten, Alternativen oder Erweiterungen. Auf Arbeitsbuch-Übungen, die in den Kurs einbezogen werden sollten (Wortschatz, interaktive Übungen, zur Vorentlastung, zur Binnendifferenzierung o. Ä.), wird ebenfalls hingewiesen. Im Anhang gibt es zwei Kopiervorlagen pro Kapitel und ein didaktisches Glossar.

Digitales Unterrichtspaket – elektronische Lehrerhandreichung und Unterrichtsmedium

Das Digitale Unterrichtspaket auf DVD-ROM beinhaltet Kursbuch, Arbeitsbuch, die Audio-Materialien, den Film, das Lehrerhandbuch, interaktive Tafelbilder, Lösungen, Transkripte, einen Arbeitsblattgenerator und vieles mehr.
Es ermöglicht Ihnen,

- Ihren Unterricht flexibel und effizient vorzubereiten.
- auf alle Medien per Klick zuzugreifen.
- mit dem Arbeitsblattgenerator aus dem vorhandenen Text- und Bildmaterial Arbeitsblätter zu erstellen, die auf den eigenen Unterricht zugeschnitten sind und vielfältige Übungsformen bieten.
- die o. g. Medien im Unterrichtsmodus über Beamer zu projizieren bzw. abzuspielen und für die Arbeit mit dem Interactive Whiteboard einzusetzen.
- Lösungen zu jeder Aufgabe anzuzeigen.
- zu jedem Kapitel ein kostenloses Tafelbild einzusetzen, das sich dort durch Klick auf ☐ im Kapitel öffnen lässt.

Intensivtrainer

Im Intensivtrainer finden die Lerner zu jedem Kapitel auf 5 Seiten zusätzliche Übungen zu Wortschatz, Redemittel und Grammatik. Im Anhang gibt es u. a. auch den Lösungsschlüssel. Der Intensivtrainer eignet sich besonders zur Wiederholung und zur Vertiefung zu Hause.

Testheft

Das Testheft mit Audio-CD beinhaltet zu jedem Kapitel Tests zu den vier Fertigkeiten sowie zu Wortschatz und Grammatik. Viele Aufgaben entsprechen im Format den Prüfungsaufgaben aus *Start Deutsch 2*, einige auch den Aufgaben aus dem ÖSD, und ermöglichen somit eine optimale Prüfungsvorbereitung.

Netzwerk im Netz

Das Netz ist beweglich: Wir laden Sie daher ein, **Netzwerk** immer wieder im Netz zu besuchen. Möglicherweise gibt es neue interessante Angebote für Sie und Ihre Lerner, die Sie noch nicht kennen!

Unterrichtsportal im Internet

Das Angebot für Lerner umfasst u. a. interaktive Online-Übungen, die Transkripte aller Hörtexte und des Films, den Kapitelwortschatz, eine Vorlage des Sprachenportfolios zum Ausfüllen und Bearbeiten sowie Lernfortschrittstests zu jedem Kapitel. Für Lehrer werden u. a. die Lösungen der Übungen im Arbeitsbuch, die Transkripte aller Hörtexte aus Kurs- und Arbeitsbuch, die Transkripte zum Film und der Kapitelwortschatz zur Verfügung gestellt. Ebenso gibt es zu **Netzwerk** passende Modelltests der A2-Prüfungen des Goethe-Instituts, von telc und des ÖSD. Die interaktiven Tafelbilder werden zum kostenpflichtigen Download angeboten; dazu gibt es eine (kostenlose) Lehrerhandreichung. Im Forum können Sie Ihre Meinung sagen und sich mit anderen Lehrern über **Netzwerk** oder andere Fragen rund um den Unterricht austauschen. www.klett-sprachen.de/netzwerk

Facebook

Das Facebook-Profil der Film-Hauptfigur Bea Kretschmar ist ein attraktives Angebot für die Lerner. Es bietet ihnen einen zusätzlichen Lernort, an dem sie die Fremdsprache in entspannter Atmosphäre ausprobieren können. Sie können mit Bea in Kontakt treten, mit Deutschen und Deutschlernern auf der ganzen Welt kommunizieren – und das ganz ohne die „Kontrolle" durch den Lehrer. Bea gibt zahlreiche, manchmal auch kuriose Informationen aus dem deutschsprachigen Alltag, wie z.B. Fotos vom Münchener Weihnachtsmarkt, Infos zu typischem Essen, lustige Videos mit deutschsprachiger Werbung usw. Darüber hinaus lädt Bea selbst zu Aktivitäten ein, an denen sich die Lerner aktiv beteiligen können, wie z.B. eine Befragung zu den beliebtesten deutschen Mädchennamen o.Ä. Und Bea spricht die Lerner immer wieder direkt an und fragt sie, wie es in ihrem Land ist, welche Meinung sie zu einem bestimmten Thema haben usw.
www.facebook.com/beakretschmar
Auch für Sie gibt es ein Facebook-Profil. Dort können Sie sich zum Beispiel über aktuelle Veranstaltungen oder den Werdegang von **Netzwerk** informieren. Sie können mit dem **Netzwerk**-Team Kontakt aufnehmen, etwas posten oder auch mit anderen Lehrern Erfahrungen austauschen und Ihre Meinung äußern.
www.facebook.com/netzwerk.lehrwerk

Moodle

Für die Arbeit mit **Netzwerk** stehen Ihnen und Ihren Lernern auf der Lernplattform Moodle kursbegleitende Materialien zur Verfügung. Neben Wortschatzübersichten, Online-Übungen, Tests usw. finden Sie auch kommunikative, interaktive Aufgaben aus dem Buch im veränderten und Moodle-angepassten Aufgabenformat wieder. So werden manche Partner-Dialog-Übungen aus dem Buch zum Chat, Diskussionsaufgaben zum Forum oder Aktivitäten, bei denen der Kurs gemeinsam Ideen sammelt oder Texte schreibt, zum Wiki. Mit **Netzwerk** auf Moodle können die Lerner auch von zu Hause aus miteinander in Kontakt treten, gemeinsam lernen und sich austauschen.

Didaktische Schwerpunkte

Vernetzung der Komponenten

Alle Komponenten des Lehrwerks sind miteinander in einem Lernpaket vernetzt. Die Materialien zu **Netzwerk** sind keine Zusatzmaterialien im herkömmlichen Sinne, sondern bilden ein mit dem Kursbuch eng verbundenes Netzwerk. Ihr Einsatz ist aber nicht obligatorisch, auch allein mit dem Kurs- und Arbeitsbuch sowie den Audio-CDs ist ein gelungener und lernerorientierter Unterricht gewährleistet.

Handlungsorientierung – Lerneraktivierung

In **Netzwerk** handeln die Lerner von Anfang an auf Deutsch. Die Grundlage hierfür bildet die Auswahl von modernen, aktuellen Textsorten (Mails, Chats, Blogs usw.) und lernerzentrierten Themen (Alltag, Hobbys, Arbeit, Gesundheit usw.) sowie die damit verbundene hohe Authentizität. Alle Aktivitäten sind auf reale Sprachhandlungen bezogen, die in Kurs- und Arbeitsbuch sichtbar über jeder Seite stehen.

- Vom ersten Kapitel an werden die Lerner in den Dialogen, den Hörtexten und den Filmszenen sowie in Lesetexten wie Forumsbeiträgen, Chats usw. für die Alltagssprache sensibilisiert. Darüber hinaus werden ebenfalls von Anfang an Aspekte der gesprochenen Sprache und regionale Varianten in der Rubrik *Gut gesagt* (mit Hörbeispielen) an die Oberfläche des Lehrwerks geholt.
- Die Lerner können sofort erfolgreich kommunizieren, da sie passend zu ihrem Niveau Anregungen zum Sprechen bzw. sprachlichen Handeln in verschiedenen Schwierigkeitsgraden erhalten: In Variationsdialogen tauschen die Lerner nur die farbig hervorgehobenen Satzteile aus – oder erstellen frei eigene Dialoge. Ein sorgfältig ausgewähltes und niveaugerechtes Chunk-Angebot sowie die dargestellten Redemittel helfen, schnell und effektiv Sicherheit im sprachlichen Handeln zu erlangen.
- Die Filmszenen greifen Sprachmaterial, Thema und Lernziele aus dem Kursbuch auf und geben den Lernern ein Beispiel für das sprachliche Handeln in der Realität.

- Das Lehrwerk bietet viele Sprech- und Schreibanlässe, bei denen die Lerner als sie selbst handeln bzw. in denen sie in Kooperation und Interaktion mit anderen aktiv sind; das sichert auch ihr Interesse an den Lerninhalten.
- Mit Hilfe der *Rückschau*-Seite im Arbeitsbuch können sich die Lerner ihre Fähigkeit, konkret sprachlich zu handeln, bewusst machen und reflektieren.

Grammatik – kontextgebunden und kommunikationsrelevant

Die Grammatik wird in **Netzwerk** kontextgebunden und kommunikationsrelevant eingeführt. Sie ist in den Kapitelablauf integriert und an der Stelle gebrauchsfertig in einem Grammatikkasten präsentiert, wo sie von den Lernern angewendet wird. Nur die Aspekte werden dargestellt, die für die Lösung der Aufgabe nötig sind. Das Neue wird sofort im Kursbuch geübt. Somit beginnt das Grammatiklernen mit leichter Anwendung und Erfolgserlebnissen. Im Arbeitsbuch wird die Grammatik kleinschrittig sowohl über induktive als auch deduktive Aufgaben vertieft. Bei Bedarf wird das komplette Paradigma erarbeitet. Auf der Übersichtsseite *Kurz und klar* befindet sich in jedem Fall eine gesamte Darstellung des Paradigmas.

Wortschatz

Netzwerk hält Wortschatz und Redemittel immer im Kontext bereit. Beides wird im Lehrwerk mit der Lebenswelt und den Interessen der Lerner verknüpft. Dadurch lernen sie schnell und effektiv, ihre ersten Schritte in der deutschen Sprache zu machen. Der Lernwortschatz wird im Kursbuch eingeführt, im Arbeitsbuch wird kein neuer Wortschatz vorausgesetzt. Nur größere Wortfelder werden im Kursbuch begonnen und im Arbeitsbuch erweitert und erarbeitet. Diese Aufgaben sind im Kursbuch deutlich mit Wortschatz AB, im Arbeitsbuch ebenfalls mit **Wortschatz** gekennzeichnet. Die neuen Wörter aus diesen Übungen sind in den Lernwortschatz und die Wortliste aufgenommen.

Berücksichtigung von Mehrsprachigkeit und Muttersprache

In **Netzwerk** – sowohl im Kursbuch als auch im Arbeitsbuch – werden die Lerner regelmäßig dazu angeregt, über Internationalismen bzw. Ähnlichkeiten mit anderen Fremdsprachen nachzudenken. Darüber hinaus stellen eine Vielzahl von Aufgaben einen Vergleich mit der Muttersprache oder anderen Fremdsprachen an (in Wortschatz und Grammatik, z. B. Perfekt, Possessivartikel). So wird eine Verknüpfung von neuem mit bereits vorhandenem Wissen erreicht und das neue Wissen besser im Gehirn verankert.

Binnendifferenzierung

Netzwerk bietet im Kursbuch eine große Aufgabenvielfalt, die Binnendifferenzierung ermöglicht. So gibt es z. B. einfache Variationsdialoge, in denen die Lerner nur einzelne (farbig gesetzte) Wörter austauschen müssen, und freie Dialoge, in denen ihrer Kreativität keine Grenzen gesetzt sind. Projekte bieten die Möglichkeit, dass sie sich nach ihren Stärken und Interessen einbringen können. Im Arbeitsbuch gibt es gekennzeichnete Übungen ‹› mit Lösungshilfen, die umgekehrt in kleiner Schrift unter der Übung stehen.
Darüber hinaus finden Sie im Lehrerhandbuch eine große Auswahl an Varianten, Alternativen und Erweiterungen zu den Aufgaben des Kursbuches sowie Kopiervorlagen für sprachlich stärkere und sprachlich schwächere Gruppen oder Lerner. Auch die weiteren Komponenten wie z. B. die interaktiven Tafelbilder, die Online-Übungen oder der Intensivtrainer eröffnen eine Vielzahl an Möglichkeiten zur Binnendifferenzierung.

Hinweise zur Arbeit mit dem Lehrerhandbuch

Das Lehrerhandbuch enthält Unterrichtsvorschläge, die Sie bei der Planung und Durchführung des Unterrichts mit **Netzwerk** unterstützen. Sie verdeutlichen, wie die einzelnen Aufgaben miteinander verzahnt sind, geben Hinweise zur möglichen didaktischen Umsetzung im Unterricht und bieten Varianten, Alternativen und Erweiterungen an. Zu jedem Kapitel gibt es zwei Kopiervorlagen. Den Schlusspunkt setzt das *didaktische Glossar*: eine alphabetische Zusammenstellung aller ▶ **Verweise** aus den *Erläuterungen zum Unterricht*. Die einzelnen Begriffe werden erklärt und mit praktischen Beispielen für den Einsatz im Unterricht ergänzt. Sie können das Glossar auch als Sammlung verstehen, die Sie jederzeit als Inspiration für Ihre Unterrichtsplanung zu Rate ziehen können.

Einführung

Jedes Kursbuchkapitel wird in Aufgabensequenzen unterteilt beschrieben. Eine Aufgabensequenz umfasst jeweils 1–3 zusammenhängende Sprachhandlungen und die dazugehörigen Lerninhalte (Wortschatz und Redemittel, Grammatik, Aussprache, Landeskunde, Strategie-/Fertigkeitentraining); diese sind einleitend über der zugehörigen Sequenz aufgeführt.
Zu jeder Sequenz finden Sie eine Tabelle, zu einem Kapitel also mehrere Tabellen mit jeweils drei Spalten:

	Erläuterungen zum Unterricht	Materialien
7a	Die TN sehen sich den Stadtplan an. Sie hören die Wegbeschreibung, ohne den Weg im Einzelnen zu verfolgen, und beantworten die Fragen im Kurs. Dann markieren sie die beiden Punkte im Plan. **Lösung:** *Die Personen sind am Markt. Der Mann sucht die U-Bahn.*	CD: Track 1.31 IAW: TB 3/2
7b	Kopieren Sie den Stadtplan einmal auf Folie. Lesen Sie mit den TN die Redemittel in der Sprechblase und in der Infobox. Dann hören sie die Wegbeschreibung noch einmal und zeichnen den Weg in den Stadtplan ein. Ein TN zeichnet den Weg auf der Folie ein. Die TN vergleichen im Kurs.	CD: Track 1.31 Kopie auf Folie, Folienstift
8	Lesen Sie gemeinsam mit den TN die Sprechblasen. Fragen Sie, in welchem Satz das Verb auf einer besonderen Position steht (*Gehen Sie* ...) und was der Satz bedeutet (*eine Aufforderung*). Thematisieren Sie, dass in einer Aufforderung / im Imperativ das Verb auf Position 1 steht. Sehen Sie dann gemeinsam den Grammatikkasten an und erklären Sie die Bildung des Imperativs mit *Sie*. Dann spielen jeweils 2 TN zusammen. Jeder würfelt 2 Mal, das erste Mal für den Start, das zweite Mal für das Ziel. Dann spielen sie Dialoge wie in den Sprechblasen vorgegeben.	je ein Würfel für 2 TN
	ERWEITERUNG: Zur Systematisierung der unregelmäßigen Verben mit Vokalwechsel bearbeiten je 2 TN Aufgabe 1 der **Kopiervorlage**, jeder TN sollte sein eigenes Blatt haben. Sie können ihre Ergebnisse mit der Tabelle im KB S. 35 vergleichen. (...)	KV
	Nach KB8 eignet sich Filmszene 3.7 mit KB13.	DVD: Szene 3.7
AB8d	im Kurs. Je 2 TN arbeiten zusammen. Sie notieren jeweils 3 Orte in der Nähe ihres Kursortes. Dann befragen sie sich gegenseitig und geben sich die passende Wegbeschreibung. (...)	

Die **1. Spalte** gibt die Nummer der Aufgabe im Kurs- oder Arbeitsbuch an.

In der **2. Spalte** finden Sie zu jeder Kursbuch-Aufgabe einen Vorschlag, wie Sie und die Lerner im Unterricht vorgehen können, und – wo nötig – die Lösung der Aufgabe. Zusätzlich erhalten Sie Ideen, wie Sie die Aufgabe verändern und/oder erweitern können. Auch der Einsatz der **Kopiervorlagen** ist hier vermerkt. Farbige Verweise in den Erläuterungen wie z. B. ▶ **Domino** weisen auf besondere Aktivitäten hin. Sie sind im *didaktischen Glossar* am Ende des Lehrerhandbuchs alphabetisch aufgelistet und erklärt.
Schließlich finden Sie in den *Erläuterungen zum Unterricht* Hinweise auf Arbeitsbuch-Übungen, die Sie möglichst im Kurs bearbeiten sollten (z. B. zur Vorentlastung und Binnendifferenzierung, mit Piktogramm Wortschatz, interaktive Übungen usw.). Außerdem gibt es Vorschläge zum Einsatz der DVD: Eine konkrete Filmszene (mit passender Aufgabe) ist nach einer konkreten Kursbuch-Aufgabe geeignet. Die Lösungen zu den DVD-Aufgaben befinden sich am Ende eines jeden Lehrerhandbuchkapitels.
Zu einigen Aufgaben liefert das Lehrerhandbuch auch landeskundliche Hintergrundinformationen (INFO); Sie können diese an Ihre Lerner weitergeben, um ihnen das Verständnis einer Aufgabe oder eines Textes zu erleichtern.

In der **3. Spalte** stehen parallel zu den Erläuterungen die Materialien, die für den Unterricht benötigt werden (CD mit Trackangabe, Papier, Kärtchen, Stifte, Kopien des Kursbuchs, Kopiervorlagen usw.). *Kopie auf Folie* heißt, dass Sie etwas projizieren können; ob mit einem OHP oder mit einem Beamer, hängt von Ihren Gegebenheiten vor Ort ab.
Ebenso stehen unter Materialien die Filmszenen (DVD mit Kapitel- und Szenenangabe) sowie die Tafelbilder (Tafelbild mit Kapitel- und Nummernangabe) an der Stelle, an der sie im Kursbuch eingesetzt werden können. Die Aufgaben zum Film sind so gestaltet, dass sie sich ohne weitere Erläuterungen bearbeiten lassen. Lehrerhandreichungen mit weiterführenden Hinweisen zu den Tafelbildern und den DVD-Aufgaben finden Sie im Digitalen Unterrichtspaket bzw. auf dem Unterrichtsportal.

Das **Netzwerk**-Team wünscht Ihnen und Ihren Lernern viel Erfolg und viel Vergnügen bei der Arbeit mit **Netzwerk**!

Rund ums Essen

1

Sprachhandlungen: über Essen sprechen
Lerninhalte: WS: Gespräche beim Essen (Küche und Kochen, Essgewohnheiten)

	Erläuterungen zum Unterricht	Materialien
1a	Kopieren Sie die 6 Fotos je 2 Mal groß und hängen Sie ein Set an die rechte Wand, das andere an die linke Wand des Kursraums. Teilen Sie die TN in 2 Gruppen auf. Kopieren Sie für jede Gruppe die Sprechblasen groß und schneiden Sie sie aus. Jede Gruppe versucht nun, die Sprechblasen den Fotos zuzuordnen. Die Gruppen vergleichen ihre Lösung. **Lösung:** *1E; 2C; 3D; 4F; 5A; 6B*	Kopien der Fotos und der Sprechblasen IAW: TB 1/1
	VARIANTE für sprachlich stärkere Gruppen: Je 6 TN arbeiten zusammen. Geben Sie jedem TN eines der 6 Fotos. Die TN beschreiben sich gegenseitig ihre Fotos so genau wie möglich. Danach kleben sie alle Fotos auf ein DIN-A3-Papier und erweitern diese mit (möglichst originellen) Sprech- und Denkblasen. Im Anschluss daran lesen sie die Gespräche von KB1a, ordnen sie den Bildern zu und vergleichen sie mit ihren eigenen Ideen.	Kopien der Fotos, DIN-A3-Papier, Kleber
1b	Die TN hören die Gespräche und kreuzen an, was die Personen sagen. **Lösung:** *1; 3; 4; 5; 7; 8; 9; 10; 11*	CD: Track 1.2–4
1c	Sammeln Sie mit den TN Orte, an denen sie meistens essen (*zu Hause, in der Kantine, im Restaurant, unterwegs …*). Danach erzählen die TN, was sie gerne essen. Die TN können auch zuerst in Kleingruppen darüber sprechen, was und wo sie gerne essen. Anschließend macht jede Gruppe eine kleine Zusammenfassung im Kurs.	
	VARIANTE: Machen Sie mit den TN eine ▶ **Sprechmühle**. Geben Sie den TN 2 Minuten (1 Minute pro Person) Zeit, um sich zu erzählen, wo und was sie normalerweise gern zum Frühstück essen. Danach dreht sich einer der beiden Kreise nach Ihrer Anweisung weiter. Die TN haben nun alle einen neuen Gesprächspartner, dem sie in einer weiteren Minute erzählen sollen, was und wo sie zu Mittag essen. Verfahren Sie ebenso mit der Zwischenmahlzeit am Nachmittag und mit dem Abendessen. Abschließend können die TN im Kurs berichten, an welche Informationen sie sich noch erinnern.	
AB 1b–c	b im Kurs oder als Hausaufgabe, c im Kurs: Je 2 TN arbeiten zusammen. Jeder TN liest einen der beiden Texte und berichtet seinem Partner darüber.	

Sprachhandlungen: Informationen zu Personen verstehen; über Essen sprechen; sich und andere vorstellen
Lerninhalte: WS: Küche und Kochen | GR: Possessivartikel im Dativ: *meinem Freund*; *doch* (nach Ja-/Nein-Fragen) | Aussprache: *ch* wie in *ich* oder *ch* wie in *acht*

	Erläuterungen zum Unterricht	Materialien
2a	Projizieren Sie die Zeichnung. Die TN ordnen die Wörter zu.	Kopie auf Folie
	ERWEITERUNG für sprachlich stärkere Gruppen: Wenn die TN noch mehr Gegenstände und Aktivitäten benennen können, sammeln Sie diese gemeinsam an der Tafel.	
2b	Die TN beschreiben das Bild im Kurs so genau wie möglich.	
2c	Die TN hören den Hörtext und verbinden die Personen mit den passenden Informationen. Danach lesen einige der TN die kompletten Sätze laut vor. Die TN sehen sich noch einmal die Zeichnung an und überlegen, welche Personen im Hörtext vorkommen und wie sie heißen. **Lösung:** *2 Laura Singer besucht den Kurs mit ihrem Freund. 3 Marco Wäger hat von seiner Großmutter kochen gelernt. 4 Marco Wäger hat viel Spaß bei seinem Hobby Kochen. 5 Tina Stein möchte Gerichte aus ihren Kochbüchern kochen. 6 Cem Metin backt gern.*	CD: Track 1.5
	ERWEITERUNG: Machen Sie mit den TN ein kleines Koch-Projekt. Bitten Sie die TN, sich im Internet ein möglichst einfaches Rezept auszusuchen (vielleicht einen Salat, einen Aufstrich oder einen Kuchen). Die TN kochen das Rezept zu Hause nach und bringen das Ergebnis zum gemeinsamen Probieren in den Kurs mit. **Links:** www.chefkoch.de; www.kochbar.de; www.kuechengoetter.de	

2d	Projizieren Sie die Tabelle und die Sätze aus KB2c. Die TN lesen die Sätze noch einmal. Lassen Sie von den TN die Präpositionen, die den Dativ fordern, und die Artikel im Dativ in den Sätzen markieren. Erklären Sie, dass die Endungen des Possessivartikels im Dativ mit den Endungen des bestimmten Artikels im Dativ übereinstimmen. Die TN ergänzen die Tabelle im KB und vergleichen im Kurs. **Lösung:** *mit ihr**em** Freund; bei sein**em** Hobby; in sein**er** Küche; aus ihr**en** Kochbüchern*	Kopie auf Folie IAW: TB 1/2
	Nach KB2 eignet sich Filmszene 1.1 mit KB15. Wenn die TN den Film zu A1 nicht gesehen haben bzw. eine kurze Wiederholung zu den Personen des Films wünschen, können Sie zuvor den Film-Trailer mit KB14 bearbeiten.	DVD: Szene 1.1 DVD: Trailer
3	Geben Sie je 3–4 TN einen Würfel. Schreiben Sie die Strukturen *Von … habe ich … gelernt.* und *Mit … habe/bin ich …* an die Tafel und lassen Sie die 2 Beispielsätze vorlesen. Die TN würfeln abwechselnd und bilden je nach Anzahl der Würfelpunkte einen Satz mit der Person aus der Tabelle.	ein Würfel pro Gruppe
	ERWEITERUNG: Je 2–3 TN machen eine ▶ **Collage**. Die TN schneiden Fotos aus, kleben sie auf das Blatt und beschriften sie mit Sätzen, die einen Possessivartikel im Dativ enthalten, z. B. *Das ist George Clooney mit seiner neuen Freundin. Das sind Angelina Jolie und Brad Pitt in ihrem Auto. Das ist Prinz William nach seiner Geburtstagsparty* usw. Jede Gruppe stellt ihr Ergebnis im Kurs vor, zeigt die Bilder und liest die Sätze laut vor.	Collage
4a	Die TN hören das Gespräch und kreuzen die richtigen Aussagen an. **Lösung:** *2; 3*	CD: Track 1.6
4b	Wählen Sie je 2 TN aus, die die 3 Dialoge laut vorlesen. Achten Sie dabei auf die korrekte Intonation. Die restlichen TN kreuzen die richtige Lösung an und vergleichen dann im Kurs. **Lösung:** *Der Kurs macht Laura Spaß. Laura isst heute keinen Fisch. Laura kommt nicht mit.* Sehen Sie sich mit den TN den Grammatikkasten an. Erklären Sie, dass man bei Fragen ohne Verneinung mit *ja* oder *nein* antwortet, bei Fragen mit Verneinung aber mit *doch* oder *nein*. Lesen Sie noch einmal die Fragen aus dem Grammatikkasten und antworten Sie besonders deutlich: *Schmeckt's dir? – Ja, es schmeckt einfach super. / Nein, ich finde, es schmeckt überhaupt nicht gut.* oder *Schmeckt's dir **nicht**? – Nein, es schmeckt schrecklich. / **Doch**, das Essen ist einfach super.* Verdeutlichen Sie den Unterschied ggf. mit einem weiteren Beispiel aus den vorherigen Dialogen.	
4c	Die TN notieren 4 Ja-/Nein-Fragen, von denen 2 eine Verneinung enthalten, die anderen beiden nicht. Anschließend suchen sie sich nacheinander 3 verschiedene Partner, denen sie ihre Fragen stellen und deren Fragen sie beantworten.	
	VARIANTE: Die TN schreiben die Fragen einzeln auf Kärtchen und machen einen ▶ **Kursspaziergang**.	Kärtchen
5a	Projizieren Sie die Zeichnung aus KB2a oder sehen Sie sich gemeinsam mit den TN das Buch an. Zeigen Sie auf Jean Leichter und fragen Sie, was die TN über ihn wissen (*er ist Küchenchef im Restaurant Gargamel, er leitet einen Kochkurs*). Lassen Sie die TN nun im Kurs über seine Ausbildung, seinen Beruf, seine Hobbys und seine Sprachkenntnisse spekulieren und notieren Sie die Vermutungen an der Tafel. Die TN hören dann das Porträt von Jean Leichter und notieren zu jedem Punkt 2 Informationen. Vergleichen Sie mit den Vermutungen an der Tafel. **Lösung:** *Ausbildung und Beruf: ist Koch und hat ein Restaurant in Garmisch; hat in einem Hotel in Genf und auf einem Schiff gearbeitet; Hobbys: in der Natur sein und Ski fahren; Sprachen: Französisch und Englisch*	Kopie auf Folie von KB2a CD: Track 1.7
	VARIANTE für sprachlich schwächere Gruppen: Teilen Sie den Kurs in 3 Gruppen, jede Gruppe konzentriert sich nur auf einen der Punkte des Porträts (Ausbildung/Beruf, Hobbys oder Sprachen).	
5b	Sammeln Sie im Kurs Fragen, die sich die TN gegenseitig zu den Themen *Ausbildung und Beruf*, *Hobbys* und *Sprachen* stellen könnten, und halten Sie diese an der Tafel fest.	
	VARIANTE: Die TN arbeiten in 3 Gruppen. Sie entwerfen Fragen zu jeweils einem Thema und stellen diese dann im Kurs vor.	
5c	Lassen Sie die TN Paare bilden; dabei sollten möglichst 2 TN zusammenarbeiten, die sich bisher noch wenig kennen. Kennt sich der Kurs schon gut, können Sie passend zum Thema *Rund ums Essen* mit Gummibärchen, farbigen Bonbons o. Ä. Paare bilden. Verteilen Sie die Süßigkeiten an die TN, diejenigen mit der gleichen Farbe arbeiten zusammen. Die TN interviewen sich gegenseitig und stellen ihren Partner dann im Kurs vor.	Süßigkeiten

6a	Sprechen Sie den TN *ich* und *acht* vor. Die TN sprechen nach. Wenn den TN die Unterscheidung der Aussprache Schwierigkeiten bereitet, versuchen Sie Ihnen die Stellung der Zunge bewusst zu machen. Für den Ich-Laut können die TN ein langes *j* wie in *ja* sprechen (*jjjjjjjj*), nach einigen Sekunden die Stimme wegnehmen und weiterflüstern. Dabei entsteht der Ich-Laut. Spielen Sie dann die ersten beiden Wörter (*Küche* und *kochen*) vor. Die TN sprechen die Wörter nach und versuchen, die Aussprache des *ch* zu unterscheiden. Dann hören sie die übrigen Wörter und kreuzen an, was sie hören. Lesen Sie die Wörter noch einmal vor, die TN sprechen nach und kontrollieren ihr Ergebnis. **Lösung:** *wie **ich**: Küche, riechen, möchten, gleich; wie **ach**t: kochen, nach, auch, besuchen*	CD: Track 1.8
6b	Die TN sehen sich noch einmal die Wörter aus KB6a an und spekulieren darüber, in welchen Lautumgebungen *ch* wie in *ich* oder *ch* wie in *acht* gesprochen werden. Sie vergleichen dann mit der Infobox. Danach ordnen je 2 TN die Wörter und hören zur Kontrolle. Lesen Sie die Wörter noch einmal laut vor, die TN sprechen erst im Chor, dann einzeln nach. **Lösung:** *wie in **ich**: Milch, sprechen, Gespräch, Brötchen, vielleicht, euch, Bücher; wie in **ach**t: Kuchen, Sprache, brauchen, Koch*	CD: Track 1.9

Sprachhandlungen: eine Bildgeschichte verstehen und wiedergeben; etwas begründen; über Gefühle sprechen; Vermutungen äußern
Lerninhalte: WS: Gefühlsverben \| GR: reflexive Verben: *sich freuen*; Nebensatz mit *weil*

	Erläuterungen zum Unterricht	Materialien
AB7a	im Kurs zur Wortschatz-Vorentlastung vor KB7a.	
7a	Die TN beschreiben die Fotos und überlegen, was passiert sein könnte. VARIANTE: Je 3 TN arbeiten zusammen. Geben Sie jedem TN in jeder Gruppe eines der 3 Fotos ohne Bildnummer. Jeder TN beschreibt nun so genau wie möglich sein Foto, ohne dass die anderen es sehen. Danach überlegt die Gruppe gemeinsam, in welcher Reihenfolge die Fotos aufeinanderfolgen. ERWEITERUNG: Die TN kleben die Fotos auf ein Papier und schreiben in „Denkblasen", was Rick in diesen Situationen denkt.	Kopien der Fotos DIN-A3-Papier, Kleber
7b	Je 2 TN lesen den Skype-Dialog und überlegen, welche Skype-Nachricht wo passt. 2 TN lesen ihren Dialog zur Kontrolle im Kurs vor. Dann fassen die TN zusammen, was Rick passiert ist. **Lösung:** *F; A; D; E; C*	
7c	2 TN lesen den Skype-Dialog laut vor. Erklären Sie, dass in diesem Dialog mehrere Verben mit Reflexivpronomen vorkommen. Zeigen Sie am grau markierten Beispiel die einzelnen Elemente. Fragen Sie die TN, ob es in ihrer Sprache reflexive Verben gibt, und lassen Sie sich ggf. einige nennen. Die TN markieren in den Sätzen das Reflexivpronomen und das dazugehörige Subjekt. Danach ergänzen sie die Tabelle und korrigieren im Kurs. Schreiben Sie ein Verb in allen Personalformen an die Tafel. Machen Sie die TN darauf aufmerksam, dass die Reflexivpronomen den Personalpronomen im Akkusativ gleichen und sich nur in der 3. Person Singular und Plural unterscheiden (*sich* vs. *ihn/es/sie; sie/Sie*). **Lösung:** *ich langweile mich; du ärgerst dich; wir treffen uns*	
8	Je 2 TN schreiben eine Geschichte zu den Bildern von KB7a. Dazu formulieren sie zu jedem Bild 1–2 Sätze. Jede Gruppe stellt ihre Geschichte einer anderen Gruppe vor. Lesen Sie 2–3 im Kurs vor.	
9a	Die TN sehen sich noch einmal die Bildgeschichte in KB7a an und überlegen dann im Kurs, zu welchen Satzanfängen A und zu welchen B passt. **Lösung:** *Er freut sich, weil Lisa zum Abendessen kommt. Er ist traurig, weil Lisa nicht gekommen ist. Er ärgert sich, weil Lisa nicht gekommen ist. Er zieht sich um, weil Lisa zum Abendessen kommt.*	
9b	Spielen Sie mit den TN ▶ **Lebendiger Satz**. Schreiben Sie jedes Wort der 4 Hauptsätze des oberen Teils des Grammatikkastens groß auf ein Blatt Papier und verteilen Sie diese unter den TN. Die übrigen TN positionieren diese so, dass die 4 Sätze in der richtigen Reihenfolge stehen. Geben Sie dann 2 weiteren TN ein Blatt mit *weil* in die Hand. Die TN ohne Blatt positionieren die TN mit Blättern nun so, dass beide Male ein Haupt- und ein Nebensatz entstehen. Lesen Sie gemeinsam die Infobox, danach füllen die TN den Grammtikkasten aus und markieren die Verben. **Lösung:** *Er freut sich, weil Lisa zum Abendessen kommt. Er ärgert sich, weil sie nicht gekommen ist.*	DIN-A4-Papiere mit den Wörtern der Sätze

9c	Bilden Sie 2 Gruppen und geben Sie jeder Gruppe ein DIN-A3-Papier. Schreiben Sie auf das eine Blatt *Ich ärgere mich, weil ...*, auf das andere *Ich freue mich, weil ...* Die Gruppen diskutieren untereinander, erzählen sich gegenseitig, warum sie sich ärgern bzw. freuen, und schreiben die Ideen dazu auf ihr Blatt. Weisen Sie die TN darauf hin, dass nicht alle Aussagen der Wahrheit entsprechen müssen und natürlich gerne auch originelle und kuriose Sätze gebildet werden können. Nach ca. 10 Minuten werden die Blätter getauscht. Lassen Sie danach von den TN Sätze formulieren, z. B. *Max ärgert sich, weil seine Frau zu viel Geld ausgibt. Carolina freut sich, weil ihr Freund sie besucht.*	DIN-A3-Papier IAW: TB 1/3
	ERWEITERUNG: Kopieren Sie für je 3–4 TN das Kartenset auf der **Kopiervorlage**. Erklären Sie, wie das Spiel funktioniert (genaue Anleitung auf der KV), und geben Sie ein Beispiel vor. Achten Sie darauf, dass alle TN in ihren Gruppen sowohl raten als auch erklären.	KV
10a	Projizieren Sie den Redemittelkasten. Lesen Sie die Teilsätze mit den TN und erklären Sie, dass es sich hier um Redemittel für Vermutungen handelt. Je 3 TN erstellen nun zusammen eine Liste mit 4–5 Vermutungen, warum Lisa nicht gekommen ist. Dabei sollen sie verschiedene Redemittel verwenden. Jeweils 2 Gruppen stellen sich nun ihre Vermutungen vor und wählen die 2 originellsten, die sie dann dem Kurs vorstellen.	Kopie auf Folie
10b	Die TN hören und kreuzen an, wie es wirklich war. **Lösung:** *3*	CD: Track 1.10
	Nach KB10 eignet sich Filmszene 1.2 mit KB16.	DVD: Szene 1.2
11a	Je 2 TN überlegen gemeinsam, wie die Geschichte am nächsten Abend weitergeht. Dazu wählen sie eines der beiden Bilder und schreiben einen passenden Dialog.	
	ALTERNATIVE: Die TN beschreiben ein anderes Ende, das nicht auf den Fotos abgebildet ist.	
11b	Geben Sie den TN 5 Minuten Zeit, ihren Dialog einzustudieren. Danach kommen die Paare nacheinander in die Mitte des Kursraums und spielen möglichst frei ihren Dialog vor. Geben Sie ggf. Tipps zum ▶ **Dialoge auswendig lernen** bzw. ▶ **Tipps zum freien Sprechen**. Am Ende können die TN den originellsten Dialog wählen.	

Sprachhandlungen: Fragen zu einem Text beantworten; ein Restaurant vorstellen
Lerninhalte: Landeskunde: Dunkelrestaurants in D-A-CH

	Erläuterungen zum Unterricht	Materialien
12a	Die TN sehen sich die Homepage an und stellen Überlegungen an, was das sein kann. Fragen Sie die TN auch, aus welchem Land diese Internetseiten kommen (weisen Sie ggf. auf die Form des Landes und die Flagge hin).	
12b	Die TN lesen zuerst gemeinsam die Fragen und versuchen über erste Antworten zu spekulieren. Sie überlegen auch anhand der Überschriften, welcher Textabschnitt zu welcher Frage passt. Danach lesen sie den Text und markieren die korrekten Antworten.	
12c	Je 2 TN arbeiten zusammen. Die TN decken den Text ab und stellen sich abwechselnd die Fragen aus KB12b. Die TN versuchen jeweils, aus dem Gedächtnis zu antworten. **Gut gesagt:** Die TN lernen, wie man sich höflich verhält, wenn man im Restaurant zur Toilette möchte. Hören und lesen Sie mit den TN den Dialog. Die TN können die Sätze anwenden, wenn sie einen Restaurantbesuch spielen, z. B. auch in der Erweiterung zu KB12e.	CD: Track 1.11
12d	Je 2–3 TN sammeln zuerst, was ihnen in einem Dunkelrestaurant gefallen und was ihnen nicht gefallen würde. Danach diskutieren sie im Kurs, ob sie gern ein Dunkelrestaurant besuchen würden.	
12e	Die TN recherchieren im Internet – ggf. als Hausaufgabe –, ob es bei ihnen „Dunkelrestaurants“ oder andere besondere Restaurants gibt, und stellen die Ergebnisse im Kurs vor. Sie können dabei entscheiden, ob sie alleine, mit einem Partner oder in einer Gruppe arbeiten möchten. Das Thema *Ein besonderes/originelles Restaurant in meiner Stadt* eignet sich auch für eine ▶ **Mini-Präsentation** mit Fotos auf Plakaten oder auch als Powerpoint-Präsentation.	Material für Präsentation

	ERWEITERUNG: Die TN veranstalten eine Art *Dinner im Dunkeln* im Kurs. Jeder bringt etwas zum Essen oder Trinken mit. Ein Tisch (oder mehrere) wird damit gedeckt. Freiwillige lassen sich die Augen verbinden und werden von Helfern geführt. Danach tauschen sich die Beteiligten über ihre Erfahrungen aus.	
AB12	im Kurs. Falls die TN Schwierigkeiten haben, die Lage der Gegenstände zu beschreiben, können sie im Text von AB12a Anhaltspunkte dafür finden.	

Sprachhandlungen/Strategie: Wörter mit allen Sinnen lernen
Lerninhalte: Wortschatz

	Erläuterungen zum Unterricht	Materialien
13a	Fragen Sie die TN, welche Lernertypen sie kennen und zu welchen sie sich zählen würden und warum. Sie können auch ein kleines Experiment mit den TN veranstalten: Geben Sie den TN eine Kopie mit den Satzanfängen: *Das sehe ich, das höre ich, das fühle ich, das rieche ich, das schmecke ich*. Nennen Sie dann Begriffe wie *Auto, Meer, Mensch* … Die TN schreiben den Begriff zu dem Satzanfang, der für sie am besten passt. Passt das Ergebnis mit der Selbsteinschätzung zusammen?	Papier mit Satzanfängen
	Lesen Sie mit den TN den Lerntipp im Kasten. Lesen und klären Sie daraufhin gemeinsam die Stationen (welche Station spricht welchen Sinn an?). Bitten Sie die TN, sich zu überlegen, welche Gegenstände sie dafür zum Fühlen, Riechen und Schmecken mitbringen könnten. Die TN bringen die Gegenstände am nächsten Kurstag mit und bereiten gemeinsam die Stationen vor. Sie können auch selbst einige, möglichst einfache, alltägliche Dinge wie Kamm, Bürste, Besteck, Parfum, Kleber, Seife, Obst, Gemüse, Brot, Schokolade usw. zum Fühlen, Riechen und Schmecken mitbringen.	Gegenstände zum Fühlen, Riechen und Schmecken, ein Stoffbeutel
	ERWEITERUNG: Kopieren Sie die **Kopiervorlage** für jeden TN. Die TN machen den Lernertypen-Test; es geht um die Unterteilung nach *Hören, Lesen, Sehen* und *Handeln*. Lesen Sie gemeinsam Fragen und Antworten und klären Sie ggf. das Vokabular. Geben Sie den TN ca. 5 Minuten Zeit, ihre Antwort zu markieren und die Symbole am Ende zu zählen. Lesen Sie die verschiedenen Auswertungen vor und fragen Sie, wer laut Testergebnis dazu zählt. Fragen Sie die TN, ob ihr Testergebnis für sie zutreffend ist oder nicht. Sie können den Lernertypen-Test auch erst nach Abschluss von „Lernen mit allen Sinnen" in KB13a–c machen.	KV
13b	Je 2–3 TN spielen gemeinsam. Sie gehen durch alle Stationen und bearbeiten die Arbeitsanweisungen.	
13c	Die TN überlegen sich in ihrer Gruppe, welche Wörter sie neu gelernt und welche sie wiederholt haben, und schreiben diese auf Kärtchen (mit einem passenden Symbol für Hören, Fühlen usw.). Die TN bewahren die Kärtchen, z. B. in einem Umschlag, auf. Sammeln Sie ggf. die Umschläge (mit Namen versehen) ein.	Kärtchen
13d	Fragen Sie die TN eine Woche später (und immer wieder einmal im Laufe des Kurses), an welche Wörter sie sich noch erinnern und ob sie sie gesehen, gefühlt, geschmeckt, gerochen oder gehört haben. Die TN notieren die Wörter für sich, wenn sie sich erinnern auch mit dem passenden Symbol. Dann vergleichen sie mit den Kärtchen in ihren Umschlägen.	
AB13	a und b im Kurs oder als Hausaufgabe zur Vorbereitung für c, c im Kurs.	

Der Film: Was gibt es heute? \| Ich habe schon so Hunger!

	Lösungen zur DVD	Materialien
14	*Bea: A, D; Martin Berg: F; Ella: C, H; Claudia Berg: E; Felix: G, I; Hanna Wagner: B*	DVD: Trailer
15b	***B:** Wir haben keinen Reis. – Möchtest du probieren? – Kannst du noch Sojasauce holen? – Hühnchen mit Gemüse und Reis. – Hühnchen-Filet in Würfel schneiden … – Möchtest du schon mal den Tisch decken? **F:** Was gibt es eigentlich? – Kein Problem! Ich geh einkaufen und du schneidest das Gemüse. **E:** Wann essen wir? – Für wie viele Personen denn?*	DVD: Szene 1.1
16a	*1 gegessen; 2 schmeckt; 3 Essen; 4 nehme; 5 danke*	DVD: Szene 1.2

Nach der Schulzeit

Sprachhandlungen: über die Zeit nach der Schule sprechen; Steckbriefe erstellen
Lerninhalte: Tätigkeiten und Erfahrungen nach der Schulzeit

	Erläuterungen zum Unterricht	Materialien
1a	Projizieren Sie das Bild. Die TN beschreiben, welche Situationen sie auf dem Bild sehen, und vermuten, was die Leute auf dem Bild feiern und worüber sie sprechen. Notieren Sie die Ideen an der Tafel.	Kopie auf Folie
	ERWEITERUNG: Je 3 TN kleben eine Kopie der Zeichnung auf ein DIN-A3-Papier. Danach malen sie zu einigen der Personen Sprech- oder Denkblasen und füllen diese möglichst fantasievoll aus. INFO: *Abi* ist die gängige Abkürzung für *Abitur*, die Abschlussprüfung am Ende des Gymnasiums. Die Leute feiern also, dass sie vor 5 Jahren Abitur gemacht haben.	Kopien der Zeichnung, DIN-A3-Papier, Kleber
AB1a	im Kurs zur Wortschatz-Vorentlastung von KB1b–c.	
1b	Die TN hören die Dialoge und besprechen erst in Kleingruppen, dann im Kurs, welche ihrer Vermutungen richtig waren. Markieren Sie diese an der Tafel. Fragen Sie die TN, ob Klassentreffen auch in ihrem Land üblich sind und wie diese stattfinden. **Lösung:** *Die Leute feiern ihr 5-jähriges Abitur und haben ein Klassentreffen. Sie sprechen darüber, was sie nach der Schule gemacht haben, was sie jetzt machen und was sie später machen möchten.*	CD: Track 1.12–16
	INFO: Ein Klassentreffen ist ein Treffen von ehemaligen Schülern und deren Lehrern, das meistens von einer Gruppe dieser Schüler organisiert wird. Oft wird es zu „runden" Terminen einberufen, z. B. 5 oder 10 Jahre nach Verlassen der Schule. Das Klassentreffen findet meist in einem Restaurant statt, man isst und trinkt miteinander, tauscht alte Erinnerungen aus und erzählt sich, was man in den letzten Jahren alles gemacht hat. Manchmal machen die Teilnehmenden dabei auch solche Steckbriefe, wie in KB1–2 abgedruckt, und hängen sie auf (Pinnwand rechts in der Zeichnung).	
1c	Die TN hören noch einmal und ergänzen die Infos auf den Steckbriefen. Korrigieren Sie im Kurs. **Lösung:** *1 Maja Schmidt: später: ein kleines Geschäft besitzen und selbst gemachten Schmuck dort verkaufen; 2 Luis Mürrle: nach der Schule: 2 Jahre Argentinien, später: als Altenpfleger in diesem Altersheim bleiben; 3 Simone Wellmann: mag: Computer, später: Computerspiele schreiben und verkaufen; 4 Lukas Kittner: jetzt: Ausbildung zum Hotelkaufmann, später: in einem Hotel im Ausland arbeiten; 5 Anna Müller: nach der Schule: Ausbildung zur Krankenschwester; jetzt: studiert Medizin*	CD: Track 1.12–16
	VARIANTE für sprachlich schwächere Gruppen: Jeder TN konzentriert sich nur auf 2 Steckbriefe. Danach tauscht er sich mit TN aus, die die 3 anderen Steckbriefe vervollständigt haben. Korrigieren Sie danach im Kurs.	
2	Lesen Sie mit den TN die Fragen. Die TN suchen sich einen Partner und interviewen sich gegenseitig mit diesen Fragen. Danach schreiben sie einen Steckbrief über ihren Partner und berichten im Kurs über ihn. Machen Sie mit den Steckbriefen einen ▶ **Kursspiegel** und hängen Sie sie im Kursraum aus.	
	ERWEITERUNG: Wenn die TN die Namen ihres Interview-Partners weglassen, können die anderen TN die Steckbriefe lesen und raten, wer das ist. Erst dann wird der richtige Name notiert. ALTERNATIVE: Verteilen Sie die Rollenkarten der **Kopiervorlage** an Ihre TN. Jeder TN übernimmt eine Rolle. Je 2 TN interviewen sich gegenseitig und schreiben mit den Informationen einen Steckbrief.	KV

Sprachhandlungen: Berichte aus der Schulzeit verstehen; über die Schulzeit sprechen und Kommentare schreiben
Lerninhalte: WS: Tätigkeiten und Erfahrungen in der Schulzeit; Fächer | GR: Modalverben im Präteritum | Aussprache: *sp* und *st*

	Erläuterungen zum Unterricht	Materialien
3a	Entwerfen Sie mit den TN eine Mindmap zum Thema *Schule* an der Tafel. Die TN nennen dafür alles, was ihnen spontan zum Thema *Schule* einfällt, und versuchen ggf., ihre Assoziationen zu sortieren. Fragen Sie dann die TN, ob sie wissen, was eine Schulplattform ist, oder was sie sich darunter vorstellen können. Fragen Sie die TN, ob es solche Plattformen auch in ihren Ländern gibt. Danach lesen je 2 TN die Einträge auf der Schulplattform und überlegen, was zusammenpasst. Lassen Sie einige TN die zusammengehörigen Einträge vorlesen und erklären, wie sie auf die Lösung gekommen sind. **Lösung:** *Bernd Christiansen und Mehmet Özer; Carsten Spatz und Maxi Greiber; Sybille Michel und Kati Grubens; Kris Zoltau und Anna Keindl*	

INFO: Schulplattformen sind Internetseiten, die die Möglichkeit bieten, alte Schulfreunde ausfindig zu machen. Wenn man sich anmeldet, gibt man seine Schule und seinen Jahrgang an und kann so auf ehemalige Klassenkameraden stoßen, die ebenfalls Mitglieder sind. Eine der bekanntesten Schulplattformen in Deutschland ist *Stayfriends* (www.stayfriends.de).

3b Fragen Sie die TN, welche Modalverben sie kennen, und notieren Sie diese nebeneinander an der Tafel. Erklären Sie, dass in den Einträgen viele Modalverben im Präteritum zu finden sind, und bitten Sie die TN, diese zu markieren. Die TN lesen die Einträge noch einmal und markieren die Modalverben im Präteritum. Projizieren Sie die Einträge und lassen Sie einige TN zur Korrektur im Kurs die Modalverben markieren. Die TN schreiben danach abwechselnd die markierten Verbformen mit Pronomen unter die passenden Modalverben an der Tafel.

Kopie auf Folie

4a Lesen Sie mit den TN im Grammatikkasten die Konjugation von *wollen* im Präteritum. Erarbeiten Sie dann mit den TN an der Tafel die Konjugation von *können, müssen, dürfen* und *sollen* im Präteritum. Weisen Sie dabei darauf hin, dass die Modalverben im Präteritum das Präteritumszeichen *-t-* und eine Endung haben (wie auch die regelmäßigen Verben), und zeigen Sie, dass der Umlaut verschwindet. Lesen Sie mit den TN die 2 Beispiele. Danach schreiben die TN 5 Fragen mit Modalverben im Präteritum zum Thema *Erinnerungen an ihre Schulzeit* und verwenden dafür die Angaben im Schüttelkasten.

4b **Gut gesagt:** Lesen Sie mit den TN die Ausrufe und erklären Sie, dass man damit seine Überraschung ausdrücken kann. Spielen Sie die Sätze von der CD vor. Fragen Sie die TN, ob es dafür ähnliche Ausdrücke in ihrer Sprache gibt bzw. wie sie auf überraschende Aussagen reagieren würden.
Dann gehen die TN durch den Kursraum und stellen jede der in KB4a erarbeiteten Fragen einer anderen Person. Sie notieren den Namen der befragten Person und die erhaltene Antwort. Ermuntern Sie die TN, auf die Antworten zu reagieren und die Ausrufe aus dem Kasten zu verwenden.

CD: Track 1.17

4c Ein TN ruft den Namen einer Person aus dem Kurs. Alle TN, die Antworten von dieser Person erhalten haben, stehen auf und berichten nacheinander, was sie über diese Person erfahren haben. Der letzte TN, der etwas berichten kann, ruft danach einen neuen Namen auf. Wenn sie mögen, können die TN auch hier die Berichte (mit Ausrufen der Überraschung) kommentieren.

5a Geben Sie den TN ca. 10 Minuten Zeit, um einen kleinen Text über ihre Schulzeit zu verfassen. Dabei können sie sich an den Texten von KB3a orientieren.

ERWEITERUNG: Bringen Sie Postkarten und Bilder mit, die (auch im übertragenen Sinn) zum Thema *Schule* passen könnten, z. B. Gebäude, Personen, Bilder, die Stimmungen ausdrücken. Die TN wählen vor dem Schreiben ein Bild aus und begründen kurz mündlich im Kurs, warum sie sich dafür entschieden haben. Z. B. könnte ein TN ein Bild von einem Clown auswählen und begründen, dass er immer der Klassenclown und Spaßmacher in der Schule war, oder ein TN wählt einen Baum aus, der ihn an seinen Pausenhof erinnert usw. Danach schreiben die TN den Text.

Postkarten, Bilder

5b Sammeln Sie alle Texte ein und verteilen Sie sie neu an die TN. Lesen Sie mit den TN den Redemittelkasten und erklären Sie, dass man hier Redemittel findet, mit denen man auf Erfahrungsberichte reagieren und etwas kommentieren kann. Klären Sie ggf. die Bedeutung der einzelnen Redemittel. Die TN lesen den erhaltenen Text und schreiben einen kurzen Kommentar dazu. Bitten Sie die TN, mindestens 3 der eingeführten Redemittel zu verwenden. Hängen Sie dann alle Beiträge und Kommentare im Kursraum auf und lassen Sie sie von den TN lesen.

VARIANTE: Die TN schreiben ihre Beiträge so auf DIN-A3-Papier, dass unter den Beiträgen noch genügend Platz bleibt. Klären Sie die Redemittel und machen Sie mit den TN einen ▶ **stummen Dialog**. Legen Sie die DIN-A3-Blätter im Raum aus. Die TN gehen durch den Raum, lesen die einzelnen Beiträge und kommentieren diese. Dabei darf nicht gesprochen werden. Auch die Kommentare von anderen TN können weiter kommentiert werden, so dass auf jedem Blatt eine Art Diskussion entsteht. Ermuntern Sie auch hier die TN, möglichst viele der eingeführten Redemittel zu benutzen.

DIN-A3-Papier

Nach KB5 eignet sich Filmszene 2.3 mit KB14.

DVD: Szene 2.3

6a	Schreiben Sie die Wörter auf je ein Blatt Papier und verteilen Sie diese an die TN. Die TN stellen sich im Kreis auf und hören die Wörter. Jeder TN, der sein Wort erkennt, hält es hoch. Schreiben Sie die beiden Regeln auf DIN-A3-Papier. Hängen Sie die eine Regel an die rechte Wand, die andere an die linke Wand. Lesen Sie beide mit den TN und bitten Sie sie, dorthin zu gehen, wo ihr Wort passt. Spielen Sie die Wörter noch einmal vor; die TN achten darauf, ob sie richtig stehen, und gehen ggf. an die andere Wand. Danach schreiben sie ihr Wort auf das passende DIN-A3-Papier. Lesen Sie dann noch einmal alle Wörter vor, die TN sprechen im Chor nach. Abschließend können Sie die Blätter einsammeln, mischen und dann nacheinander hochhalten. Jeweils ein TN liest ein Wort. **Lösung:** sp *und* st *am Anfang eines Wortes oder Wortteils: Gespräch, Spiel, Sprache, Fremdsprache, Stunde, Spaß –* sp *und* st *im Wort oder am Wortende: Trainingsprogramm, Kunst, Transport, lustig, zuerst, Fest, Einweihungsparty*	Wörter auf Papier, DIN-A3-Papier CD: Track 1.18
	ALTERNATIVE: Das interaktive Tafelbild kann anstelle von KB6 eingesetzt werden.	IAW: TB 2/1
6b	Je 2 TN lesen die Wörter und sortieren sie. Danach hören die TN zur Kontrolle. Lesen Sie noch einmal und lassen Sie nachsprechen, danach lesen die TN die Wörter abwechselnd. **Lösung:** sp *und* st *am Anfang eines Wortes oder Wortteils: sprechen, Student, Muttersprache, Stadt –* sp *und* st *im Wort oder am Wortende: Samstag, Post, Donnerstag*	CD: Track 1.19

Sprachhandlungen: beschreiben, wo etwas ist; über Gewohnheiten sprechen
Lerninhalte: GR: Positionsverben; Wechselpräpositionen mit Dativ und Akkusativ

	Erläuterungen zum Unterricht	Materialien
7a	Projizieren Sie das Bild und lassen Sie es von den TN beschreiben. Danach können die TN Vermutungen anstellen (*Wer ist auf dem Bild? Was macht die Frau mit dem Rucksack? Was sagt sie? Was antwortet der Mann?*). Erklären Sie, dass es sich um eine Szene in einer WG (vgl. dazu INFO zu Kap. 9/7b) handelt. Lesen Sie dann die 6 Aussagen und klären Sie ggf. das Vokabular. Anschließend hören die TN das Gespräch und korrigieren zu zweit die Aussagen (alle falsch). Vergleichen Sie im Kurs und überlegen Sie, welche der am Anfang gemeinsam angestellten Vermutungen richtig und welche falsch waren. **Lösung:** *1 Eva wohnt jetzt mit zwei Studenten und einer Studentin zusammen. 2 Eva und Birte sehen sich gerade zum ersten Mal. 3 Eva kommt aus Barcelona zurück. 4 Birte studiert Geschichte und Politik. 5 Sören studiert Informatik. 6 In der Küche sieht es ganz anders aus.*	Kopie auf Folie CD: Track 1.20
7b	Je 2 TN arbeiten zusammen, jeder wählt ein Bild. Fragen Sie die TN, welche Möbel sie in ihrer Küche sehen können (*Kühlschrank, Regal, Schrank, Tisch, Stuhl, Hocker, Spüle*). Erklären Sie, dass es 4 Dinge gibt (*Tassen, der Zucker, das Kochbuch, die Uhr*), die sich in den beiden Küchen an unterschiedlichen Orten befinden. Schreiben Sie die 4 Fragen an die Tafel. Erklären Sie, dass man das Verb *sein* immer verwenden, aber auch durch die spezifischeren Verben *stehen, liegen* und *hängen* ersetzen kann. Demonstrieren Sie die Bedeutung der Verben durch Beispiele im Kursraum, z. B. *das Buch liegt auf dem Tisch, das Bild hängt an der Wand* usw. Fragen Sie die TN, ob sie sich erinnern, welcher Kasus nach der Frage *Wo?* in der Antwort folgt und warum (*wo? = Ort + Dativ*). Die Paare stellen sich gegenseitig die 4 Fragen und notieren die Antworten. **Lösung:** ***Küche A:*** *1 Die Tassen stehen (rechts) im Schrank. 2 Der Zucker ist im Glas. / steht auf der Spüle. 3 Das Kochbuch liegt auf den Zeitungen. / im Regal. 4 Die Uhr hängt über der Tür. –* ***Küche B:*** *1 Die Tassen stehen (links) im Schrank. 2 Der Zucker ist im Glas. / steht im Regal. 3 Das Kochbuch steht im Regal. 4 Die Uhr hängt über dem Regal.*	
	VARIANTE: Kopieren Sie die Bilder von KB7b und schneiden Sie sie aus, so dass für jeden TN eines der beiden Bilder vorhanden ist. Mischen Sie die Bilder und teilen Sie sie an die TN aus. Die TN sollen jetzt alle anderen TN mit dem gleichen Bild finden und sich so in 2 Gruppen (Bild 1 / Bild 2) aufteilen. Dafür laufen sie durch den Kursraum und befragen sich gegenseitig mit den 4 Fragen, ohne ihr Bild zu zeigen, bis alle TN mit dem gleichen Bild zusammen sind.	Kopien der Bilder
7c	Die TN hören das Gespräch von Eva und Niklas und überlegen im Kurs, ob die Küche jetzt wie Küche A oder wie Küche B aussieht. **Lösung:** *Küche A*	CD: Track: 1.21
	ERWEITERUNG: Die TN hören noch einmal und zeichnen in Küche A ein, wo die Gegenstände früher waren.	

AB7b im Kurs. Weisen Sie darauf hin, dass die TN die Verben *stehen, hängen* und *liegen* verwenden sollen. Ggf. machen Sie zuvor AB7a im Kurs, um die Bedeutung dieser Verben zu sichern.

8a Sehen Sie mit den TN den Grammatikkasten an. Lesen Sie mit den TN die 9 Wechselpräpositionen, die sie in der Vergangenheit kennengelernt haben, und wiederholen Sie, wann nach diesen Präpositionen der Akkusativ und wann der Dativ angewendet wird (*Akkusativ auf die Frage* wohin *drückt eine Bewegung von A nach B aus, Dativ auf die Frage* wo *beschreibt eine Situation ohne Bewegung, einen Ort*). Lesen Sie mit den TN noch einmal die 4 Fragen von KB7b und erklären Sie, dass es zu den Verben *stehen, liegen* und *hängen*, die auf die Frage *Wo?* folgen und einen Dativ benötigen, ein jeweils entsprechendes Verb gibt, das eine Bewegung ausdrückt (*Wohin?*) und einen Akkusativ erfordert. Erklären Sie den Unterschied der Verben *stellen, stehen, legen, liegen* und *hängen* durch kleine „Demonstrationen" : Schreiben Sie die Verben an die Tafel und sprechen und spielen Sie dann z. B. *Ich stelle die Flasche auf den Tisch. Jetzt steht sie auf dem Tisch. – Ich lege das Buch neben den Computer. Jetzt liegt es neben dem Computer. – Ich hänge den Kalender an die Wand. Jetzt hängt er an der Wand.* Schreiben Sie auch die Partizipien der Verben an die Tafel.

Projizieren Sie Küche A und fragen Sie die TN, wohin Niklas die Sachen aus dem Schüttelkasten gestellt, gelegt oder gehängt hat. Notieren Sie die Antworten an der Tafel. Fragen Sie dann, wo die Gegenstände jetzt stehen, liegen oder hängen und notieren Sie auch diese Antworten. Vergleichen Sie die Sätze. — Kopie auf Folie

Lösung: *Er hat den Kalender an die Tür gehängt. Er hat das Mehl ins Regal gestellt. Er hat das Salz auf den Tisch gestellt. Er hat die Teller in den Schrank gestellt. Er hat die Bücher auf den Kühlschrank und ins Regal gestellt. Er hat das Telefon auf den Stuhl gelegt.* — IAW: TB 2/2

VARIANTE für sprachlich schwächere Gruppen: Je 2 TN betrachten Küche A und schreiben auf, wohin Niklas die Sachen gestellt, gelegt oder gehängt hat. Vergleichen Sie danach im Kurs.

8b Je 4 TN spielen zusammen an einem Tisch. Auf jedem Tisch liegen verschiedene Sachen, z. B. ein Buch, eine Tasche, ein Kugelschreiber, ein Blatt Papier, ein Schlüssel, ein Teller usw. Achten Sie darauf, dass das Vokabular bekannt ist. Erklären Sie, dass Person A die Augen zumacht und sich wegdreht, während die anderen etwas verändern. Danach soll Person A raten, was verändert wurde, z. B. *Ihr habt das Buch unter die Tasche gelegt.* Ist die Antwort richtig, kommt der nächste Spieler an die Reihe. Sonst rät Person A weiter. Spielen Sie 2–3 Runden. — Alltagsgegenstände

9a Erklären Sie den TN, dass Sie eine kleine Fantasiereise mit ihnen unternehmen möchten. Bitten Sie die TN, kurz die Augen zu schließen und sich vorzustellen, sie würden nach einem Wochenendausflug am Flughafen ankommen und ein Taxi nach Hause nehmen. Die TN sollen sich genau vorstellen, wie sie zu Hause ankommen, den Schlüssel aus der Tasche nehmen, die Tür aufschließen und die Wohnung / das Haus betreten. Bitten Sie sie, sich möglichst bildlich auszumalen, wohin sie jetzt die Schlüssel, die Jacke, die Schuhe und die Reisetasche legen, hängen oder stellen. Danach öffnen die TN die Augen und notieren sich die Plätze.

9b Ein TN steht auf und liest seinen ersten Satz vor, z. B. *Ich hänge den Schlüssel neben die Tür.* Alle TN, die den gleichen Ort (*neben die Tür*) aufgeschrieben haben, gehen nun zu ihm und sagen ihren Satz. Danach steht einer der übrigen TN auf und liest seinen Satz vor. Alle mit dem gleichen Ort gehen zu ihm, sagen ihren Satz. Usw. Beenden Sie die Auswertungsphase, wenn alle TN stehen. Als Abschluss können Sie noch eine kleine ▶ **Kursstatistik** machen und an der Tafel festhalten, wie viele TN die Gegenstände jeweils am gleichen Ort aufbewahren.

ERWEITERUNG: Kopieren Sie die **Kopiervorlage** für alle TN. Die TN arbeiten alleine oder zu zweit. Sie sehen sich ca. 3 Minuten lang das Bild an und versuchen, sich die Lage der Gegenstände einzuprägen. Dann knicken sie das Bild nach hinten und überlegen, ob die vorgegebenen Aussagen richtig oder falsch sind. Sie korrigieren die falschen Aussagen. Abschließend knicken die TN das Bild wieder nach vorn und vergleichen ihre Antworten mit dem Bild. Vergleichen Sie die korrigierten Sätze auch im Kurs. — KV

Lösung der KV: *1r; 2f (Das Bild hängt hinter der Tür.); 3f (Niklas hat das Telefon auf den Kühlschrank gestellt.); 4f (Niklas hat das Kochbuch in das Regal gestellt.); 5r; 6f (Der Kalender hängt am Kühlschrank.); 7r; 8f (Das Salz steht auf der Spüle. / neben dem Öl.); 9f (Niklas hat die Tassen in den Schrank gestellt.); 10f (Niklas hat die Zeitungen in das Regal gelegt.)*

Sprachhandlungen: Stadt-Tipps verstehen und geben
Lerninhalte: GR: Wechselpräpositionen mit Dativ und Akkusativ | Landeskunde: Tipps für den Start in Graz

	Erläuterungen zum Unterricht	Materialien
10a	Bitten Sie die TN sich vorzustellen, sie würden in eine neue Stadt ziehen. Die TN sammeln erst in Kleingruppen, dann im Kurs Fragen, die sie Personen stellen würden, die die Stadt gut kennen. Sammeln Sie die Fragen an der Tafel. Zeigen Sie Fotos von Graz (z. B. aus dem Internet), fragen Sie, wie die Stadt heißt und ob jemand die Stadt kennt. Die TN lesen die Forumstexte mit den Tipps für den Start in Graz und ordnen die Antworten den Fragen (Ziffern im blau unterlegten Text) zu. Vergleichen Sie im Kurs. **Lösung:** *3; 1; 4; 2*	Fotos von Graz
	ERWEITERUNG: Je 2–3 TN informieren sich in Kleingruppen im Internet über das Bermudadreieck, den Stadtpark, das Kunsthaus oder aktuelle Bälle oder ggf. weitere Sehenswürdigkeiten von Graz und bereiten eine ▶ **Mini-Präsentation** vor. Dazu können sie Fotos aufkleben und die wichtigsten Informationen dazu schreiben. Wenn es Ihnen möglich ist, bringen Sie einen Stadtplan von Graz mit und zeichnen Sie die behandelten Orte mit den TN ein. **Links:** www.graztourismus.at; www.info-graz.at	DIN-A3-Papier, Scheren, Kleber Stadtplan von Graz
10b	Die TN lesen die Antworten noch einmal und markieren die Wechselpräpositionen mit Ort und die Verben. Sammeln Sie Verb, Präposition und Kasus in einer Tabelle an der Tafel. **Lösung:** *gehen in + Akk.; treffen in + Dat.; joggen in + Dat.; liegen in + Dat.; sein neben + Dat.; sein in + Dat.; gehen auf + Akk.; tanzen auf + Dat.; lernen an + Dat.*	IAW: TB 2/3
	Nach KB10 eignet sich Filmszene 2.4 mit KB15.	DVD: Szene 2.4
11a	Die TN bilden 4 Gruppen. Jede Gruppe notiert eine Frage aus dem Forum auf einem DIN-A3-Papier und gibt es an die nächste Gruppe weiter. Diese beantwortet die Frage im Hinblick auf den Kursort und gibt das Blatt wieder weiter, bis sich alle Gruppen zu allen Fragen geäußert haben.	DIN-A3-Papier
11b	Hängen Sie alle Beiträge im Kursraum auf. Die TN laufen durch den Kursraum und lesen alle Informationen.	
	ERWEITERUNG: Je 3–4 TN erarbeiten eine möglichst ansprechende Mini-Broschüre für das perfekte Wochenende an ihrem Kursort. Dazu recherchieren sie interessante Informationen über ihren Kursort auf Deutsch (z. B. auf www.wikipedia.de) und suchen Bildmaterial im Internet (z. B. über www.google.de → Bilder). Sie können Fotos einkleben, Pläne und andere Zeichnungen erstellen usw. Machen Sie eine ▶ **Ausstellung** im Kurs. Jede Gruppe stellt ihre Broschüre vor.	Papier, Scheren, Kleber

Sprachhandlungen: Informationen über ein Schulsystem verstehen; über Schultypen sprechen
Lerninhalte: WS: Schultypen | Landeskunde: Schultypen in Deutschland (Thüringen)

	Erläuterungen zum Unterricht	Materialien
12a	Projizieren Sie die Grafik. Erklären Sie, dass die Grafik das Schulsystem in Thüringen darstellt und dass das Schulsystem in jedem Bundesland etwas anders ist. Fragen Sie die TN, welche Schultypen es gibt, wie lange sie dauern und welche Abschlüsse man machen kann. **Lösung:** *Die Grundschule dauert 4 Jahre, die Regelschule 5 oder 6 Jahre und das Gymnasium 8 Jahre. An der Regelschule kann man nach 5 Jahren den Hauptschulabschluss, nach 6 Jahren den Realschulabschluss machen. Am Gymnasium macht man das Abitur.*	Kopie auf Folie
	INFO: Die Schulpflicht in Deutschland beginnt mit ca. 6 Jahren mit dem Besuch der 1. Klasse der Grundschule und umfasst 9–10 Jahre, je nach Bundesland. Die Unterschiede in den Schulsystemen kommen daher, dass die Bundesländer die sog. Kulturhoheit haben. Jedes Bundesland hat das Recht, über sein Schul- (und Hochschul-)wesen, alle weiteren Bildungsbereiche, Rundfunk und Fernsehen usw. selbst zu bestimmen, und verankert das in seiner Landesverfassung.	

	ERWEITERUNG für sprachlich stärkere Gruppen: Je 3–4 TN arbeiten zusammen. Suchen Sie im Internet Grafiken über das Schulsystem anderer Bundesländer (z. B. Bayern, Hessen und Berlin) und verteilen Sie sie an die Gruppen. Jede Gruppe bereitet eine kleine Präsentation des Schulsystems vor und stellt Gemeinsamkeiten und Unterschiede zum Schulsystem von Thüringen dar. Tipp: Um Informationen zu den Schulsystemen der einzelnen Bundesländer zu finden, geben Sie in eine Suchmaschine z. B. die Stichwörter *Schulsystem „Name des Bundeslandes" Grafik* ein.	
12b	Je 4 TN arbeiten zusammen. Jeder liest einen der 4 Texte und ergänzt die Informationen in seinem Text und in der Tabelle (▶ **kooperatives Lesen**, Fortsetzung unter c). **Lösung:** *Sebastian Lamm: Gymnasium; 8 Jahre; Englisch, Französisch, Spanisch, Physik, Chemie und viele andere Fächer; Abitur – Vanessa Freytag: Regelschule; 5 Jahre; eine Fremdsprache, Deutsch, Mathe, Vorbereitung auf die Arbeitswelt; Hauptschulabschluss; gut: Projekte – Aishe Yilmaz: Regelschule; 6 Jahre; Praktika; Realschulabschluss; gut: viel gelernt, nicht so lange wie das Gymnasium – David Kulprin: Gesamtschule; 6 Jahre; (keine Angabe); Realschulabschluss; gut: man muss sich nicht mit 10 Jahren für einen Schultyp entscheiden* VARIANTE für sprachlich schwächere Gruppen: 2–3 TN mit den gleichen Texten arbeiten zusammen, fassen die Texte nach dem Lesen zusammen und ergänzen gemeinsam die Informationen in Text und Tabelle. Danach bildet jeder TN eine Gruppe mit 3 TN, die die anderen Texte bearbeitet haben.	
12c	Jeder TN berichtet in der Gruppe über seinen Text, die anderen TN ergänzen alle Informationen in der Tabelle.	
12d	Die TN sprechen in Kleingruppen über das Schulsystem ihres Landes (in heterogenen Kursen nach Herkunft) und überlegen, welche Unterschiede es hinsichtlich Schularten, Dauer, Inhalten, Abschlüssen, Möglichkeiten nach dem Abschluss usw. zu Deutschland gibt. Vergleichen Sie danach im Kurs.	
13a	Entwerfen Sie im Kurs mit den TN eine Mindmap zum Thema *Unsere Traumschule*. Die TN können alles nennen, was ihnen dazu einfällt, auch Unsinniges und nicht Realisierbares, z. B. *Jeder kann kommen, wann er will, keine Mathematik als Schulfach, Unterricht im Park* usw. Je 3–4 TN arbeiten danach zusammen und versuchen, das Konzept für eine Traumschule zu entwerfen. Dafür sammeln sie zuerst Ideen zu den vorgeschlagenen Punkten.	
13b	Die Gruppen stellen ihre Vorschläge im Kurs vor. Danach stimmt jeder TN ab, welches Modell er am besten findet. Die Gruppe mit den meisten Stimmen erhält einen kleinen Preis.	Preis

Der Film: Die Schulzeit | Neu in München

	Lösungen zur DVD	Materialien
14b	*Annalisa: ☹ : um sechs Uhr aufstehen; musste meistens lernen und konnte keine Freunde treffen – Frau Wagner: ☺ : Spaß mit Freunden; Lehrer ärgern; Sport; ☹ : hat nicht gern gelernt – Bea: ☺ : nette Lehrer; Unterricht war meistens gut; Kunst; hat viele Schulfreunde gefunden*	DVD: Szene 2.3
15a	*Was kann man hier am Abend machen? Können Sie mir ein nettes Lokal empfehlen? Was kann man bei schönem/schlechten Wetter machen? Wo kann man hier gut Kleidung einkaufen? Sind die öffentlichen Verkehrsmittel teuer? …*	
15b	*Hast du vielleicht ein paar Tipps für mich? Wo kann man denn zum Beispiel schöne Klamotten kaufen? Und wohin geht man am Abend? Und warst du schon mal in den Bergen? In welches Museum können meine Eltern gehen?*	DVD: Szene 2.4
15c	*1a; 2b; 3a; 4a*	DVD: Szene 2.4

Medien im Alltag

Sprachhandlungen: über Medien sprechen
Lerninhalte: WS: Medien; Aktivitäten mit Medien

	Erläuterungen zum Unterricht	Materialien
1	Sammeln Sie mit den TN an der Tafel verschiedene Medien (*Telefon, Zeitung, Computer* usw.). Notieren Sie ggf. auch dazu, was man damit machen kann (z. B. *Zeitung: Anzeigen lesen, nach dem Wetter schauen* usw.) Projizieren Sie die Bilder ohne Text. Die TN beschreiben abwechselnd, was sie auf den Fotos sehen können und was die Personen wohl gerade machen. Lesen Sie nun mit den TN die angegebenen Aktivitäten im KB. Die TN überlegen gemeinsam, welche davon zu welchen Fotos passen. Wenn Sie weniger medienerfahrene TN im Kurs haben, ist es möglich, dass diese nicht alle Aktivitäten kennen; lassen Sie diese dann von anderen TN erklären.	Kopie auf Folie IAW: TB 3/1
AB1a	im Kurs oder als Hausaufgabe. Die TN erarbeiten Wortschatz *Rund um den Computer*.	
2a	Die TN hören die beiden Gespräche und notieren, was jede Person gemacht hat. **Lösung:** *Veronika Nasch: Artikel gelesen, E-Mails gecheckt, Radio gehört; Matthias Glinz: Mails gecheckt, auf Facebook gepostet, Songs runtergeladen, (ferngesehen,) Kinokarten gekauft* VARIANTE für sprachlich schwächere Gruppen: Die eine Hälfte der TN macht nur Notizen zu Veronika Nasch, die ander Hälfte zu Matthias Glinz, danach tauschen die TN die Ergebnisse aus. ERWEITERUNG: Die TN hören die Gespräche 2 Mal. Beim ersten Hören sammeln sie, welche Medien genannt werden, beim zweiten Hören notieren sie, was die beiden Personen gemacht haben.	CD: Track 1.22–23
2b	Lesen Sie gemeinsam die Medien und schreiben Sie sie an die Tafel. Die TN markieren im KB, welche davon sie gestern benutzt haben. Danach kommen die TN an die Tafel und machen hinter jeder der benutzten Medien einen Strich. Ordnen Sie die Medien nach Häufigkeit der Benutzung. Diskutieren Sie mit der Gruppe: Ist die Statistik repräsentativ? Sieht sie am Wochenende genauso aus wie unter der Woche? ERWEITERUNG: Die TN schreiben einen Text über ihren Medientag und beschreiben darin, was sie wann mit welchem Medium gemacht haben, z. B. *Beim Frühstück habe ich die Zeitung gelesen, aber nur den Sport, weil mich das sehr interessiert. Dann habe ich mich angezogen und Radio gehört. …* Je 3 TN tauschen sich dann über ihren Tag aus und vergleichen ihr Medienverhalten.	
2c	Jeder TN notiert ca. 5 Minuten lang für sich Aktivitäten, die er mit dem Computer oder mit dem Smartphone ausführt. Danach ordnet er die Aktivitäten in einer Tabelle nach der Häufigkeit *oft, manchmal, selten* und notiert noch 3 Aktivitäten, die er *nie* macht. Anschließend vergleichen je 2 TN ihre Ergebnisse. ALTERNATIVE: Erstellen Sie auf einem Flipchart-Papier mit den TN ein ▶ **Sterndiagramm** zur Mediennutzung. Zeichnen Sie dazu einen Stern an die Tafel und schreiben Sie in jeden Zacken eine multimediale Aktivität, z. B. *bloggen, chatten, E-Mails schreiben …* Zeichnen Sie dann Kreise von innen nach außen um den Stern und beschriften Sie die Zwischenräume mit *nie, selten, manchmal, oft*. Verteilen Sie dann Klebepunkte an die TN. Die TN kleben für jede Aktivität einen Punkt an die für sie zutreffende Stelle. Werten Sie das Sterndiagramm anschließend gemeinsam aus. Gibt es Computerfreaks oder auch Computerhasser im Kurs?	Flipchart-Papier Klebepunkte
	Nach KB2 eignet sich Filmszene 3.5 mit KB14.	DVD: Szene 3.5
3	Projizieren Sie die Tabelle. Die TN lesen die englischen Begriffe. Danach lesen sie die deutsche Entsprechung und die Beispielsätze und überlegen gemeinsam (ggf. Partner mit gleicher Ausgangssprache), wie man das in ihrer Sprache sagt. Erarbeiten Sie mit den TN, welche Merkmale der deutschen Grammatik hier auf die englischen Wörter übertragen werden (*Verb-Endungen für Personen,* ge-…-t *als Zeichen für Partizip II,* -en *als Infinitiv-Endung*). Vergleichen Sie mit der Sprache / den Sprachen der TN, ob sich dort ähnliche Phänomene finden.	Kopie auf Folie

Sprachhandlungen: über Vor- und Nachteile sprechen; Vergleiche formulieren
Lerninhalte: GR: Komparativ; Vergleichssätze mit *als*, *wie*; Aussprache: *b* oder *w*

	Erläuterungen zum Unterricht	Materialien
4a	Projizieren Sie die Fotos. Die TN beschreiben, was sie auf den Fotos sehen können, und überlegen, welche 2 Dinge jeweils miteinander verglichen werden. **Lösung:** *A Filmportal mit Filmen zum kostenpflichtigen Download – DVDs; B Tablet – Laptop; C Smartphone – Handy; D Bücher – E-Book*	Kopie auf Folie
4b	Die TN hören die 4 Gespräche und ordnen sie den passenden Fotos zu. **Lösung:** *1B; 2D; 3C; 4A*	CD: Track 1.24–27
4c	Je 2 TN ergänzen zusammen den Dialog. Danach hören die TN den Dialog noch einmal und kontrollieren ihre Ergebnisse. **Lösung:** *cooler; besser; größer; mehr; billiger; lieber* Die TN schließen das KB. Schreiben Sie die Adjektive aus dem Schüttelkasten untereinander an die Tafel. Erklären Sie den TN, welche Form diese haben (*Komparativ, Steigerung*). Bitten Sie die TN, die passenden Grundformen (Positive) zu finden, und notieren Sie diese neben dem Komparativ. Danach sehen die TN den Grammatikkasten im KB an und vergleichen mit dem Tafelbild. Daraus versuchen sie, die Regeln für die Bildung des Komparativs zusammenzufassen (-er *am Ende, Umlaut bei kurzen Adjektiven mit* a, o, u *– vgl. Tipp in AB4a; es gibt auch unregelmäßige Formen, bei denen sich mehr verändert und die man lernen muss*).	CD: Track 1.28
	ERWEITERUNG: Die TN stellen sich in einem Kreis auf. Der erste TN nennt ein Adjektiv und wirft einem anderen TN einen Ball zu. Dieser nennt erst den passenden Komparativ, dann ein neues Adjektiv und wirft den Ball dem nächsten TN zu. Lassen Sie so lange spielen, bis alle TN 2–3 Komparative genannt haben.	Ball
4d	Die TN bilden im Kurs die Komparative zu den Adjektiven im Schüttelkasten. Danach sprechen je 3–4 TN über die Fotos und vergleichen sie.	
	ALTERNATIVE: Legen Sie 8 DIN-A3-Blätter im Kursraum aus. Beschriften Sie jedes Blatt mit einem der 8 Dinge, die auf den Fotos in KB4a abgebildet sind, *E-Book, Bücher, Laptop, Tablet* usw. Machen Sie darunter 2 Spalten, links *Vorteile*, rechts *Nachteile*. Verteilen Sie die TN gleichmäßig. Jede Gruppe schreibt nun zu ihrem Medium alles Positive und Negative auf, das ihr einfällt. Bilden Sie nun zu jedem „Foto-Paar“ aus KB4a Diskussionsgruppen, bei denen die eine Hälfte der TN das eine Objekt, die andere das andere Objekt vertritt. Nach kurzer Vorbereitungszeit spielt jede Gruppe eine 3-5 minütige Diskussion im Kurs vor, in der sie versucht, die andere Gruppe von ihren Argumenten zu überzeugen. Wenn sie möchten, können die Zuhörer im Anschluss abstimmen, welche Seite besser diskutiert hat.	8 DIN-A3-Blätter
5a	Die TN hören die Umfrage und vervollständigen mit den Geräten, die für die Personen wichtig sind, die linke Seite der Tabelle. **Lösung:** *Laptop; Computer; Fernseher – Computer; Laptop – Handy*	CD: Track 1.29–32
5b	Die TN hören die Umfrage noch einmal und ergänzen, warum diese Geräte so wichtig für die Leute sind. Danach fassen sie die Ergebnisse im Kurs zusammen. **Lösung:** *Paula: im Internet surfen, fotografieren, einfach alles; – Luis: Am Computer macht er oft seine Hausaufgaben. Aber mit der Spielekonsole haben er und seine Freunde richtig viel Spaß. – Otto: Mit dem Computer kann er mit den Enkeln in Amerika skypen, mit dem Fernseher kann er sich gut entspannen. – Levin: Mit dem Laptop arbeitet er und er hat ihn auch immer in der Uni dabei und schreibt alles mit. Er sieht mit dem Laptop auch Filme, wo er will.*	CD: Track 1.29–32 IAW: TB 3/2
	VARIANTE für sprachlich schwächere Gruppen: Jeder TN konzentriert sich nur auf eine Person. Danach finden sich je 4 TN zusammen, bei denen jeder eine der Personen repräsentiert, und geben ihre Ergebnisse an die Gruppe weiter.	

		Materialien
5c	Kopieren Sie den Grammatikkasten jeweils für 3 TN und schneiden Sie Sätze und Bilder auseinander. Die TN ordnen in der Gruppe Satz und Bild zu und korrigieren mit dem Grammatikkasten im Buch. Erarbeiten Sie gemeinsam, wie die verschiedenen Vergleichssätze aufgebaut sind (Komparativ + *als* oder *(genau)so* + Positiv + *wie*). Danach überlegt jeder TN einige Geräte, die wichtig für ihn sind, und schreibt 2 (oder mehr) Vergleichssätze nach dem Schema im Grammatikkasten. Hängen Sie die Sätze im Kursraum aus. Die TN gehen durch den Kursraum und lesen die Sätze. Abschließend überlegen sie, welche Geräte im Kurs besonders wichtig sind. Notieren Sie diese Geräte an der Tafel.	Kopien des Grammatikkastens
	ERWEITERUNG: Je 2 TN machen das Wechselspiel auf der **Kopiervorlage** zu Vergleichen mit *als* und *wie*.	KV
6a	Lesen Sie den TN alle Web-Adressen paarweise vor, um den Unterschied zwischen „b" und „w" deutlich zu machen. Die TN sprechen im Chor nach. Erklären Sie den TN ggf., dass es sich bei der Aussprache von „b" um einen bilabialen Plosiv handelt, bei dem beide Lippen (=bilabial) geschlossen sind und der Verschluss plötzlich geöffnet (=Plosiv/Verschlusslaut) wird, bei „w" dagegen um einen labiodentalen Frikativ, bei dem nur die obere Zahnreihe die untere Lippe (=labiodental) berührt, der Mund aber offen bleibt und die Luft gleichmäßig ausströmt (=Frikativ/Reibelaut). Die Laute werden also an unterschiedlichen Orten auf unterschiedliche Weise gebildet. Die TN hören die Web-Adressen von der CD und kreuzen an, welche sie hören. **Lösung:** *2 wenger.ch; 3 walter.at; 4 busch.de; 5 beiser.at; 6 willner.ch; 7 bachmann.de; 8 wock.at*	CD: Track 1.33
	INFO: Die Unterscheidung zwischen den Aussprachen für „b" [b] und „w" [v] ist nicht für alle Ausgangsmuttersprachen problematisch. Hier müssen besonders solche Muttersprachen üben, in denen dieser genaue Unterschied in Wahrnehmung/Bildung und Artikulation nicht vorhanden ist, z. B. Spanisch, Japanisch oder Koreanisch, weil sie nur einen bilabialen Reibelaut kennen.	
6b	Lesen Sie den TN die Sätze vor, die TN wiederholen sie im Chor. Danach hören die TN die Sätze zur Kontrolle noch einmal von der CD. Je 3 TN üben dann die Sätze gemeinsam. Ein TN liest einen Satz vor, die anderen kontrollieren, ob der Mund an der richtigen Stelle offen oder geschlossen ist.	CD: Track 1.34
AB6b	im Kurs, ggf. als Vorbereitung für KB6c.	
6c	Die TN spielen mit einzelnen Wörtern mit den Anfangsbuchstaben „b" oder „w" Stille Post. Dazu stellen sie sich im Kreis auf. Der erste TN flüstert dem nächsten TN sein Wort ins Ohr, dieser gibt, was er versteht, dem nächsten weiter, bis schließlich der letzte TN das Wort laut sagt und an die Tafel schreibt. Was ist aus dem Wort geworden?	
	ALTERNATIVE: Die TN spielen mit ganzen Sätzen Stille Post. Weisen Sie die TN darauf hin, dass die Sätze nicht unbedingt logisch sein müssen. Der TN, der beginnt, kann den Satz sowohl seinem rechten als auch seinem linken Nachbarn einflüstern und diese flüstern ihn weiter. Wo beide Sätze aufeinandertreffen, sagen ihn die TN laut. Welcher Satz hat sich am meisten verändert?	

Sprachhandlungen: die eigene Meinung sagen
Lerninhalte: WS: Redemittel, um seine Meinung zu sagen | GR: Nebensatz mit *dass*

	Erläuterungen zum Unterricht	Materialien
7a	Die TN lesen die Texte und notieren in der Tabelle, was die Personen zum Thema *Internet* gut und was nicht so gut finden. **Lösung:** *Vorteile: schnell Informationen finden; mit Leuten an ganz anderen Orten zusammenarbeiten; telefonieren; man kann am Tag und in der Nacht einkaufen; das geht einfach, schnell und billig; über Facebook und E-Mails immer Kontakt zu den Freunden – Nachteile: Jugendliche stellen zu viel private Informationen ins Netz; Leute verbringen viel Zeit im Internet; es gibt Kriminelle auch im Internet*	
	VARIANTE: Machen Sie ▶ **kooperatives Lesen**. Die Hälfte der TN liest die Meinung von Steven Amann und macht Notizen zu Vor- und Nachteilen, die andere Hälfte der TN liest die Meinung von Katrin Hofer. Jeweils 2 TN mit unterschiedlichen Texten arbeiten dann zusammen und fassen dem Partner ihren Text zusammen. Auch die neuen Informationen werden in der Tabelle festgehalten.	

7b	Die TN lesen die Texte noch einmal und markieren alle Stellen, an denen sie *dass* finden. Anschließend markieren sie noch das Verb, das sich im Nebensatz befindet, am besten mit einer anderen Farbe.	
7c	Projizieren Sie die Aufgabe. Lesen Sie die Sprechblasen vor und fragen Sie die TN, ob sie sich erinnern können, wer von den beiden Personen das zum Thema *Internet* gesagt hat. Erarbeiten Sie mit den TN, dass der Konnektor *dass* (wie *weil*) einen Nebensatz einleitet, bei dem das Verb am Ende steht. Danach schreiben die TN die *dass*-Sätze in den Kasten. **Lösung:** *Steven Amann sagt, dass man gemeinsam an Projekten arbeiten kann. Er findet es gut, dass die Kollegen über das Internet anrufen. Katrin Hofer ist froh, dass Einkaufen im Internet oft billiger ist. Sie sagt, dass man nicht nur im Internet aufpassen muss.*	Kopie auf Folie IAW: TB 3/3
8	Je 2–3 TN sammeln in ca. 10 Minuten auf einem DIN-A3-Blatt Vor- oder Nachteile des Internets. Der Schüttelkasten gibt erste Anhaltspunkte. Bilden Sie danach Gruppen mit 4–6 TN, in denen die Hälfte Vorteile, die andere Hälfte Nachteile gesammelt hat. Lesen Sie mit den TN die Redemittel und ermuntern Sie sie dazu, diese in der anschließenden Diskussion zu verwenden. Die TN diskutieren über das Thema *Internet* in ihrer Gruppe, dabei können sie ihre eigene Meinung vertreten oder in eine „Rolle" schlüpfen. Jede Gruppe wählt einen TN, der abschließend die wichtigsten Punkte der Diskussion im Kurs zusammenfasst. Dabei soll dieser möglichst auch die Redemittel des Kastens benutzen, z. B. *Wir finden es wichtig, dass ...*	DIN-A3-Papier
	VARIANTE: Machen Sie mit den TN eine ▶ **Redemittel-Diskussion**. Die TN wählen 5 Redemittel aus dem Kasten und schreiben jeden Ausdruck auf ein Kärtchen. Während der Diskussion halten sie die Kärtchen in der Hand. Immer wenn sie eines der Redemittel verwenden, dürfen sie die passende Karte ablegen. Die Diskussion darf erst beendet werden, wenn alle TN ihre Karten abgelegt haben.	Kärtchen
	ERWEITERUNG: Je 3 TN machen eine ▶ **Collage**. Sie schneiden berühmte Persönlichkeiten aus Zeitschriften, kleben sie auf DIN-A3-Papier und legen ihnen per Sprechblase Zitate in den Mund, die mit den Redemitteln des Kastens beginnen. Z. B. könnte Victoria Beckham sagen *Ich bin glücklich, dass mein Mann so gut Fußball spielen kann.* Machen Sie mit den Ergebnissen eine ▶ **Ausstellung**.	Collage

Sprachhandlungen: über Vorlieben sprechen
Lerninhalte: GR: Superlativ

	Erläuterungen zum Unterricht	Materialien
9a	Projizieren Sie das Foto. Stellen Sie den TN Dieter Mayr vor und fragen Sie, was er von Beruf sein könnte. Fordern Sie einen der TN auf, den Text neben dem Foto vorzulesen. Erklären Sie den TN, dass sie sich jetzt mit einem Interview mit Dieter Mayr befassen werden und zuerst seine Antworten kennenlernen werden. Die TN lesen abwechselnd die Antworten laut vor. Klären Sie ggf. unbekannte Vokabeln. Je 2 TN arbeiten zusammen, lesen die Fragen und ordnen sie den Antworten zu. **Lösung:** *2B; 3A; 4G; 5H; 6C; 7D; 8F*	Kopie auf Folie
	VARIANTE für sprachlich stärkere Gruppen: Projizieren Sie die Antworten ohne die Fragen. Je 2 TN lesen die Antworten und formulieren mögliche Fragen dazu. Vergleichen Sie im Kurs. Danach lesen die TN die Fragen im Buch und ordnen Antworten und Fragen einander zu.	Kopie auf Folie
9b	Die TN hören das Interview und kontrollieren ihre Lösungen.	CD: Track 1.35
9c	Je 2 TN markieren die Adjektive im Superlativ im Interview und lesen sie laut vor. Schreiben Sie die Superlative untereinander an die Tafel. Fragen Sie, was allen Formen gemeinsam ist (*am* und *-sten*). Die TN versuchen, die Grundform des Adjektivs zu finden. Besprechen Sie die unregelmäßigen Formen. Die TN nennen zu jedem Superlativ den Positiv und den Komparativ. Notieren Sie alles an der Tafel. **Lösung:** *am besten; am wichtigsten; am liebsten; am häufigsten; am nettesten; am längsten*	
	ERWEITERUNG: Je 3–4 TN stellen ein ▶ **Trio-Spiel** her. Geben Sie jeder Gruppe 18 Kärtchen. Die TN wählen 6 Adjektive und schreiben die Adjektive und die dazugehörigen Komparative und Superlative auf je eine Karte. Die Karten werden gemischt und verdeckt auf den Tisch gelegt. Jeder TN dreht nun nacheinander 3 Kärtchen um. Gehören alle 3 zur gleichen Gruppe darf er sie behalten, wenn nicht, dreht er alle wieder um und der nächste TN ist an der Reihe. (Das Spiel entspricht dem Spiel ▶ **Paare finden**, aber mit 3 statt mit 2 Karten.)	18 Kärtchen pro Gruppe

AB 9b–c	im Kurs. Lesen Sie mit den TN den Tipp und erklären Sie, dass das *-e* dazu dient, die Adjektive besser aussprechen zu können. Suchen Sie ggf. mit den TN noch mehr Adjektive, bei denen diese Regel zutrifft. Lesen Sie die erste Frage und formulieren Sie eine weitere Frage (evtl. die dritte mit dem eingeschobenen *e*) zusammen mit den TN. Jeder TN formuliert die restlichen Fragen, ggf. auch als Hausaufgabe. Im Anschluss diskutieren die TN mit einem Partner.	
9d	Bitten Sie die TN, sich (ggf. zu Hause) die Homepage von Dieter Mayr anzuschauen und sich das Foto auszusuchen, das ihnen am besten gefällt. Die TN zeigen (ggf. in der nächsten Unterrichtsstunde) das Foto, beschreiben es kurz und erklären, warum sie gerade dieses ausgewählt haben.	
	VARIANTE: Die TN sehen sich die Homepage als Hausaufgabe an, drucken das gewählte Foto aus und schreiben einen kleinen Text dazu (Beschreibung des Fotos und warum sie es ausgewählt haben). In der nächsten Stunde werden die Fotos ausgehängt. Jeder TN liest seinen Text vor oder gibt ihn frei wieder, die anderen TN versuchen, das dazugehörige Bild zu finden.	
	Nach KB9 eignet sich Filmszene 3.6 mit KB15.	DVD: Szene 3.6
10a	Jeder TN überlegt, welche berühmte Person er gern interviewen würde, und formuliert 5–8 Fragen nach dem Muster von KB9a (mit Superlativen). Weisen Sie die TN auf den Tipp hin und erklären Sie, dass viele kurze Adjektive beim Komparativ und beim Superlativ einen Umlaut haben.	
	VARIANTE: Je 2–3 TN überlegen gemeinsam, welche berühmte Person sie gerne interviewen würden, und formulieren gemeinsam die Fragen.	
10b	Jeder TN sucht sich einen Partner, der in die Rolle der interviewten Person schlüpft. Lesen und hören Sie mit den TN **Gut gesagt**. Erklären Sie, dass man diese Ausdrücke/Wendungen nutzen kann, um in einem Gespräch Zeit zu gewinnen oder Wörter zu suchen. Die TN machen jetzt mit ihrem Partner das Interview. Wenn die TN möchten bzw. es ihnen die Vorstellung ihres Partners im Kurs erleichtert, notieren sie dabei die Antworten. Der Interviewte versucht, möglichst spontan und kreativ zu antworten, und benutzt ggf. die besprochenen Redemittel. Anschließend berichten die TN über das Interview im Kurs.	CD: Track 1.36
	VARIANTE: Wenn die TN in Gruppen gearbeitet haben, sucht sich jede Gruppe einen Freiwilligen, der in die Rolle der interviewten Person schlüpft, und spielt das Interview im Kurs vor.	

Sprachhandlungen: über Filme sprechen; Kommentare zu einem Film verstehen; einen Kommentar schreiben
Lerninhalte: WS: Film | Landeskunde: Kino! Kino! – Der Film „Almanya"

	Erläuterungen zum Unterricht	Materialien
11	Die TN sprechen in Kleingruppen über Filme. Dabei orientieren sie sich an den angegebenen Fragen. Bei sprachlich schwächeren Gruppen können Sie den TN vorher auch 5 Minuten Zeit geben, um Notizen zu den einzelnen Fragen zu machen, damit eine flüssigere Diskussion gewährleistet ist.	
	VARIANTE: Machen Sie einen ▶ **Kursspaziergang** mit den Fragen. Spielen Sie Musik, während die TN durch den Kursraum laufen. Immer wenn Sie die Musik anhalten, finden sich 2–3 TN zusammen. Lesen Sie eine der Fragen laut und geben Sie den TN 3–4 Minuten Zeit, sich über das Thema auszutauschen. ERWEITERUNG: Filme auf Deutsch: Sammeln Sie bekannte Filmtitel und überlegen Sie mit den TN, wie diese auf Deutsch heißen könnten. Empfehlen Sie den TN, sich ihre Lieblings-DVD auf Deutsch anzusehen (Tipp). Die TN können den Film auch kurz zusammenfassen; der Kurs rät, welcher Film das ist (vgl. auch **Kopiervorlage** zur Filmbeschreibung in KB13a).	Musik KV
12a	Fragen Sie die TN zum Einstieg, ob sie deutsche Filme kennen, und notieren Sie die Filmtitel an der Tafel. Projizieren Sie das Foto mit abgedecktem Text, die TN spekulieren über den Inhalt des Films. Lesen Sie mit den TN die Aussagen zum Film und klären Sie ggf. Vokabular. Die TN lesen die Filmbeschreibung und markieren, ob die Aussagen richtig oder falsch sind. Vergleichen Sie im Kurs. Projizieren Sie dann den Text und korrigieren Sie gemeinsam die falschen Sätze. **Lösung:** *1 falsch (Der Film ist eine Komödie.); 2 richtig; 3 falsch (seit über 40 Jahren); 4 falsch (er fährt mit seiner Familie); 5 richtig*	Kopie auf Folie

12b	Die TN lesen die Kommentare zum Film. Je 2–3 TN überlegen, was die Kommentare der Leute bedeuten, und markieren die Sterne. Danach vergleichen sie im Kurs. **Lösung:** *TimTam: 5 Sterne; Peterson: 2–3 Sterne; Korsan: 0 Sterne; Nora: 5 Sterne*	
12c	Je 2 TN ordnen die Kommentare nach sehr positiv, positiv oder negativ. Vergleichen Sie im Kurs. **Lösung:** *sehr positiv: Sehr spannend! Der Film ist toll! Die Schauspieler sind sehr gut. Ich finde den Film sehr gut. – positiv: Die Geschichte ist interessant. – negativ: Die Handlung ist nicht logisch. Der Film ist langweilig. Das Ende hat mir nicht gefallen.*	
	VARIANTE: Je 2–3 TN übertragen die Tabelle auf ein DIN-A3-Papier und schreiben die Formulierungen auf Kärtchen (oder Sie bereiten für jede Gruppe ein Kärtchenset vor). Die TN ordnen die Kärtchen an die richtige Stelle. Vergleichen Sie im Kurs.	DIN-A3-Papier, Kärtchen mit den Formulierungen
12d	Die TN lesen noch einmal die Kommentare von KB12b, suchen weitere bewertende Formulierungen und ergänzen damit die Tabelle. Vergleichen Sie im Kurs. **Lösung:** *sehr positiv: Ich finde den Film super. Das Thema kann nicht aktueller sein. Wirklich empfehlenswert! Manche Szenen sind sehr lustig! Mein Lieblingsfilm! Diese Komödie macht wirklich Spaß! Echt toll! Ihr müsst diesen Film sehen. – positiv: lustig; spannend; interessant; Der Film ist ganz gut. – negativ: kein Highlight; eher Durchschnitt; Der Film hat mir nicht gefallen. Er ist überhaupt nicht realistisch. Die Handlung ist total langweilig.*	
	VARIANTE: Wenn Sie in KB12c nach der Variante vorgegangen sind, geben Sie an jede Gruppe unbeschriftete Kärtchen. Die TN beschriften sie mit weiteren bewertenden Formulierungen aus den Kommentaren von KB12b und ordnen sie in die Tabelle ein. Zum Schluss überträgt jeder TN die Lösung in eine eigene Tabelle.	Kärtchen
13a	Die TN suchen im Internet eine kurze Beschreibung eines Filmes, den sie in der letzten Zeit gesehen haben, und bringen diese in den Kurs mit.	
	ALTERNATIVE: Die TN erstellen mit Hilfe der **Kopiervorlage** eine Filmbeschreibung, die sie für KB13 verwenden. ERWEITERUNG: Je 4–5 TN stellen sich gegenseitig ihre Filme vor. Dabei erzählen sie sich, wann, wo und mit wem sie den Film gesehen haben und um was es in diesem Film geht.	KV
13b	Die TN kleben ihre Filmbeschreibung auf ein DIN-A3-Papier und schreiben darunter einen Kommentar zum Film. Dafür verwenden sie auch die Formulierungen von KB12c/d. Die TN können auch Sterne, wie in KB12b, vergeben.	DIN-A3-Papier, Kleber
13c	Hängen oder legen Sie alle Filmbeschreibungen und Kommentare im Kursraum auf. Die TN gehen durch den Raum und lesen die Texte. Bei den Filmen, die sie auch gesehen haben, schreiben sie einen weiteren Kommentar dazu (und vergeben ggf. Sterne). Hängen Sie nach Abschluss der Übung alle Blätter nebeneinander und erstellen sie gemeinsam eine Top-Ten. Welcher Film hat die meisten Kritiken? Welcher die besten, welcher die schlechtesten?	

Der Film: Alte und neue Medien | Bitte lächeln!

	Lösungen zur DVD	Materialien
14a–b	*Felix lernt für die Uni. Ella hat ihren Schlüssel vergessen. Ella wartet auf ihre Mama. Sie sprechen über das neue iPad. / über Medien.*	DVD: Szene 3.5
14c	*Fast alles: Musik hören, Fotos machen, kleine Videos drehen, chatten, twittern … Was man eben so machen kann mit neuen Medien.*	DVD: Szene 3.5
15a–b	*Sie ist in einem Fotostudio. Sie braucht Fotos für eine Bewerbung.*	DVD: Szene 3.6
15c	*Foto links (Fotografin): 2; 3; 5; 6; 7; 9; 10 – Foto rechts (Bea): 1; 4; 8*	DVD: Szene 3.6

	Erläuterungen zum Unterricht	Materialien
1	Die TN spielen zusammen das Wiederholungsspiel. Dabei spielen entweder je 2 TN gegeneinander oder es können Paare (2 gegen 2) gebildet werden. Der erste Spieler oder das erste Spielerpaar beginnt bei „Start", würfelt und zieht seine Spielfigur. Im Laufe des Spieles können die Spieler vorwärts oder rückwärts gehen. Wenn sie auf ein nummeriertes Aufgabenfeld kommen, lösen sie nach eigener Wahl die einfachere gelbe oder schwierigere orange Aufgabe mit dieser Nummer. Wurde eine der Aufgaben schon gelöst, muss die Aufgabe in der anderen Farbe genommen werden (jede Aufgabe darf nur ein Mal gelöst werden). Jede korrekte gelbe Antwort gibt einen Punkt, jede korrekte orange Antwort gibt 2 Punkte. Wird die Aufgabe falsch gelöst, verlieren die TN die entsprechenden Punkte. Auf den roten Feldern gibt es 2 Extrapunkte, auf den blauen Feldern einen Minuspunkt, auf den grünen Feldern müssen die TN einmal aussetzen und auf den Feldern mit der Kaffeetasse können sie sich ausruhen. Die Spieler ziehen abwechselnd und notieren regelmäßig ihre Punkte. Wenn der erste Spieler das Ziel erreicht hat, zählen alle ihre eigenen Punkte zusammen. Der Spieler oder das Spielerpaar mit den meisten Punkten hat gewonnen. Sie können auch Gummibärchen, Schokolinsen oder kleine Bonbons mitbringen. Statt Punkte zu notieren, nehmen die TN entsprechend viele Süßigkeiten – und essen sie dann als Belohnung auf.	2 Spielfiguren, ein Würfel, 2 Stifte und 2 Zettel pro Gruppe Süßigkeiten IAW: TB P1
	VARIANTE: Gehen Sie vor wie oben beschrieben. Zusätzlich übernimmt ein TN pro Spielgruppe die Rolle des Experten. Dieser Experte bekommt die **Kopiervorlage** mit den Lösungen zum Spiel. Er entscheidet anhand des Expertenblattes, ob die Aufgabe richtig gelöst ist, und notiert die Punkte auf einem Zettel. Außerdem achtet er darauf, dass die Aufgaben nur ein Mal gelöst werden. Wenn der erste Spieler das Ziel erreicht hat, zählt der Experte die Punkte zusammen und gibt den Gewinner bekannt. Bei sprachlich stärkeren TN kann auch ein Experte für mehrere Spielgruppen zuständig sein und nur bei Zweifelsfällen gerufen werden.	KV
2a	Lesen Sie gemeinsam mit den TN die Beispiele und klären Sie ggf. Vokabular. Jeder TN markiert zuerst alleine, welche dieser Situationen er während seiner Schulzeit erlebt hat, und ergänzt noch weitere.	
2b	Die TN erzählen im Kurs, was sie in diesen Situationen gemacht haben.	
	VARIANTE: Je 2–3 TN tauschen sich über ihre Ergebnisse aus und berichten, woran sie sich erinnern können, was genau passiert ist und wie sie sich dabei gefühlt haben. Die TN einigen sich auf einen Punkt, der bei ihnen gleich oder ähnlich war (z. B. alle wurden schon einmal erwischt, als sie bei einer Prüfung abgeschrieben haben, und mussten die Prüfung wiederholen oder alle hatten in einem Fach schlechte Noten), und einen, bei dem es Unterschiede gab (z. B. A ist oft zu spät gekommen, wurde aber nicht bestraft, bei B gab es Strafen bei Verspätung und C war immer sehr pünktlich). Die TN stellen die beiden Punkte im Kurs vor. Vergleichen Sie die Ergebnisse und diskutieren Sie sie im Kurs.	
3a	Projizieren Sie das Bild. Die TN beschreiben, was sie auf dem Bild sehen können.	Kopie auf Folie
3b	Die TN lesen laut die 4 Möglichkeiten vor. Danach überlegen je 2 TN, welche davon auf das zweite Bild zutrifft, und kreuzen an. **Lösung:** *3*	
3c	Die TN beschreiben das dritte Bild. Danach schreiben je 2 TN einen Dialog zwischen Vater und Sohn. Korrigieren Sie die geschriebenen Dialoge. Die TN üben ihren Dialog ein, geben Sie ggf. ▶ **Tipps zum freien Sprechen**. Mehrere Paare spielen ihren Dialog im Kurs vor.	
3d	Lesen Sie mit den TN die Ausdrücke aus dem Kasten und klären Sie ggf. Vokabular. Ordnen Sie gemeinsam, welche Ausdrücke zu welchem Bild passen; notieren Sie die Zuordnung ggf. an der Tafel. Dann erzählen die TN anhand der Bilder, wie die Geschichte weitergeht.	
	VARIANTE für sprachlich schwächere TN: Je 3 TN schreiben die Geschichte zuerst auf und versuchen, sie anschließend in ihrer Kleingruppe frei nachzuerzählen. ALTERNATIVE für KB3a–d für sprachlich stärkere TN: Kopieren Sie die 6 Bilder von Vater und Sohn, schneiden Sie sie aus und übermalen Sie die Nummerierung. Geben Sie je 3–4 TN einen Satz. Die TN versuchen, die Geschichte in die richtige Reihenfolge zu bringen, schreiben die Geschichte auf oder erzählen sie gemeinsam. Vergleichen Sie danach im Kurs.	Kopien der 6 Bilder

4a–b	Schreiben Sie jede der Situationen in die Mitte eines DIN-A3-Papiers und hängen Sie diese auf. Lesen Sie mit den TN die Situationen und das Beispiel im KB. Fragen Sie die TN, ob diese Situationen auch in ihrem Land vorkommen könnten und wie damit umgegangen wird. Die TN können auch eigene Situationen aus der Schulzeit, in denen sie zu Tricks greifen mussten, auf weiteren DIN-A3-Blättern ergänzen. Dann schreiben die TN zu 3 (oder mehr) Situationen einen Trick und kleben ihn auf das passende Blatt. Lesen Sie dann alle Tricks und vergleichen Sie mit den TN im Kurs, welche Tricks am besten sind. ERWEITERUNG: Die TN wählen eine der Situationen aus und bereiten ein kleines Rollenspiel zwischen Lehrer/in und Schüler/in vor. Danach spielen sie die Szene im Kurs vor.	DIN-A3-Papier, Zettel
AB Plattform 1	Hier bereiten sich die TN auf A2-Prüfungen vor: Sie bekommen Tipps und trainieren Hören, Lesen und Sprechen. Sie machen das am Beispiel der Prüfung *Start Deutsch 2*: *Hören* Teil 1, *Lesen* Teil 1 und *Sprechen* Teil 1.	

Kopiervorlage zu Plattform 1, Aufgabe 1

Expertenblatt

Beraten Sie die anderen Teilnehmer beim Wiederholungsspiel. Die Lösungen helfen Ihnen.

Gelbe Aufgaben:

1. der Herd; der Topf; das Messer
2. waschen, schneiden, essen, kaufen ...
3. von ihrer Mutter; mit seinem Vater
4. sich
5. Du musst dich beeilen.
6. Claudia ist glücklich, weil sie Max getroffen hat.
7. Ich durfte, du durftest, er/es/sie durfte, wir durften, ihr durftet, sie/Sie durften.
8. musste ich; konnte ich
9. in den Schrank; auf dem Tisch
10. Ich lege
11. der Computer; das Handy; das Radio; das Buch; das Tablet ...
12. lieber Reis als Kartoffeln; nicht so gut wie mein Vater
13. lang – länger – am längsten; nett – netter – am nettesten
14. am liebsten
15. dass

Orange Aufgaben:

1. Man braucht: den Herd, den Topf, das Sieb, die Pfanne, das Geschirr, die Gabel, den Löffel, das Messer ...
2. schneiden; waschen; schälen
3. mit ihrer Mutter; für ihre Familie
4. sich ärgern; sich aufregen; sich treffen; sich langweilen; sich beeilen; sich umziehen ...
5. ich-mich; du-dich; sie/er-sich; wir-uns; ihr-euch; sie-sich
6. z. B.: weil ich viel gearbeitet habe.
7. er musste; er konnte; er wollte
8. musste ich; konnte
9. Ich lege das Buch auf den Tisch. Das Handy liegt unter dem Stuhl.
10. hängt
11. Man kann Eintrittskarten kaufen. Ich chatte oft mit meinen Freunden. Meine Freunde surfen viel im Internet. ...
12. Der Laptop ist billiger als der Computer. Der C. ist teurer als der L. Der L. ist nicht so teuer wie der C.
13. gut – besser – am besten; viel – mehr – am meisten
14. Mein Bruder spielt gern Tennis. Ich spiele lieber Fußball. Am liebsten jogge ich im Park.
15. z. B.: Ich denke, dass man beim Einkaufen im Internet vorsichtig sein muss.

Große und kleine Gefühle 4

Sprachhandlungen: Feste und Ereignisse beschreiben
Lerninhalte: WS: Feste und Ereignisse

	Erläuterungen zum Unterricht	Materialien
1a	Erstellen Sie mit den TN eine Mindmap zum Thema *Was kann man feiern?* an der Tafel. Notieren Sie dann zu jedem Feier-Anlass/Ereignis die Assoziationen der TN. Je 3–4 TN arbeiten anschließend zusammen. Die TN wählen abwechselnd ein Bild und beschreiben es so genau wie möglich; die Wörter bei den Fotos helfen. Die anderen TN versuchen, das Fest zu erraten, dabei können ihnen die Wörter im Schüttelkasten helfen. **Lösung:** *1 der Schulabschluss; 2 die Führerscheinprüfung; 3 der erste Schultag; 4 der erste Platz; 5 das Jubiläum in der Firma; 6 die Geburt von einem Kind; 7 die Hochzeit*	
	ALTERNATIVE: Kopieren Sie die Fotos groß. Schreiben Sie die Feste aus dem Schüttelkasten auf rote Kärtchen, die Vokabeln neben den Fotos auf grüne Kärtchen. Machen Sie Sets für je 3–4 TN. Die TN legen die grünen Kärtchen zur passenden Stelle auf den Fotos und ordnen dann das Fest auf einem roten Kärtchen als Überschrift zu. Weiter wie oben beschrieben. ERWEITERUNG: Je 2 TN wählen ein Bild aus und versuchen sich vorzustellen, was eine der Personen auf dem Foto wohl in diesem Moment denkt. Sie schreiben einen ▶ **inneren Monolog** für die Person und lesen ihn dann vor. Die anderen TN raten, welches Foto gemeint ist.	Kopien der Fotos, Kärtchen in 2 Farben
1b	Die TN hören die Gespräche und notieren, zu welchen Fotos sie passen. **Lösung:** *1 Foto 6; 2 Foto 3; 3 Foto 5*	CD: Track 1.37–39
2	Projizieren Sie die Fotos. Lesen Sie mit den TN die Fragen. Die TN besprechen gemeinsam im Kurs, welche dieser Ereignisse in ihrem Land auch gefeiert werden und wie das geschieht. Dabei können sie sich an den Fragen orientieren und diese noch ergänzen. Notieren Sie Stichpunkte an der Tafel. Fordern Sie die TN auf (ggf. in der Stunde zuvor oder für die nächste Stunde), eigene Fotos von Festen oder feierlichen Anlässen mitzubringen. Die TN können auch im Kurs entsprechende Fotos recherchieren. Die TN zeigen sich in Kleingruppen ihre Fotos, erklären, kommentieren und stellen bzw. beantworten Fragen dazu. Anschließend gibt jede Gruppe eine kleine Zusammenfassung für den Kurs, was in ihrer Gruppe gezeigt und besprochen wurde.	Kopie auf Folie Fotos von Festen
	VARIANTE für sprachlich stärkere Gruppen: Kopieren Sie die Fotos und kleben Sie je eines in die Mitte eines DIN-A3-Blattes. Legen Sie die Blätter im Raum aus. Projizieren Sie die Fragen. Die TN machen einen ▶ **stummen Dialog**. Dazu gehen sie von Blatt zu Blatt und notieren zu jedem Foto Ideen, wie man das in ihrem Land feiert. Die Fragen können ihnen dabei als Orientierung helfen. Die TN können auch die Beiträge der anderen TN kommentieren oder ergänzen, z. B. *In meiner Familie ist das anders. Wir essen immer ….*	Kopien der Fotos, DIN-A3-Papier, Kopie auf Folie

Sprachhandlungen: sich bedanken und Glückwünsche aussprechen
Lerninhalte: WS: Einladungs- und Dankeskarten

	Erläuterungen zum Unterricht	Materialien
3a	Gestalten Sie mit den TN einen Wortigel zum Thema *Hochzeit*, um Wortschatz vorzuentlasten. Lesen Sie dann mit den TN die 4 Karten-Typen (Nr. 1.–4.) und klären Sie ggf. das Vokabular. Die TN lesen die Texte der 3 Karten und notieren, welche Karte zu welchem Karten-Typ passt und welche Karte fehlt. Fragen Sie die TN, ob es auch in ihrem Land typisch ist, solche Karten zu diesen Gelegenheiten zu schreiben. **Lösung:** *1 fehlt; 2C; 3A; 4B*	
	ERWEITERUNG: Wenn sich Ihre TN für das Thema interessieren, können Sie ihnen mehr Informationen geben oder die TN recherchieren selbst. Vielleicht haben Sie auch selbst einige anschauliche Gegenstände von einer deutschsprachigen Hochzeit, die Sie zeigen können, wie z. B. eine Einladung, eine Hochzeitszeitung, eine Speisekarte usw. Dann vergleichen die TN mit den Traditionen in ihrem Land. INFO: Hochzeit in den D-A-CH-Ländern ist – wie überall auf der Welt – mit vielen Bräuchen und Traditionen verbunden. In jedem Fall muss man zuerst standesamtlich heiraten, damit gilt man vor dem Gesetz als verheiratet. Viele Paare heiraten dazu auch noch kirchlich. **Links:** www.ratgeber-hochzeit.de/lexikon.htm; www.hochzeit.net	ggf. typische Gegenstände von einer Hochzeit

3b	Die TN lesen die Karten noch einmal und markieren alle Redemittel, mit denen Glückwünsche ausgesprochen werden oder mit denen man sich bedankt. Danach ordnen sie sie in die Tabelle ein. **Lösung:** *Glückwünsche aussprechen: Wir gratulieren Euch sehr herzlich und wünschen euch alles Liebe …; herzlichen Glückwunsch zu …; Wir wünschen Euch, dass … – sich bedanken: (Wir sagen) Herzlichen Dank für …; Tausend Dank für …*	
3c	Lesen Sie mit den TN die 3 Situationen. Die TN wählen eine Situation aus und schreiben eine Karte oder E-Mail. Fordern Sie sie dazu auf, die Redemittel aus KB3b zu verwenden. Danach setzen sich alle TN zusammen, die die gleiche Situation gewählt haben. Sie lesen sich die Texte gegenseitig vor, versuchen, die Fehler zu korrigieren und den Text stilistisch zu verbessern. Helfen Sie, wenn nötig. Danach fertigen die TN aus den verschiedenen Beispielen eine möglichst gute Gruppenversion an und schreiben sie an die Tafel oder hängen sie auf. Die anderen TN lesen den Text. Korrigieren Sie ggf. im Kurs.	
3d	Die TN machen einen Kreis. Projizieren Sie die Zeichnung mit den Sprechblasen und erklären Sie die Spielanleitung anhand des Beispiels. Die TN überreichen sich pantomimisch ein Geschenk, bedanken sich und erraten, was es ist.	Kopie auf Folie
	ERWEITERUNG: Sie können das Spiel vorentlasten, indem die TN in Gruppen vorher typische Geschenke für bestimmte Gelegenheiten sammeln. Jede Gruppe sammelt auf einem DIN-A3-Papier Ideen, z. B. Geburt eines Kindes: Schnuller, Babykleidung, Fotoalbum usw. Sie können die Blätter auch an die anderen Gruppen weitergeben und ergänzen lassen. Die TN lesen die Geschenke vor und hängen ihr Blatt an die Wand. Beim darauf folgenden Spiel können die TN aus den aufgelisteten Geschenken auswählen.	DIN-A3-Papier
	Nach KB3 eignen sich die Filmszenen 4.7 und 4.8 mit KB13 und KB14.	DVD: Szene 4.7–8

Sprachhandlungen: über Gefühle sprechen
Lerninhalte: WS: Gefühle | GR: Nebensatz mit *wenn*

	Erläuterungen zum Unterricht	Materialien
4a	Schreiben und zeichnen (oder kopieren) Sie die Gefühle und Zeichnungen von KB4a auf Kärtchen. Fertigen Sie für je 3–5 TN ein Set an. Die TN kombinieren Gefühl und Zeichnung und korrigieren mit dem KB. Besprechen Sie auch die Infobox und suchen Sie weitere Beispiele mit den TN. Die TN sehen dann die Situationen auf den Fotos an, beschreiben, was sie sehen und überlegen, wie man sich in dieser Situation normalerweise fühlt.	Kärtchen
4b	Je 2 TN überlegen, was zusammenpasst. Vergleichen Sie im Kurs. **Lösung:** *1C; 2A; 3D; 4B*	
	VARIANTE: Schreiben Sie jeden Teilsatz gut lesbar auf ein DIN-A4-Blatt und verteilen Sie die Blätter an 8 TN. Die restlichen TN stellen diese so, dass 4 korrekte Sätze entstehen.	DIN-A4-Papier
4c	Projizieren Sie beide Grammatikkästen. Die TN lesen die Sätze im oberen Kasten laut vor. Erarbeiten Sie gemeinsam, an welcher Stelle sich die Verben im Hauptsatz und im Nebensatz mit *wenn* befinden (*ebenso wie bei* weil *und* dass). Machen Sie dann die TN auf die Möglichkeit aufmerksam, mit dem Nebensatz zu beginnen: Der Nebensatz ändert sich nicht, auf den Nebensatz folgt das Verb des Hauptsatzes (*nur* dann *kann dazwischen stehen*). Formen Sie gemeinsam die Sätze um und vervollständigen Sie den unteren Grammatikkasten. **Lösung:** *Wenn ich eine Prüfung bestehe, (dann) bin ich glücklich. Wenn meine Freundin anruft, (dann) freue ich mich. Wenn ich zu viel lernen muss, (dann) ärgere ich mich.*	Kopie auf Folie IAW: TB 4/1
5	Je 3–4 TN sprechen darüber, in welchen Situationen sie sich wie fühlen, und wenden dabei Nebensätze mit *wenn* an. Die Situationen können wahr oder erfunden sein.	
	ERWEITERUNG: Teilen Sie den TN die **Kopiervorlage** aus. Die TN bilden aus den vorgegebenen Wörtern Fragen und machen damit ein Kursinterview. Falls nötig, können sie die Fragen aufschreiben. Sie stellen verschiedenen TN die Fragen und notieren den Namen, wenn sie eine positive Antwort erhalten. Abschließend sagt jeder TN reihum einen Satz von seiner Liste: *Maja ist oft müde, weil sie viel arbeiten muss.*	KV

ALTERNATIVE: Legen Sie im Kursraum DIN-A3-Papier aus und schreiben Sie auf jedes Blatt einen der Satzanfänge, z. B. *Für mich ist es traurig, wenn …* Geben Sie den TN ca. 15 Minuten Zeit, durch den Raum zu gehen und zu jedem Satz, zu dem ihnen etwas einfällt, etwas zu ergänzen. Hängen Sie danach die Blätter an verschiedenen Stellen im Raum aus. Bitten Sie die TN, zu einem der Blätter zu gehen. Achten Sie darauf, dass jeweils 3–4 TN bei jedem Blatt stehen (nicht bei allen Blättern müssen TN sein). Jede Gruppe spricht nun über den vorgegebenen Satzanfang, sie können ihre eigenen Erfahrungen berichten, aber auch die angeschriebenen Sätze kommentieren. Danach trennt sich die Gruppe und jeder TN geht zu einem Blatt mit einem anderen Thema. Achten Sie auch jetzt wieder darauf, dass 3–4 TN miteinander sprechen können. Beenden Sie die Übung, wenn die TN bei 3–4 Blättern waren. Lassen Sie abschließend jeden TN kurz im Kurs berichten, was für ihn besonders interessant zu erfahren war.	DIN-A3-Papier

Sprachhandlungen: Informationen über Festivals verstehen und darüber sprechen; über eine Stadt schreiben; Freude/Bedauern ausdrücken
Lerninhalte: WS: Veranstaltungen | GR: Adjektive nach dem bestimmten Artikel | Aussprache: Emotionales Sprechen | Landeskunde: Norddeutsche Feste

	Erläuterungen zum Unterricht	Materialien
6a	Fragen Sie die TN, welche Feste in deutschen Städten sie kennen, und notieren Sie die Namen an der Tafel (z. B. Oktoberfest in München, Alstervergnügen in Hamburg o. Ä.). Die TN erzählen im Kurs, was sie darüber wissen und ob sie schon selbst da waren. Lesen Sie dann mit den TN die verschiedenen Arten von Festen im Schüttelkasten. Überlegen Sie gemeinsam, was an diesen Festen charakteristisch ist. Danach lesen die TN die beiden Texte und ordnen zu, welche Feste das sind. Hängen Sie an eine Wand ein Bild mit einem Segelschiff, an eine andere Wand ein Bild mit einer Musikgruppe. Fragen Sie die TN, welches der beiden Feste sie lieber besuchen würden, und bitten Sie sie, sich zu dem passenden Bild zu begeben. Geben Sie den TN Zeit, sich in ihrer Gruppe darüber auszutauschen, warum sie dieses Fest interessiert. Danach gibt die Gruppe eine kleine Zusammenfassung des Besprochenen im Kurs. **Lösung:** *Sportfest; Musikfest*	Kopien der Fotos oder eigene Bilder
6b	Projizieren Sie die Fotos. Die TN beschreiben, was sie auf den Fotos sehen. Danach lesen sie die Kommentare und ordnen zu zweit die passenden Fotos zu. **Lösung:** *1D; 2B; 3A; 4C*	Kopie auf Folie
	Nach KB6b (oder KB6c) eignet sich Filmszene 4.9 mit KB15.	DVD: Szene 4.9
6c	Die TN lesen die Texte von KB6a und KB6b noch einmal. Je 2 TN markieren alle Adjektive. Die TN lesen die Adjektive mit dem dazugehörigen Artikel und dem Substantiv vor. Schreiben Sie die Formen an die Tafel. Die TN ergänzen die fehlenden Formen in der Tabelle. Vergleichen Sie im Kurs. Erklären Sie, dass es sich hier um die Adjektiv-Endungen nach dem bestimmten Artikel handelt, die verwendet werden, wenn das Adjektiv attributiv (vor dem Substantiv stehend) verwendet wird. Weisen Sie darauf hin, dass es nach dem bestimmten Artikel nur 2 mögliche Adjektiv-Endungen gibt: *-e* oder *-en*. Bitten Sie die TN, alle Endungen mit *-e* in der Tabelle rot, alle Endungen mit *-en* blau zu markieren. **Lösung:** *vgl. Grammatik-Übersicht* Kurz und klar	IAW: TB 4/2
7a	Lesen Sie den Text laut vor und bitten Sie die TN, Artikel und Substantiv zu markieren.	
7b	Erklären Sie den TN, dass der Text in KB7a sehr neutral klingt, weil er keine Adjektive enthält. Bitten Sie die TN, den Text neu zu schreiben und die Adjektive aus dem Schüttelkasten an der passenden Stelle mit der korrekten Endung zu verwenden. Vergleichen Sie im Kurs. **Lösung:** *an die gemeinsame Geschichte; den alten „Schwedenweg"; an den zahlreichen Veranstaltungen*	
7c	Je 3 TN überlegen sich ein Fest in ihrer Stadt, an ihrem Kursort oder ein bekanntes Fest aus ihrem Herkunftsland und schreiben einen kurzen Text dazu. Dabei orientieren sie sich an den vorgegebenen Fragen. Bitten Sie die TN, möglichst viele Adjektive zu benutzen. Dann stellt jede Gruppe ihr Fest vor.	
	VARIANTE: Die TN schreiben ihren Text ohne Adjektive. Danach geben sie ihn an eine andere Gruppe weiter, die den Text mit Adjektiven anreichert.	

ERWEITERUNG: Kopieren Sie das Quartett der **Kopiervorlage**, kleben Sie es auf Karton und schneiden Sie die einzelnen Karten aus. Geben Sie je 3–5 TN ein Set. Ziel des Spiels ist, möglichst viele Quartette (4 Karten zum gleichen Fest) zu sammeln. Der erste TN fragt dafür einen beliebigen TN seiner Gruppe, z. B. *Haben Sie den lustigen Hut?* oder *Haben Sie die Karte mit dem lustigen Hut?* (Adjektiv im Akkusativ oder Dativ nach dem bestimmten Artikel) Hat der TN die Karte, nach der gefragt wird, muss er die Karte abgeben und der erste TN fragt weiter. Hat der TN die Karte nicht, ist er an der Reihe. Wer die 4 Karten des gleichen Festes hat, legt sie vor sich auf den Tisch und erhält dafür einen Punkt. Der Spieler, der am Ende die meisten Punkte vorweisen kann (ggf. auch nach mehreren Spielrunden), hat gewonnen.

KV auf Karton

8a

Lesen Sie die Redemittel laut und emotional vor, die TN sprechen im Chor nach. Dann hören die TN 2 Dialoge von Björn auf der Kieler Woche und notieren, in welchem der beiden die Redemittel vorkommen.
Lösung: *Das ist ja toll! B; Das tut mir leid. A; So ein Pech! A; Wie schön! B; Da freue ich mich total. B; Da hast du aber Glück gehabt! B*

CD: Track 1.40–41

VARIANTE: Schreiben Sie die Sätze groß auf DIN-A4-Blätter und verteilen Sie sie an die TN. Jeder Teilnehmer, der seinen Satz hört, steht auf. Ordnen Sie danach gemeinsam, welche TN bei Dialog A, welche bei Dialog B aufgestanden sind.

DIN-A4-Papier

8b

Gut gesagt: Die TN lernen Ausdrücke kennen, die man in unangenehmen Situationen verwenden kann: Man sagt, dass es einem unangenehm ist, bzw. man entschuldigt sich. Spielen Sie die Ausdrücke vor, die TN hören und lesen mit. Dann sprechen sie im Chor nach.
Projizieren Sie die beiden Bilder mit den Schüttelkästen und klären Sie ggf. die Vokabeln. Je 2 TN wählen eine Situation und schreiben einen Dialog wie in KB8a. Dazu sollen sie die Ausdrücke aus KB8a und ggf. aus *Gut gesagt* verwenden. Geben Sie ggf. Tipps zum ▶ **Dialoge auswendig lernen**. Die TN spielen ihren Dialog im Kurs vor.

CD: Track 1.42
Kopie auf Folie
IAW: TB 4/3

9a

Die TN hören den gleichen Satz (*Heute schneit es wieder.*) in 4 verschiedenen Stimmungslagen und notieren, ob der Satz fröhlich, traurig, gestresst oder ärgerlich klingt. Sie hören noch einmal zur Kontrolle. Lesen Sie die Sätze vor, die TN sprechen in der jeweiligen Stimmungslage nach.
Lösung: *1 fröhlich; 2 ärgerlich; 3 traurig; 4 gestresst*

CD: Track 1.43

ERWEITERUNG: Beschriften Sie so viele Zettel, wie Sie TN haben, entweder mit *fröhlich*, *ärgerlich*, *traurig* oder *gestresst*, falten Sie sie zusammen und geben Sie sie wie Lose in einen Topf o. Ä. Jeder TN zieht einen Zettel. Nun laufen alle durch den Kursraum und sprechen sich gegenseitig mit dem Satz *Heute schneit es wieder.* in der Stimmungslage an, die auf ihrem Zettel steht. Wenn sie glauben, jemanden mit der gleichen Stimmung gefunden zu haben, nehmen sie ihn an der Hand und gehen gemeinsam weiter, bis alle TN mit der gleichen Stimmung sich an der Hand halten.

Zettel

9b

Die TN hören die Sätze ohne Wörter, nur mit *lalala* gesprochen, und versuchen, die jeweilige Emotion zu erkennen.
Lösung: *4; 3; 1; 2*

CD: Track 1.44

9c

Die TN hören die Sätze und sprechen sie nach. Überlegen Sie im Kurs, mit welcher Emotion die Sätze gesprochen wurden (*1 fröhlich; 2 gestresst; 3 fröhlich; 4 traurig; 5 ärgerlich*).
Zeigen Sie an Satz 5 (*Super!*), dass es bei emotionalen Ausdrücken besonders darauf ankommt, wie etwas betont und ausgesprochen wird. Ein Kommentar kann je nach Betonung positiv, negativ, neutral oder ironisch gemeint sein.

CD: Track 1.45

9d

Je 3–4 TN arbeiten zusammen. Jeder TN denkt sich einen Satz aus und wählt eine Emotion, mit der er diesen Satz spricht. Die anderen TN raten die Emotion. Sprachlich schwächere TN können auch die Sätze aus KB9c mit einer von ihnen gewählten Emotion sprechen.

VARIANTE: Geben Sie je 3–4 TN 10 gelbe Kärtchen und 4 rote Kärtchen. Auf jede gelbe Karte schreiben die TN einen einfachen Satz, z. B. *Oma kommt heute.* oder *Die Kinder sind im Zoo.* Auf die roten Karten schreiben sie die 4 angegebenen Emotionen, dann legen sie die Kärtchen umgedreht auf den Tisch. Der erste TN zieht eine gelbe und eine rote Karte und spricht den Satz in der angegebenen Emotion aus, die anderen TN raten die Emotion. Danach kommt der nächste TN an die Reihe.
ALTERNATIVE für sprachlich schwächere Gruppen: Je 2 TN bearbeiten **AB9c** im Kurs.

gelbe und rote Kärtchen

Sprachhandlungen: über ein Lied sprechen
Lerninhalte: Landeskunde: „Ende Anfang" – ein Lied von einer deutschen Band

	Erläuterungen zum Unterricht	Materialien
10a	Fragen Sie die TN, ob sie deutsche Musiker und Gruppen kennen und welche ihnen davon gefallen. Die TN hören das Lied von Goya Royal. Fragen Sie die TN, wie sie das Lied finden und ob es ihnen gefällt und warum (nicht). Weisen Sie die TN auf die Adjektive im Schüttelkasten und auf die Redemittel in den Sprechblasen hin, wenn sie Probleme beim Formulieren haben. Bearbeiten Sie ggf. zuvor im Kurs **AB10a**; dort geht es um die Adjektive aus dem Schüttelkasten in anderen Sprachen. INFO: Die Band Goya Royal besteht aus Michael (Möbel) Kröger (Gesang, Gitarre, Ukulele, Mundharmonika), Frank Selzle (Gitarre, Melodika, Glockenspiel), Yvonne Budik (Schlagzeug, Percussion, Gesang) und Alex Neumann (Bass). Ihre Musik definieren sie als „urbanen Indie-Folk": poetische Songs mit deutschen Texten. Der Name der Band leitet sich ab von einem der ersten serienmäßig produzierten Farbfernseher, der Anfang der 1970er-Jahre hergestellt wurde. **Link:** www.goyaroyal.de	CD: Track 1.46
10b	Die TN hören das Lied noch einmal und ergänzen die fehlenden Wörter. **Lösung:** *kalt; klein; dabei; alles; nicht; da; nah* ERWEITERUNG: Schreiben Sie jede Zeile des Liedes gut lesbar auf ein DIN-A4-Blatt und verteilen Sie die Blätter an die TN. Die TN hören das Lied noch einmal und stellen sich beim Hören in die richtige Reihenfolge. Danach hören die TN noch einmal und kontrollieren die Reihenfolge; jeder TN hält seinen Textteil an der passenden Stelle hoch. Sie können auch mitsingen.	CD: Track 1.46 DIN-A4-Papier
10c	Suchen Sie gemeinsam im Kurs alle Gegensätze aus dem Lied und schreiben Sie sie an die Tafel. Die TN markieren die Gegensätze im Buch. **Lösung:** *jung – alt; heiß – kalt; groß – klein; wild – domestiziert; alles – nichts; komme nicht ans Ziel – bin längst da; zu weit weg – zu nah; am Ende – am Anfang; noch – schon*	
10d	Lesen Sie mit den TN den Schüttelkasten und klären Sie ggf. die Vokabeln. Je 3–4 TN diskutieren, wovon das Lied erzählt, und stellen ihre Meinungen im Kurs vor. Die TN können in ihrer/ihren Muttersprache/n diskutieren und das Ergebnis auf Deutsch wiedergeben. Weisen Sie auch darauf hin, dass es hier nicht eine einzige richtige Lösung gibt, sondern verschiedene Interpretationen möglich sind.	
10e	Die TN schreiben in ihrer Gruppe das Lied weiter, indem sie es um weitere Gegensatz-Paare erweitern. VARIANTE für sprachlich schwächere Gruppen: Sammeln Sie zuvor mit den TN Adjektive an der Tafel und lassen Sie zu möglichst vielen das Gegenteil finden.	
10f	Die TN gehen im Kurs herum und vergleichen ihre Varianten. VARIANTE: Jede Gruppe wählt einen Vertreter, der in die Mitte kommt und die Fortsetzung des Liedes vorträgt. Danach werden alle Fortsetzungen im Kursraum aufgehängt.	
AB 10b–c	im Kurs. Die TN beantworten die Fragen von AB10b (ggf. auch als Hausaufgabe) und besprechen sie mit einem Partner.	

Sprachhandlungen/Strategie: Blogeinträge verstehen und schreiben; Überschriften finden
Lerninhalte: Landeskunde: Erfahrungen im fremden Land – Erfahrungen in Deutschland

	Erläuterungen zum Unterricht	Materialien
11a	Je 4 TN arbeiten zusammen. 2 TN lesen den ersten Blogeintrag, die anderen beiden den zweiten. Jeder sucht in seinem Text die Antworten auf die vorgegebenen Fragen (*Wo ist die Person?* usw.) und tauscht sich dann mit seinem Partner darüber aus. Gemeinsam notieren sie die Antworten. **Lösung:** *Carmen ist in Argentinien und unterrichtet Deutsch. Ihr gefällt ihre Arbeit, dass ihr Spanisch schon viel besser geworden ist und dass alle „normal" in der Disco tanzen. Ihr gefällt nicht, dass ihre Freunde nicht pünktlich sind. – Sergej studiert in Deutschland. Ihm gefällt, dass vieles, wie die Anmeldung an der Uni und im Wohnheim, sehr einfach ist. Ihm gefällt auch, dass die Studenten interessiert und nett sind. Ihm gefällt nicht, dass man auf Partys etwas zu essen und zu trinken mitbringen soll. …*	

11b	Jedes Paar fasst die einzelnen Absätze mit einer Überschrift zusammen, notiert sie auf einem Zettel und gibt ihn an das andere Paar weiter. **Lösung:** *Carmen: Zeile 4–7: Pünktlichkeit in Argentinien; Zeile 8–10: Abends ausgehen in Argentinien; Zeile 11–13: Musik und Tanzen in Argentinien – Sergej: Zeile 1–3: Meine Ankunft in Deutschland; Zeile 4–8: Ordnung und Pünktlichkeit in Deutschland; Zeile 9–11: Unter Studenten; Zeile 12–15: Deutsche Partys …*	
11c	Jedes Paar liest nun den anderen Blogeintrag abschnittsweise, mit Hilfe der Überschriften des anderen Paares.	
11d	Die 4 TN sprechen darüber, ob es einfacher für sie war, den Text ohne Überschriften oder den Text mit Überschriften zu lesen, und spekulieren darüber, warum das so ist. Lesen Sie mit den TN den Tipp und thematisieren Sie, dass es helfen kann, lange Lesetexte zusammenzufassen oder Überschriften zu finden, um sich so auf das Wesentliche zu konzentrieren und das Textverständnis zu erleichtern. ERWEITERUNG: Sammeln Sie mit den TN an der Tafel, welche Stereotypen über Deutschland und Argentinien in den Texten zu finden sind, welche davon bestätigt werden und welche nicht. Welche Erfahrungen haben die TN selbst gemacht?	
12	Lesen Sie mit den TN die 3 Überschriften. Geben Sie den TN 15–20 Minuten Zeit einen Blogeintrag über einen eigenen Aufenthalt im Ausland oder in einer anderen Stadt zu schreiben, dabei soll jeder der 3 Punkte in einem Absatz berücksichtigt werden. Im Anschluss lesen sich je 4 TN ihre Texte vor, kommentieren diese oder stellen Fragen. Besprechen Sie dann im Kurs, was die TN besonders interessant fanden. Hängen Sie danach alle Texte auf.	
AB12b	als Wechselspiel im Kurs. Die TN tauschen am Schluss die Karten und lesen den Text ihres Partners. Hat er alle Fragen richtig beantwortet?	

Der Film: Post für mich? \| Überraschung \| Ein Wochenende in Kiel

	Lösungen zur DVD	Materialien
13a	*auf eine Postkarte aus dem Urlaub von Freunden; auf Glückwünsche zum Geburtstag; auf den Pass / das Visum; auf die Aufenthaltsgenehmigung …*	
13b	*Sie bekommt eine Antwort auf ihre Bewerbung. Sie freut sich, weil ihre Bewerbung erfolgreich war.*	DVD: Szene 4.7
13c	*Bea: Hallo Annalisa, hier ist Bea.* *Annalisa: Hallo Bea, wie geht es dir denn?* *Bea: Super! Stell dir vor, ich habe gerade eine Antwort auf meine Bewerbung bekommen.* *Annalisa: Ja, und?* *Bea: Ich habe die Stelle, ist das nicht toll?* *…*	DVD: Szene 4.7
14b	*Filmtext:* *Annalisa: Herzlichen Glückwunsch!* *Bea: Was? Warum?* *Annalisa: Ja, wir wünschen dir viel Glück im neuen Job!* *Bea: Dir kann man aber keine Geheimnisse anvertrauen …* *Annalisa: Nee …* *Hanna Wagner: Von mir auch herzlichen Glückwunsch zum neuen Job! Eine Stelle beim Film, toll! Ich verliere Sie nicht gern. Außerdem muss ich mir eine neue Praktikantin suchen.* *Bea: Ich weiß da vielleicht jemanden …* *Hanna Wagner: Wirklich? Das wäre prima!*	DVD: Szene 4.8
15a	*1r; 2r; 3f; 4f; 5f*	DVD: Szene 4.9
15b	*Auf Foto 1 sieht man einen Markt und viele Häuser. Hinten auf dem Bild kann man Bäume sehen. Auf Foto 2 sieht man im Hafen ein sehr großes Schiff (eine Fähre) und einige kleinere Schiffe. Auf Foto 3 ist ein rotes Segelschiff. Auf Foto 4 sieht man den Strand. Am Strand spielen Menschen Volleyball. …*	

Was machen Sie beruflich?

5

Sprachhandlungen: über Berufe sprechen
Lerninhalte: WS: Berufe; Arbeitsmittel und Tätigkeiten

	Erläuterungen zum Unterricht	Materialien
1a	Schreiben Sie die 5 Berufe von KB1a an die Tafel und erklären Sie den TN, dass es in diesem Kapitel um das Thema *Berufe* geht. Projizieren Sie die Fotos ohne Text. Die TN sehen die Fotos an, beschreiben diese kurz und überlegen, welcher Beruf zu welchem Foto passt. Lassen Sie dann die Sprechblasen laut vorlesen, klären Sie ggf. das Vokabular. Die TN ordnen zusammen die Sätze den Fotos zu. **Lösung:** *1C; 2D; 3E; 4B; 5A* ERWEITERUNG: Je 2 TN schreiben 2–3 weitere Sätze, die zu einem bestimmten Beruf passen, und lesen sie vor. Die anderen TN raten, um welchen Beruf es sich handelt.	Kopie auf Folie
1b	Die TN hören das Gespräch und notieren, um welchen Beruf es sich handelt und welche typischen Tätigkeiten genannt werden. Je 2–3 TN ergänzen dann die Tabelle um weitere Wörter *Rund um den Friseur*; sie können das Wörterbuch zu Hilfe nehmen. Sammeln Sie alle Gruppenergebnisse an der Tafel. **Lösung:** *Friseur; waschen, schneiden, färben …; die Tönung, das Handtuch, die Bürste, der Föhn …*	CD: Track 1.47 Wörterbuch
1c	Schreiben Sie die anderen Berufe aus KB1a auf Zettel und geben Sie an je 4 TN ein Set, so dass jeder TN nur seinen Zettel lesen kann. Die TN schreiben typische Tätigkeiten und Dinge, die zum Beruf auf ihrem Zettel passen, auf und lesen sie vor. Die anderen TN sagen, zu welchem Beruf diese passen. Die TN können auch hier mit dem Wörterbuch arbeiten. Unbekannter Wortschatz sollte gemeinsam geklärt werden, z. B. auch pantomimisch oder durch Zeichnen.	Zettel Wörterbuch
1d	Fragen Sie die TN, ob sie die deutsche Bezeichnung für ihren Beruf kennen. Helfen Sie ggf. und notieren Sie die Berufe der TN an der Tafel. Jeder TN notiert einige Dinge und Tätigkeiten, die zu seinem eigenen Beruf (oder Traumberuf) passen, und liest sie im Kurs vor. VARIANTE für sprachlich schwächere Gruppen: Bieten Sie den TN an, zur Unterstützung das Wörterbuch zu benutzen. Sprachlich homogene Gruppen können die Berufe auch in ihrer Muttersprache benennen. Notieren Sie die deutsche Entsprechung dann an der Tafel. ERWEITERUNG: Erstellen Sie mit den TN einen ▶ **Kursspiegel** auf einem Plakat. Dazu notiert jeder TN seinen Namen und seinen Beruf und schreibt die Gegenstände und Tätigkeiten seiner Arbeit darunter. Die TN können auch ein Foto von sich aufkleben (vielleicht sogar in ihrer Arbeit). Hängen Sie das Plakat im Kursraum auf: Welche Berufe kommen mehrfach vor? Gibt es ungewöhnliche Berufe? …	IAW: TB 5/1 Wörterbuch Plakat, Fotos, Kleber
2	Sammeln Sie im Kurs weitere Berufe an der Tafel. Machen Sie eine Kettenübung. Die TN wählen nacheinander einen Beruf aus und machen eine typische Handbewegung, die anderen TN raten, welcher Beruf das ist. VARIANTE: Die TN sammeln Berufe nach dem ▶ **ABC**. Geben Sie je 3–4 TN ein Blatt, auf dem das Alphabet steht (sehr schwierige Buchstaben wie J, Q, X und Y werden ausgelassen). Jede Gruppe versucht so schnell wie möglich, für jeden Buchstaben einen Beruf zu finden. Die Gruppe, die zuerst fertig ist, hat gewonnen. Danach weiter mit der Kettenübung wie oben. ERWEITERUNG: Je 3–4 TN spielen zusammen Beruferaten. Ein TN denkt sich einen Beruf aus und macht eine typische Handbewegung, die anderen TN versuchen danach, diesen durch Ja-/Nein-Fragen zu erraten. Verteilen Sie dazu die **Kopiervorlage**. Die TN können damit ihre Fragen und Antworten vorbereiten und im Anschluss nach dem unten beschriebenen Vorgehen (*Was bin ich?*, ohne Geld) spielen. INFO: Im deutschen Fernsehen gab es zwischen 1955 und 1958 sowie 1961 und 1989 die äußerst populäre Quizsendung *Was bin ich?*, ein „heiteres Beruferaten mit Robert Lembke". Dort traten Menschen mit meist außergewöhnlichen Berufen (und ein Prominenter) auf. Diese Berufe mussten von einem vierköpfigen Rateteam durch Ja-/Nein-Fragen erraten werden. Der Gast stellte seinen Beruf jeweils durch eine typische Handbewegung vor, bevor mit dem Raten begonnen wurde. Bei jedem Nein erhielt der Gast 5 DM in ein Sparschwein und der Nächste aus dem Rateteam stellte eine Frage. Nach dem zehnten Nein wurde die Runde beendet und das Rätsel um den Beruf aufgelöst. Wenn das Rateteam den Beruf vorher erriet, endete die Runde.	DIN-A3-Papier KV
AB2	im Kurs oder als Hausaufgabe. Die TN vergleichen im Kurs die Tätigkeiten, die sie den Berufen zugeordnet haben, mit einem Partner. Sammeln Sie die Wörter ggf. an der Tafel.	

Sprachhandlungen: ein Gespräch am Fahrkartenschalter führen
Lerninhalte: WS: Bahnreisen | Landeskunde: Am Fahrkartenschalter der Bahn

	Erläuterungen zum Unterricht	Materialien
3a	Die TN hören den Dialog und versuchen zu verstehen, wo David und Andreas sind und was sie dort machen wollen. **Lösung:** *Am Bahnhof / Im Reisezentrum; sie wollen eine Zugfahrkarte kaufen.*	CD: Track 1.48
3b	Betrachten Sie mit den TN das Foto von KB3b und lassen Sie den Dialog noch einmal hören. Je 2 TN ergänzen die SMS. Korrigieren Sie im Kurs. **Lösung:** *Präsentation; morgen*	CD: Track 1.48
3c	Fragen Sie die TN, ob sie verstanden haben, warum Andreas die Fahrkarten nicht im Internet gekauft hat. **Lösung:** *Er hat es vergessen.*	
3d	Projizieren Sie das Foto von KB3b und sammeln Sie mit den TN Ausdrücke und Wendungen dazu. Notieren Sie die Ideen. Die TN lesen die Sätze von KB3d abwechselnd laut vor. Klären Sie ggf. das Vokabular. Danach hören die TN das Gespräch am Schalter zweimal. Die TN entscheiden, ob die Aussagen richtig oder falsch sind, und korrigieren die falschen Sätze. **Lösung:** *1r; 2f (in Mannheim); 3r; 4f (im Großraumwagen); 5r* INFO: Bei der Deutschen Bahn gibt es viele unterschiedliche Tarife und besondere Angebote für Bahnreisen. Für Personen, die regelmäßig oder oft mit der Bahn fahren, lohnt sich eine Bahncard. Man kauft sich eine Bahncard zu einem bestimmten Preis und erhält dann ein Jahr lang bei jeder Fahrt innerhalb von Deutschland Vergünstigungen. Die Bahncard 50 kostet z. B. 240 Euro, bei jeder Fahrt zahlt man 50 % des normalen Fahrpreises. Die deutsche Bahn hat noch viele andere Sparangebote, über die man sich im Reisezentrum bzw. am Fahrkartenschalter oder im Internet informieren kann. Die entsprechenden Tickets kann man ebenso am Schalter wie auch im Internet kaufen. **Link:** www.bahn.de	Kopie auf Folie CD: Track 1.49 IAW: TB 5/2
	Nach KB3 eignet sich Filmszene 5.10 mit KB14.	DVD: Szene 5.10
AB 3a–b	im Kurs oder als Hausaufgabe zur Erweiterung des Wortfeldes *Am Bahnhof*.	
4a	Fragen Sie die TN, ob sie schon einmal in Deutschland, Österreich oder der Schweiz mit dem Zug unterwegs waren. Lassen Sie berichten, von wo nach wo die Teilnehmer gereist sind und wie und wo sie die Fahrkarten gekauft haben. Wenn Sie eine Landkarte von Deutschland, Österreich und der Schweiz haben, können Sie die gefahrenen Strecken einzeichnen. Fragen Sie die TN (vor allem im Inland), was sie sonst noch über das Bahnfahren in den deutschsprachigen Ländern wissen (*es ist relativ teuer; Kinder reisen oft umsonst; es gibt spezielle Tarife wie die Bahncard, VORTEILScard, Abonnemente, den Sparpreis; Namen der verschiedenen Zugtypen wie ICE, IC; Plätze müssen extra reserviert werden* ...). Je 2 TN wählen 2 Orte in Deutschland, Österreich oder der Schweiz und recherchieren im Internet die genaue Zugverbindung zwischen diesen Orten und den Preis. Die TN machen sich genaue Notizen oder drucken die wichtigen Informationen aus. ERWEITERUNG: Beim Kaufen einer Fahrkarte im Internet handelt es sich um einen ziemlich komplexen Vorgang, der viel spezielles Vokabular von den TN erfordert. Anderseits ist es eine Aufgabe, die viele TN vielleicht tatsächlich auch außerhalb des Unterrichts ausführen müssen, wenn sie privat oder beruflich in Deutschland unterwegs sind. Um den Vorgang zu erleichtern, können Sie vor der Partnerarbeit einen „Kauf" gemeinsam durchführen. Sie können den TN z. B. folgende Situation vorgeben: Erklären Sie den TN, dass sie am ... (nennen Sie einen konkreten Tag, der ungefähr 1 Monat vom Kurstag entfernt ist) nach Frankfurt am Main fliegen werden, weil Sie eine alte Freundin in Hassfurt besuchen möchten. Sagen Sie, dass Sie um 14 Uhr am Flughafen ankommen, und bitten Sie die TN, Ihnen gemeinsam auf www.bahn.de eine möglichst günstige und preiswerte Verbindung mit Platzreservierung herauszusuchen. Wählen Sie einen TN, der am Computer sitzt, die restlichen TN geben Anweisungen, besprechen die verschiedenen Möglichkeiten und treffen schließlich eine Entscheidung. Unterstützen Sie die TN bei Verständnisproblemen, landeskundlichen Fragen usw.	Landkarte

4b Schreiben Sie die Redemittel für Fahrgäste und für Bahn-Mitarbeiter auf Papierstreifen und geben Sie je 2–3 TN ein komplettes Set. Bitten Sie die TN, die Redemittel zu ordnen: *Was sagt der Fahrgast? Was sagt der Bahn-Mitarbeiter?* Danach vergleichen die TN ihre Lösung mit dem KB. Die 2 TN, die sich in KB4a eine Bahnverbindung gesucht haben, schreiben nun mit diesen Informationen einen Dialog am Fahrkartenschalter. Dabei verwenden sie die Redemittel aus dem KB. Korrigieren Sie die Dialoge. Die TN üben ihren Dialog ein, mehrere Paare spielen ihren Dialog im Kurs vor.

Materialien: Papierstreifen

AB4c im Kurs als Alternative zu KB4a–b. Für die AB-Aufgabe ist keine Recherche nötig. Je 2 TN spielen die Situationen am Fahrkartenschalter. Lassen Sie abschließend jede Situation von einem Paar im Kurs vorspielen.

Sprachhandlungen: über Freizeitangebote sprechen
Lerninhalte: GR: Adjektive nach dem unbestimmten Artikel

Erläuterungen zum Unterricht | Materialien

5a Fragen Sie die TN, ob sie Wiesbaden kennen, und lassen Sie die Stadt auf der Karte der vorderen Umschlaginnenseite suchen. Zeigen Sie Fotos oder Postkarten von Wiesbaden. Sie können die TN auch auf der Internetseite von Wiesbaden recherchieren lassen.
Die TN lesen die Anzeigen auf der Stadt-Homepage von Wiesbaden und ordnen die Angebote zu. Korrigieren Sie im Kurs.
Lösung: *B; C; D; A*

Materialien: Fotos von Wiesbaden

ERWEITERUNG: Je 3–4 TN diskutieren, welches dieser Angebote sie am liebsten wahrnehmen würden und warum, und stellen ihre Entscheidung im Kurs vor.
INFO: Städteportale deutscher Städte findet man im Internet unter www.Stadtname.de, z. B. www.wiesbaden.de, österreichische Städte unter www.Stadtname.at, z. B. www.graz.at, und Städte in der Schweiz unter www.Stadtname.ch, z. B. www.bern.ch.

5b Die TN hören den Dialog und notieren, was David machen möchte, was Andreas machen möchte und was die beiden schließlich zusammen unternehmen. Vergleichen Sie im Kurs.
Lösung: *David: Stadt besichtigen; Andreas: Fitness-Studio, Konzert. Sie entscheiden sich für ein Restaurant.*

Materialien: CD: Track 1.50

5c Erinnern Sie die TN daran, dass sie in Kap. 4 die Adjektivdeklination nach dem bestimmten Artikel kennengelernt haben, und wiederholen Sie diese ggf. mit den TN. Weisen Sie die TN darauf hin, dass in den Texten von KB5a ebenfalls deklinierte Adjektive vorkommen. Fragen Sie, welcher Artikel hier vor den Adjektiven zu finden ist (*der unbestimmte Artikel*). Bitten Sie die TN, die Texte von KB5a noch einmal zu lesen, ggf. die Adjektive nach einem unbestimmten Artikel zu markieren und die Endungen in der Tabelle zu ergänzen. Projizieren Sie die Tabelle und lassen Sie von den TN die korrekten Endungen einsetzen. Überlegen Sie mit den TN, welche Adjektiv-Endungen mit den Adjektiv-Endungen des bestimmten Artikels übereinstimmen, und markieren Sie die, die sich unterscheiden. Bitten Sie die TN zu überlegen, womit sich diese Endungen (der Adjektive nach dem unbestimmten Artikel) decken (*mit den Endungen des bestimmten Artikels, z. B.* der Hut – ein alter Hut, den Hut – einen alten Hut *usw.*). Erklären Sie den TN, dass die Adjektive nach Possessivartikel (*mein, dein, unser …*) und Negationsartikel (*kein*) im Singular genauso wie nach dem unbestimmten Artikel dekliniert werden, im Plural wie nach dem bestimmten Artikel. Machen Sie gemeinsam Beispiele.
Lösung: *vgl. Grammatik-Übersicht* Kurz und klar

Materialien: Kopie auf Folie; IAW: TB 5/3

6 Klären Sie mit den TN den Schüttelkasten. Überlegen Sie gemeinsam, welcher Kasus auf die verbalen Ausdrücke im linken Kasten folgen muss (*Akkusativ*). Jeder TN schreibt dann mit jedem Satzanfang eine Frage mit dem unbestimmten Artikel (z. B. *Gibt es hier ein elegantes Café?*). Anschließend machen die TN einen ▶ **Kursspaziergang**. Dabei gehen sie durch den Kursraum, stellen einem TN eine Frage, notieren die Antwort und gehen dann zum nächsten TN, bis alle Fragen beantwortet sind.

VARIANTE für sprachlich schwächere TN: Je 2 TN formulieren 4–8 Fragen und geben sie dann an ein anderes Paar weiter. Dieses Paar beantwortet die Fragen und gibt sie zurück. Jedes Paar präsentiert die erhaltenen Ergebnisse kurz im Kurs.

	ALTERNATIVE: Je 3 TN erstellen ein Stadtplakat vom Kursort, mit dem sie interessante Restaurants, Kneipen, Sehenswürdigkeiten usw. vorstellen. Bitten Sie die TN, in den Texten viele Adjektive zu verwenden. Die TN können auch passende Zeichnungen anfertigen oder Fotos/Postkarten zu den Texten aufkleben. Abschließend präsentiert jede Gruppe ihr Plakat möglichst frei im Kurs.	Plakate, Scheren, Kleber
	ERWEITERUNG: Kopieren Sie für jeden TN die **Kopiervorlage**. Ein TN übernimmt Teil A, der andere B; den jeweils anderen Teil knicken sie nach hinten. Jeder TN liest zunächst seinen Text und ergänzt die richtigen Adjektiv-Endungen. Dann diktieren sie sich gegenseitig ihre Texte und zeichnen jeweils das Diktierte in ihre Bildvorlage ein. Vergleichen Sie im Kurs. Die TN können auch den hinteren Teil wieder nach vorne knicken und ihre Zeichnung mit dem Text darüber vergleichen. Abschließend können die TN in 2 Gruppen im Internet die Originale suchen und mit ihren Zeichnungen vergleichen. Sie können auch Ausdrucke der Originale in den Kurs mitbringen. **Link:** Geben Sie die Bildtitel „Junges Mädchen am Fenster, stehend“ (von Salvador Dalí) und „Junge Frau im Spiegel“ (von Berthe Morisot) und die Künstler in eine Suchmaschine ein.	KV

Sprachhandlungen: Texten Informationen entnehmen; Personen vorstellen; Berufswünsche äußern; einen Traumberuf vorstellen
Lerninhalte: WS: Arbeitswelt | GR: *ohne* + Akkusativ, *mit* + Dativ; das Verb *werden* | Aussprache: *m* oder *n*

	Erläuterungen zum Unterricht	Materialien
7a	Je 3–4 TN überlegen zusammen, welche typischen „Traumberufe“ es gibt und warum diese als Traumberufe gelten (z. B. *Pilot: man kann viele Länder kennenlernen*). Vergleichen Sie im Kurs. Je 2 TN arbeiten zusammen. Jeder liest einen der beiden Texte von KB7a, markiert im Text die Informationen zu Name, Ausbildung und beruflichen Tätigkeiten und schreibt diese in die Tabelle. **Lösung:** *Christina Bohnsack, Ausbildung zur Industriekauffrau, 17 Jahre Arbeit bei einer Elektrofirma, dann arbeitslos, Praktikum in einer Tischlerei, gründet die Firma Siesen.de;* *Markus Studer, hat Medizin studiert, Ausbildung zum Herzchirurgen, Oberarzt in Zürich und Leiter eines Herzzentrums, erfüllt sich seinen Traum, hört auf dem Höhepunkt seiner Karriere auf und wird Fernfahrer*	
	VARIANTE für sprachlich schwächere Gruppen: Je 2–3 TN ergänzen die Tabelle gemeinsam. INFO: Weisen Sie die TN darauf hin, dass es in den Texten einen Tempus-Wechsel vom Präteritum/Perfekt zum Präsens gibt, obwohl der komplette Text in der Vergangenheit stattgefunden hat. Die Funktion des Präsens an dieser Stelle ist es, dem Geschehen eine stärkere Aktualität zu verleihen.	
7b	Machen Sie ▶ **kooperatives Lesen**. Die TN stellen ihrem Partner „ihre“ Person vor, der Partner ergänzt die Informationen in der Tabelle. Lesen Sie mit den TN den Grammatikkasten. Erklären Sie, dass auf die Präposition *ohne* der Akkusativ, auf die Präposition *mit* der Dativ folgt. Lesen Sie die Beispielsätze und lassen Sie noch weitere Beispielsätze bilden.	
7c	Je 2 TN sprechen über Parallelen und Gegensätze der beiden Personen. Vergleichen Sie im Kurs.	
8a	Die TN lesen die beiden Texte noch einmal und unterstreichen alle Formen des Verbs *werden*. Danach ergänzen sie die Sätze im Grammatikkasten. Vergleichen Sie im Kurs. Lassen Sie die TN danach überlegen, wie man diese Sätze in ihrer Sprache sagen würde. Ist das Verb immer gleich oder werden unterschiedliche Verben/Strukturen verwendet? Machen Sie deutlich, dass *werden* als Vollverb im Deutschen meist eine Veränderung ausdrückt. **Lösung:** *Ich werde 40 Jahre alt. Sie wurde arbeitslos. Er ist Oberarzt geworden.*	
8b	Lesen Sie mit den TN die Konjugation von *werden* im Grammatikkasten. Die TN markieren die unregelmäßigen Formen (*du wirst, er/es/sie wird*). Erarbeiten Sie dann mit den TN die Konjugation im Präteritum und im Perfekt. Die TN bilden jeweils 2 Sätze im Präsens, im Präteritum und im Perfekt mit den Vorschlägen im Schüttelkasten.	
	ERWEITERUNG: Jeder TN spielt einen Satz mit *werden* pantomimisch vor (z. B. *Er ist alt geworden.*), die anderen TN raten.	
8c	Je 3–4 TN spielen zusammen. Jeder TN würfelt zweimal und berichtet, welchen Berufswunsch er in diesem Alter hatte oder hat. Spielen Sie 2–3 Runden.	1 Würfel pro Gruppe

9a	Die TN schreiben einen Text über ihren Traumberuf. Dafür recherchieren sie Informationen zu den in KB9a genannten 4 Aspekten. Ggf. kann die Sammlung auf der **Kopiervorlage** zu KB2 helfen.	KV zu KB2
9b	Hängen Sie die Texte im Kursraum auf. Geben Sie den TN Zeit, durch den Raum zu gehen und alle Texte zu lesen. Fragen Sie die TN dann, ob sie sich vorstellen können, wer einen dieser Texte geschrieben hat und warum (z. B. *Ich glaube, dass Olivier diesen Text über den Traumberuf „Fußballprofi" geschrieben hat, weil er sich sehr für Fußball interessiert.*) Die TN wählen einen Text, den sie besonders interessant finden, und sprechen mit dem Autor. Sie können im Gespräch weitere Informationen erfragen, z. B. *Kennen Sie jemand mit diesem Beruf? Wo kann man arbeiten? Wo kann man eine Ausbildung dafür machen?* usw. Die TN stellen eine kurze Zusammenfassung ihrer erhaltenen Informationen im Kurs vor. ALTERNATIVE: Hängen Sie alle Texte im Kursraum auf. Bitten Sie die TN dann, zu dem Traumberuf zu gehen, den sie am interessantesten finden (es darf nicht der eigene sein). Alle TN, die sich für den gleichen Beruf entschieden haben, entwickeln nun ca. 6 möglichst interessante Interviewfragen (z. B. für den Fußballprofi: *Finden Sie es anstrengend, so oft zu trainieren? Wann haben Sie begonnen, sich für Fußball zu interessieren?* usw.). Bei sehr großen Gruppen können auch Untergruppen gebildet werden. Danach schlüpft der Autor des Textes in die Rolle des Interviewten und beantwortet die Fragen.	
	Nach KB9 eignet sich Filmszene 5.11 mit KB15.	DVD: Szene 5.11
10a	Die TN stellen sich hintereinander auf. Erklären Sie ihnen, dass sie Wörter hören werden, die mit *m* oder mit *n* enden. Die TN gehen bei *m* einen Schritt nach vorn, bei *n* einen Schritt nach hinten. Schreiben Sie die Anweisung zur Unterstützung an die Tafel: *m* →, *n* ←. **Lösung:** *eine**m**; ihre**n**; de**m**; eine**n**; unsere**n**; i**m**; deine**m***	CD: Track 1.51
10b	Die TN hören die Sätze zweimal und ergänzen sie. Je 3 TN sprechen die Sätze dann abwechselnd. Ein TN liest einen Satz, die anderen beiden kontrollieren, ob die Endungen korrekt sind. **Lösung:** *1 In ihrem Haus macht Frau Bohnsack aus alten Möbeln neues Design mit vielen Farben. 2 Mit seinem neuen Lkw fährt Markus Studer über die Straßen. 3 Seinen schönen Lkw möchte er nicht mehr gegen den alten Arztkittel tauschen.* ALTERNATIVE: Je 3 TN arbeiten zusammen. Jeder löst einen Satz. Korrigieren Sie ggf. die Ergebnisse. Jeweils ein TN diktiert den anderen beiden seinen Satz, die anderen beiden TN schreiben ihn, am Ende korrigieren die TN ihre Sätze und lesen sie vor. INFO: Bei der Bewusstmachung des Unterschieds von *m* und *n* am Ende muss darauf geachtet werden, dass die TN die Endsilbe zwar klar, aber nicht übertrieben betont aussprechen, da im Deutschen die Endsilben meist abgeschwächt sind.	CD: Track 1.52
AB10c	im Kurs. Überlegen Sie gemeinsam, wo im Deutschen *m* oder *n* am Wortende zu finden sind (m *am Ende hauptsächlich bei Artikeln im Dativ,* n *eher häufig, z. B. bei Pluralformen, Akkusativ, Dativ, Infinitiven*).	

Sprachhandlungen/Strategie: ein Telefongespräch vorbereiten; telefonieren
Lerninhalte: WS: Redemittel zum Telefonieren (anrufen bzw. Anruf entgegennehmen)

	Erläuterungen zum Unterricht	Materialien
11a	Zeichnen Sie ein Telefon an die Tafel und fragen Sie die TN, was ihnen spontan dazu einfällt. Notieren Sie die Ideen. Fragen Sie die TN, ob sie schon einmal auf Deutsch oder in einer anderen Fremdsprache telefoniert haben, in welcher Situation das war und wie sie sich dabei gefühlt haben. Je 4 TN sammeln nun Tipps, die beim Telefonieren helfen. Vergleichen Sie alle Tipps im Kurs und erstellen Sie mit den TN ein Plakat, in dem die 10 besten Tipps zum Telefonieren dargestellt werden.	Plakat
11b	Die TN lesen den Text und markieren alle Tipps, die für ein Telefonat gegeben werden. Danach vergleichen sie mit ihren eigenen Vorschlägen. Was hatten sie auch vorgeschlagen? Was ist neu? **Lösung:** *sich gut vorbereiten; in Ruhe telefonieren; Radio ausschalten; Türen und Fenster zumachen; Fragen und Themen vorher auf ein Blatt Papier schreiben; Stift und Papier bereitlegen; klar und deutlich sprechen; „lächeln"* **Gut gesagt:** Lesen Sie mit den TN den Text. Erklären Sie, dass man sich in D-A-CH meist mit dem Familiennamen, manchmal auch mit Vor- und Familiennamen am Telefon meldet. Die TN hören, wie sich David Schmidt am Telefon meldet. Fragen Sie die TN, wie man sich in ihrem Herkunftsland melden kann, und vergleichen Sie die verschiedenen Möglichkeiten. Was gilt als höflich? Was eher nicht?	CD: Track 1.53

12a	Die TN hören die Gespräche. Sie fassen kurz den Inhalt der Gespräche (*Computerproblem*) zusammen und notieren, was die Personen am Telefon gut und was sie nicht so gut machen. **Lösung:** *Gespräch 1: negativ: sagt seinen Namen nicht, nuschelt, hört gleichzeitig Radiomusik, spricht gleichzeitig mit einer anderen Person, hat Thema/Anruf nicht vorbereitet, ist unfreundlich, hat nichts zum Schreiben vorbereitet, unterbricht seine Gesprächspartnerin; Gespräch 2: positiv: nennt seinen Namen, spricht klar und deutlich, keine Hintergrundgeräusche, ist freundlich und vorbereitet, hat etwas zum Schreiben, wiederholt die Telefonnummer, verabschiedet sich höflich*	CD: Track 1.54–55
12b	Lesen Sie mit den TN die beiden Situationen und die vorgegebenen Redemittel. Klären Sie ggf. Vokabular. Je 2 TN wählen eine Situation und schreiben einen Dialog. Korrigieren Sie die Dialoge. Lassen Sie einige Dialoge im Kurs vorspielen. Dazu können sich die TN Rücken an Rücken setzen und – wenn vorhanden – ihr Handy ans Ohr halten.	
	VARIANTE: Schreiben Sie die Redemittel auf Papierstreifen und geben Sie je 2–3 TN ein komplettes Set. Die TN lesen die Sätze und überlegen, was der Anrufer sagt und was die Firma sagt. Danach vergleichen sie mit dem KB. Weiter wie oben beschrieben. ERWEITERUNG: Lesen Sie mit den TN den Tipp. Schlagen Sie ihnen vor, sich während der nächsten Tage anzurufen und auf Deutsch einen Termin, z. B. für einen gemeinsamen Kinobesuch, auszumachen. Bitten Sie die TN, den Anruf vorzubereiten (*Fragen notieren* usw.) und im Anschluss einen kleinen Erfahrungsbericht zu verfassen (*Was fiel mir leicht, was war schwierig, wie habe ich mich gefühlt?*). Werten Sie die Erfahrungsberichte gemeinsam im Kurs aus.	Papierstreifen

Sprachhandlungen: einen Text zum Thema Arbeitswelt verstehen
Lerninhalte: WS: Arbeitswelt | Landeskunde: Arbeitswelt von morgen

	Erläuterungen zum Unterricht	Materialien
13a	Bilden Sie 2 Gruppen. Bitten Sie Gruppe 1, Ideen zu sammeln, die zum Thema *Die Arbeitswelt von gestern* passt, Gruppe 2 sammelt Ideen zum Thema *Die Arbeitswelt von morgen*. Beide Gruppen präsentieren ihre Ergebnisse im Kurs. Diskutieren Sie gemeinsam, was sich in den letzten Jahrzehnten verändert hat und was sich in den nächsten Jahren wohl noch verändern wird. Bitten Sie die TN zu begründen, welche Veränderungen sie gut finden und welche ihnen bedenklich erscheinen.	
13b	Die TN lesen den Text abschnittsweise und versuchen, für jeden Abschnitt eine eigene Überschrift zu finden. Dann vergleichen sie mit den Überschriften im Schüttelkasten und ordnen zu. **Lösung:** *A Wann habe ich wirklich frei? B Gut informierte Mitarbeiter; C Wer ist hier der Chef? D Jobs für kurze Zeit; E Arbeiten im Alter; F Arbeit und Familie*	
	ALTERNATIVE für sprachlich stärkere Gruppen: Lesen Sie mit den TN die Überschriften im Kasten und fragen Sie, welche Informationen zu diesen Punkten der folgende Text mit dem Titel *Die Arbeitswelt von morgen* wohl geben könnte. Notieren Sie zu jeder Überschrift Stichpunkte an der Tafel. Anschließend lesen die TN den Text und ordnen die Überschriften zu. Vergleichen Sie im Kurs.	
13c	Je 3 TN arbeiten zusammen. Jeder TN wählt 2 Abschnitte und notiert einige Schlüsselwörter und wichtige Informationen auf je einem Kärtchen. Die TN stellen nun anhand ihrer Kärtchen ihre Punkte möglichst frei vor und diskutieren sie mit der Gruppe. Ermutigen Sie die TN zu begründen, was sie an den Veränderungen gut und nicht so gut finden, sowie persönliche Erfahrungen einzubringen. Am Ende gibt jede Gruppe eine kurze Zusammenfassung des Gesprächs im Kurs wieder.	Kärtchen
AB13	im Kurs. Ggf. können Sie die Inhalte der Übung als Input für KB13a nutzen.	

Der Film: Ich brauche schnell ein Ticket. | Beas Traumjob

	Lösungen zur DVD	Materialien
14a	*1 am nächsten Tag; 2 den Laptop, seine Kreditkarte und seine Bahncard; 3 er muss nicht umsteigen; 4 die Sekretärin hat vergessen, die Reise zu buchen, und ist jetzt krank; 5 um 16 Uhr; 6 einen Tag später, gegen Mittag*	DVD: Szene 5.10
14b	*8; 2; 1; 5; 6; 3; 7; 4*	DVD: Szene 5.10
15a	*1 Iris; 2 Iris; 3 Bea; 4 Bea; 5 Bea; 6 Iris; 7 Iris*	DVD: Szene 5.11

Ganz schön mobil

6

Sprachhandlungen: über Vor- und Nachteile von Verkehrsmitteln sprechen
Lerninhalte: WS: öffentlicher Verkehr

	Erläuterungen zum Unterricht	Materialien
1a	Die TN lesen die 4 SMS und ordnen und nummerieren sie. Danach lesen 2 TN abwechselnd die SMS in der richtigen Reihenfolge im Kurs vor. Die TN fassen im Kurs zusammen, welchen Plan Tamara und Leon haben und welche Informationen sie dazu gegeben haben. **Lösung:** *4; 1; 3; 2; sie wollen in ein Konzert gehen.*	
1b	Projizieren Sie die Fotos. Die TN beschreiben, was sie auf den einzelnen Fotos sehen können, und überlegen, welches Problem es bei Tamara und Leon gibt. **Lösung:** *Leon kommt zu spät, Tamara wartet auf ihn.*	Kopie auf Folie
	VARIANTE: Kopieren Sie die Fotos und schneiden Sie sie aus. Geben Sie je 2–3 TN ein Set. Die TN beschreiben in der Kleingruppe die Fotos und versuchen, sie in eine logische Abfolge zu bringen. Dann überlegen sie gemeinsam, welches Problem es bei Tamara und Leon gibt. Vergleichen Sie im Kurs.	Kopien der Fotos
	ERWEITERUNG: Geben Sie je 2–3 TN ein Set der kopierten Fotos (siehe Variante). Die TN kleben die Fotos in einer logischen Abfolge auf ein DIN-A3-Papier und schreiben zu jedem Foto Sprech- und Denkblasen. Hängen Sie die Blätter auf und vergleichen Sie mit den TN die Ergebnisse.	Kopien der Fotos, DIN-A3-Papier, Kleber
1c	Die TN hören die Szenen 1–6 und notieren, welche Szene zu welchem Foto passt. **Lösung:** *1D; 2A; 3B; 4F; 5C; 6E*	CD: Track 1.56–61
AB1	im Kurs oder als Hausaufgabe; bei sprachlich schwächeren Gruppen ggf. vor KB1b zur Wortschatz-Vorentlastung (*Probleme rund ums Auto*).	
2	Je 2 TN ordnen den Äußerungen von Tamara (1.–5.) die passenden Antworten von Leon (A–E) zu. Danach hören sie das Gespräch und korrigieren ggf. ihre Lösung. **Lösung:** *1E; 2A; 3C; 4B; 5D*	CD: Track 1.62
	VARIANTE für sprachlich stärkere TN: Kopieren Sie das komplette Gespräch und zerschneiden Sie es in die einzelnen Elemente. Je 2–3 TN ordnen das Gespräch. Danach hören sie das Gespräch und korrigieren ihre Lösung.	zerschnittene Kopien
	Nach KB2 eignet sich Filmszene 6.12 mit KB15.	DVD: Szene 6.12
3	Erstellen Sie mit den TN eine Mindmap zum Thema *Verkehrsmittel*. Notieren Sie zuerst alle Verkehrsmittel, die den TN einfallen. Danach überlegen die TN, welche Vor- und Nachteile diese Verkehrsmittel haben. Schreiben Sie die Vor- und Nachteile in die Mindmap zu den Verkehrsmitteln. Lesen Sie mit den TN die Vorschläge im Schüttelkasten und klären Sie ggf. das Vokabular. Die TN überlegen, zu welchen Verkehrsmitteln diese Punkte passen. Geben Sie den TN 5 Minuten Zeit, um Notizen zu machen. Jeder überlegt für sich: *Welche Verkehrsmittel benutze ich normalerweise? In welcher Situation? Was gefällt mir (nicht)?* Je 3 TN setzen sich dann mit ihren Notizen zusammen und berichten sich gegenseitig. Beispiel: *Ich benutze jeden Tag die U-Bahn, wenn ich ins Büro fahre. Ich finde es super, dass die U-Bahn sehr oft fährt. Ich muss nicht lange warten. Aber am Morgen sind oft alle Plätze besetzt.* Am Ende gibt jede Gruppe eine kleine Zusammenfassung der Diskussion im Kurs wieder.	

Sprachhandlungen: Informationen erfragen
Lerninhalte: GR: Nebensatz: indirekte Fragesätze (W-Fragen)

	Erläuterungen zum Unterricht	Materialien
4a	Projizieren Sie die Zeichnung. Je 2 TN besprechen miteinander, was sie auf der Zeichnung sehen können. Fassen Sie im Kurs zusammen (*die Szene spielt im Zug, es gibt sehr viele, verschiedene Fahrgäste; die Zuggäste haben viele Fragen*) und fragen Sie die TN, was geschehen ist (*der Zug steht, die Zuggäste sind ungeduldig*).	Kopie auf Folie
	Gut gesagt: Die TN hören die Kommentare aus dem Kasten und lesen mit. Danach lesen die TN die 3 Beispiele selbst möglichst emotional vor.	CD: Track 1.63

ERWEITERUNG: Stellen Sie die Szene im Zug nach, indem Sie einige Stühle in die Mitte des Kursraums stellen. Einige TN schlüpfen in die Rollen der Zuggäste und sprechen die Sprechblasen im Zug möglichst ungeduldig vor. Sprachlich stärkere Gruppen können sich auch noch eigene Kommentare überlegen und vorspielen.

4b Projizieren Sie das Bild mit der Frau am Telefon und die Sprechblase. Ein TN liest den Text der Sprechblase vor. Fragen Sie die TN, was der Mann tatsächlich gefragt hat, und zeigen Sie ggf. noch einmal die ganze Zeichnung aus KB4a (der Mann sagt *Warum steht der Zug?*). Fragen Sie die TN, wie die Frau die Frage des Mannes weitergibt, und lassen Sie von einem der TN das Verb im Fragesatz markieren. Lesen Sie gemeinsam mit den TN den Grammatikkasten und machen Sie deutlich, dass das W-Wort den indirekten Fragesatz einleitet und das Verb ans Ende des Fragesatzes wandert; das Fragezeichen wird zu einem Punkt am Satzende. Lesen Sie dann Satz 1 von KB4b und vergleichen Sie mit der Sprechblase in der Zeichnung aus KB4a. Vergleichen Sie auch noch einmal mit dem Grammatikkasten und weisen Sie darauf hin, dass sich auch andere Elemente wie die Verbform und das Personalpronomen (oder auch die Possessivartikel, z. B. in 5.) verändern, und zwar in eine Form der 3. Person. Je 2 TN ergänzen dann die Sätze. Korrigieren Sie im Kurs.
Lösung: *2 … wo das Kinderabteil ist. 3 …wann sie bei Mama sind. 4 … warum der Kaffee kalt ist. 5 … wohin sie ihren Koffer stellen kann.*

Materialien: Kopie auf Folie; ggf. Folie von KB4a

AB4 im Kurs (a ggf. als Hausaufgabe zur Vorbereitung, b im Kurs).

5 Lesen Sie mit den TN die Infobox zu *Höflich fragen*. Danach lesen die TN die Beispiele für Satzanfänge mit indirekten Fragen. Fragen Sie die TN, ob auch in ihrer Sprache indirekte Fragesätze als besonders höflich angesehen werden oder ob es andere Möglichkeiten gibt, höflich zu fragen. Lassen Sie sich einige Beispiele nennen. Je 3 TN spielen dann zusammen. Jeder der TN schreibt 3 verschiedene W-Fragen zum Thema *Reisen* auf jeweils einen Zettel, danach werden alle Zettel gemischt. Der erste TN nimmt einen Zettel und liest die Frage, der zweite TN formuliert die Frage in eine indirekte Frage um. Der dritte TN beantwortet die Frage und zieht einen neuen Zettel. Usw.

AB5 im Kurs.

Sprachhandlungen: Unsicherheit und Nichtwissen ausdrücken
Lerninhalte: GR: Nebensatz: indirekte Fragesätze (Ja-/Nein-Fragen mit *ob*)

Erläuterungen zum Unterricht | Materialien

6a Fragen Sie die TN, was sie über Navigationssysteme wissen, ob sie eines benutzen und welche Erfahrungen sie damit gemacht haben. Fragen Sie die TN dann, wie Apps funktionieren und ob sie sich mit Verkehrsapps auskennen.
Die TN lesen die Werbung und die Nachrichten und markieren, ob die Aussagen 1–5 richtig oder falsch sind.
Lösung: *1f; 2r; 3f; 4r; 5r*

6b Bitten Sie die TN, alle Fragen in den Nachrichten zu unterstreichen und das Verb farbig zu markieren. Danach vergleichen die TN die Nachrichten mit den Aussagen 1–5. *Wo ist in den Fragen das Verb? Welcher Konnektor wird bei den indirekten Ja-/Nein-Fragen verwendet? Was passiert mit den Personalpronomen, den Verbformen, den Satzzeichen?* Die TN ergänzen den Grammatikkasten und vergleichen im Kurs.
Lösung: *Ist das Navi echt/wirklich so einfach?; … ob er zum Essen kommt.*

6c Die TN lesen die direkten Fragen zu dem Navigationssystem WoSama. Klären Sie ggf. Vokabular. Je 2 TN formulieren die vorgegebenen Fragen in indirekte Fragesätze um und schreiben sie auf. Korrigieren Sie im Kurs.

Materialien: IAW: TB 6/1

7 Lesen Sie mit den TN die Redemittel, die einen indirekten Fragesatz einleiten, und klären Sie ggf. das Vokabular. Je 3–4 TN sprechen darüber, was sie vor einer Reise wissen möchten bzw. was alles passieren kann, und verwenden dafür die vorgegebenen Redemittel oder eigene Ideen.

	Erläuterungen zum Unterricht	Materialien
	ALTERNATIVE für sprachlich stärkere Gruppen: Je 3–4 TN planen in ca. 5 Minuten eine konkrete Reise und machen Notizen dazu. Die TN überlegen, wohin sie fahren möchten, wie lange sie dort bleiben, was sie dort machen möchten und vor allem welche Verkehrsmittel sie benötigen, z. B. das Flugzeug, um nach Italien zu gelangen, danach Mietwagen oder Bus/Zug, um sich verschiedene Städte anzusehen. Danach wählen die TN 3 der vorgegebenen Redemittel aus und schreiben diese auf je einen Zettel. Die TN diskutieren nun über die Reise und überlegen gemeinsam, was sie wissen müssen, was passieren kann und was sonst noch zu organisieren ist. Wer seine Redemittel verwendet hat, darf den Zettel ablegen. Die Diskussion darf beendet werden, wenn alle TN ihre Zettel abgelegt haben (▶ **Redemittel-Diskussion**).	
	ERWEITERUNG: Geben Sie je 3–4 TN eine Zeitschrift, in der viele Prominente abgebildet sind. Je 3–4 TN schneiden 2–3 Prominente aus und kleben sie auf DIN-A3-Blätter. Danach legen sie ihnen Sprechblasen mit verschiedenen Fragen (Ja-/Nein-Fragen oder W-Fragen) in den Mund, z. B. könnte Bastian Schweinsteiger sagen: *Wird Deutschland das nächste Mal Weltmeister?* oder *Wo sind unsere Fans?* Das Blatt wird an die nächste Gruppe weitergegeben und diese formuliert die Fragen in indirekte Fragen um, z. B. *Bastian Schweinsteiger möchte wissen, ob Deutschland das nächste Mal Weltmeister wird und wo ihre Fans sind.*	Zeitschriften, Scheren, DIN-A3-Papier, Kleber
AB7c	im Kurs, ggf. vor KB7 zur Wortschatz-Vorentlastung.	

Sprachhandlungen: eine Wegbeschreibung verstehen und geben
Lerninhalte: GR: lokale Präpositionen *an … vorbei, durch …* \| Aussprache: Schwierige Wörter

	Erläuterungen zum Unterricht	Materialien
8a	Die TN lesen die Mail und fassen im Kurs zusammen, warum Lara diese Mail geschrieben hat. **Lösung:** *Sie kann Pia nicht vom Bahnhof abholen und beschreibt ihr den Weg zu ihrer Wohnung.*	
8b	Die TN lesen die Präpositionen im Schüttelkasten. Erklären Sie ggf. die Bedeutung anhand von Gesten. Die TN lesen die Mail in KB8a noch einmal und markieren darin die Präpositionen mit dem dazugehörigen Substantiv. Je 2 TN vergleichen ihre Markierungen und ergänzen dann den Grammatikkasten. Korrigieren Sie im Kurs. **Lösung:** *den Fluss entlang; durch den kleinen Park; bis zur Kirche; um die Kirche herum; am Kinderspielplatz vorbei; bis zur Kreuzung; gegenüber der Bäckerei – mit Dat.: an … vorbei, …; mit Akk.: durch …, …*	
	VARIANTE: Zur Klärung der Bedeutung der Präpositionen kopieren Sie den Grammatikkasten und zerschneiden Sie ihn in die einzelnen Elemente. Geben Sie je 2–3 TN ein Set. Die TN suchen zu jeder Präposition die passende Zeichnung und korrigieren mit dem KB. Weiter wie oben beschrieben.	Kopien des Grammatikkastens
8c	Die TN lesen die Mail noch einmal und zeichnen den Weg auf dem Stadtplan ein. Danach vergleichen je 2 TN ihre Version.	IAW: TB 6/2
	Nach KB8c (oder KB8d) eignet sich Filmszene 6.13 mit KB16.	DVD: Szene 6.13
8d	Die TN schreiben eine neue Wegbeschreibung für den Plan in KB8c. Dazu wählen sie einen Startpunkt und ein Ziel (z. B. vom Spielplatz zum Park). Je 2 TN lesen sich gegenseitig ihre Wegbeschreibung vor und zeichnen den Weg ihres Partners – in einer anderen Farbe als bei KB8c – in den Stadtplan ein. Anschließend kontrollieren sie gegenseitig, ob der Weg korrekt ist.	
	ALTERNATIVE: Je 4 TN entwerfen auf einem DIN-A3-Blatt eine kleine Stadt mit Straßen, Gebäuden, Parks usw. und geben ihr einen Namen. Danach schreibt jeder TN auf einen Zettel eine Frage zu dieser Stadt, z. B. *Wie komme ich vom Schokoladenmuseum zum Zoo?* Die Zettel werden gemischt und in der Gruppe neu verteilt. Jeder TN schreibt dann eine Wegbeschreibung, die zur erhaltenen Frage passt, und liest Frage und Wegbeschreibung vor. Die anderen TN überprüfen, ob die Wegbeschreibung korrekt ist, und der TN, der die Frage gestellt hat, bedankt sich für die Auskunft.	DIN-A3-Papier Zettel
AB8d	im Kurs. ALTERNATIVE: Schicken Sie einen TN kurz vor die Tür und verstecken Sie ein Bonbon im Kursraum. Danach beschreiben ihm die anderen TN mit einigen Umwegen den Weg zum Bonbon und benutzen dazu möglichst viele der Präpositionen.	Bonbons

9a	Je 2 TN markieren die Wortbestandteile wie im Beispiel und lesen sich dann die Wörter langsam vor. Danach hören die TN die Wörter zur Kontrolle und vergleichen mit ihrer eigenen Aussprache.	CD: Track 1.64
9b	Je 4 TN arbeiten zusammen. Jeder TN sucht sich eines der Wörter von KB9a aus und spricht es sehr langsam. Der nächste TN spricht es etwas schneller, der dritte noch schneller und der letzte TN versucht, es sehr schnell zu sprechen. VARIANTE für sprachlich schwächere TN: Jeder TN wählt 4 Wörter aus und liest diese erst langsam und dann immer schneller. ALTERNATIVE: Alle TN stellen sich im Kreis auf und werfen sich einen Ball zu. Der erste TN wählt ein Wort aus und wirft den Ball. Wer den Ball fängt, spricht es schneller usw. Wenn ein TN meint, dass es nicht mehr schneller geht, wählt er ein neues Wort.	Ball
AB9c	im Kurs; ggf. bereiten die TN als Hausaufgabe die 3 Sätze vor.	

Sprachhandlungen: einen Zeitungsartikel verstehen; die eigene Meinung sagen
Lerninhalte: WS: Rund ums Autofahren

	Erläuterungen zum Unterricht	Materialien
10a	Fragen Sie die TN, ob sie wissen, was Carsharing ist, oder ob sie sich etwas darunter vorstellen können. Die TN lesen den Text und fassen im Kurs zusammen, für wen Carsharing interessant ist und für wen nicht. **Lösung:** *Carsharing ist interessant für Menschen, die das Auto nur manchmal brauchen; es lohnt sich nicht für Menschen, die viel fahren oder das Auto für den Weg zur Arbeit brauchen.*	
10b	Je 2 TN arbeiten zusammen. Erklären Sie den TN, dass für die nächste Aktivität einer von ihnen Carsharing positiv, der andere negativ findet, auch wenn das nicht ihre tatsächliche Meinung darstellt. Die TN lesen den Text noch einmal und markieren „ihre" positiven bzw. negativen Argumente. Danach sammeln sie weitere Gründe. **Lösung:** *Positiv: Man braucht kein eigenes Auto, man kann immer günstig eines leihen; es ist billiger und flexibler als eine Autovermietung; man kann telefonisch oder im Internet 24 Stunden pro Tag einen Wagen mieten; man muss sich nicht um Reparaturen, Versicherungen etc. kümmern; man kann verschiedene Autos mieten. – Negativ: Wenn man viel fährt, kann ein eigenes Auto oder ein anderes Verkehrsmittel billiger sein; manchmal muss man eine Gebühr bezahlen; manchmal ist das Wunschauto nicht da, man muss ein anderes nehmen oder zu einem anderen Parkplatz fahren.* VARIANTE für sprachlich schwächere TN: Bilden Sie 2 Gruppen. Gruppe A sucht gemeinsam alle positiven Argumente im Text und sammelt dann weitere Gründe für Carsharing. Gruppe B sucht die negativen Argumente und ergänzt sie gemeinsam.	
10c	Lesen Sie mit den TN die Redemittel und klären Sie ggf. das Vokabular. Weisen Sie darauf hin, dass diese Redemittel für Diskussionen zu vielen verschiedenen Themen nützlich sind. Je 2 TN mit unterschiedlichen (fiktiven) Positionen diskutieren ihre Meinung und benutzen dabei möglichst viele der Redemittel. VARIANTE für sprachlich schwächere Gruppen: Je 4 TN diskutieren zusammen, dabei sind 2 TN für Carsharing, 2 sind dagegen.	IAW: TB 6/3
10d	Die TN diskutieren im Kurs. Fragen Sie, was sie wirklich über Carsharing denken und ob dieses Modell interessant für sie wäre. Die TN können aus dem Text von KB10a heraus argumentieren oder für die Diskussion im Internet über Carsharing wie z. B. Stadtteilauto weiter recherchieren.	
10e	Fordern Sie die TN auf, in Kleingruppen (ggf. nach Herkunftsländern) zu überlegen und zu recherchieren, ob es (andere) Sharing-Modelle auch bei ihnen gibt, z. B. Jobsharing, Wohnungstausch im Urlaub, Sammeln und Teilen von Dingen über das Internet usw. Jede Gruppe stellt ihr Ergebnis kurz im Kurs vor. **Links:** Carsharing: www.stadtteilauto.de, www.stadtteilauto.com, www.stadtmobil.de Wohnungstausch: www.couchsurfing.org („Sprache Deutsch" einstellen), http://de.homeforhome.com Filme, Spiele, Bücher, Werkzeug usw. teilen: www.frents.com	

Sprachhandlungen: über den Weg zur Arbeit sprechen; eine Statistik beschreiben
Lerninhalte: WS: Weg zur Arbeit | Landeskunde: Der Weg zur Arbeit in D-A-CH

	Erläuterungen zum Unterricht	Materialien
11a	Präsentieren Sie den TN kurz die 3 Personen aus Deutschland, der Schweiz und Österreich. Stellen Sie eine Karte von Deutschland, Österreich und der Schweiz zur Verfügung (oder arbeiten Sie mit der Karte auf der inneren Umschlagseite des KB) und lassen Sie die Wohnorte suchen und markieren (zeigen Sie, dass der Neuenburger See – Lac de Neuchâtel – westlich von Bern liegt, Vernay am Südostufer des Sees). Erklären Sie, dass die Personen schildern, wie sie zur Arbeit kommen und wie lange sie dafür brauchen. Die TN lesen die Texte und notieren Verkehrsmittel und Dauer. Vergleichen Sie im Kurs. **Lösung:** *Anna Franze: Fahrrad (eine halbe Stunde); Markus Müller: Auto (30 Minuten), dann Zug (40 Minuten); Peter Koch: Bus, U-Bahn und Straßenbahn (50–60 Minuten)*	Landkarte
11b	Die TN berichten im Kurs, mit welchem Verkehrsmittel sie in den Unterricht kommen. Notieren Sie alle genannten Verkehrsmittel an der Tafel und führen Sie eine Strichliste. Ordnen Sie dann die Verkehrsmittel mit den TN nach der Zahl der Nennungen. Halten Sie die ▶ **Kursstatistik** auf einem DIN-A3-Papier fest oder machen Sie ein ▶ **Sterndiagramm** (schreiben Sie in die Zacken des Sterns die genannten Verkehrsmittel, in die Zwischenräume die Zahlen von 0 bis zur höchsten genannten Zahl). Hängen Sie die Statistik im Kursraum auf. (Die Statistik wird noch für KB12b benötigt.)	DIN-A3-Papier
	VARIANTE: Der erste TN steht auf und nennt das Verkehrsmittel, mit dem er zum Unterricht kommt. Schreiben Sie das Verkehrmittel auf ein Blatt Papier und geben Sie es ihm in die Hand. Alle TN, die das gleiche Verkehrsmittel benutzen, stellen sich zu ihm. Danach steht der nächste TN auf und nennt sein Verkehrsmittel usw., bis alle TN in Gruppen stehen. Notieren Sie die Ergebnisse an der Tafel und erstellen Sie eine Kursstatistik wie oben beschrieben.	Papier
11c	Die TN fragen sich gegenseitig, wie lange sie zum Kurs brauchen, und bilden mit den erhaltenen Antworten eine Schlange: Am einen Ende der Schlange steht der TN mit der kürzesten Anreisezeit und am anderen Ende der TN mit der längsten Anreisezeit. Schreiben Sie an die Tafel eine Tabelle mit den Zeiten aus KB12a (< 10 Min., 10–20 Min. ...). Jeder TN macht einen Strich bei dem Zeitraum, der auf ihn zutrifft. Erstellen Sie mit den erhaltenen Informationen auf einem DIN-A3-Papier eine Statistik oder ein ▶ **Sterndiagramm** (schreiben Sie in die Zacken des Sterns die Namen der TN, in die Zwischenräume die angegebenen Zeiträume, z. B. 20–30 Min.) und hängen Sie sie im Kursraum auf. (Die Statistik wird noch für KB12b benötigt.)	DIN-A3-Papier
12a	Erklären Sie den TN, dass diese Aufgabe ihnen helfen soll, Statistiken zu interpretieren und darüber zu sprechen. Lesen Sie mit den TN die Ausdrücke in den Schüttelkästen und klären Sie ggf. Vokabular. Je 2 TN arbeiten zusammen. Jeder der TN sieht sich eine der beiden Statistiken an und berichtet seinem Partner davon.	
12b	Je 4–5 TN sprechen in der Gruppe über das Ergebnis und vergleichen mit den beiden Kursergebnissen aus KB11b und KB11c. Überlegen Sie gemeinsam mit den TN, welchen Zusammenhang es zwischen den Ergebnissen und dem Wohnort der Personen geben könnte (z. B. in Bezug auf die Größe der Stadt, die Art der Verkehrsmittel oder die möglichen Verkehrsverbindungen). Hinweis: In der Statistik ist keine Stadt der Schweiz vertreten, da es in der Schweiz zu diesem Thema derzeit keine vergleichende D-A-CH- bzw. internationale Untersuchung gibt.	
AB12	im Kurs.	AB-CD: Track 1.53

Sprachhandlungen/Strategie: Informationen über eine Reise verstehen; über Reisen sprechen
Lerninhalte: Landeskunde: Mit dem Fahrrad auf Reisen

	Erläuterungen zum Unterricht	Materialien
13a	Fragen Sie die TN, ob sie schon einmal eine Reise nur mit dem Fahrrad oder zu Fuß unternommen haben. Fordern Sie die TN auf, darüber zu berichten (*Wann war das? Von wo bis wo sind sie gelaufen/gefahren? Wie und mit wem waren sie unterwegs? Wie lange waren sie unterwegs?*). Die TN können zuerst Stichpunkte notieren, dann erzählen sie im Kurs.	

VARIANTE: Die TN halten ihre längste Strecke mit dem Fahrrad oder zu Fuß stichpunktartig auf einem Blatt Papier fest (z. B. Name, Verkehrsmittel, von wo nach wo und die ungefähre Kilometerzahl). Hängen Sie die Blätter im Kursraum auf. Bilden Sie 2 Gruppen (Fahrrad oder zu Fuß) und ordnen Sie innerhalb der Gruppen nach Kilometerzahl. Die TN kommentieren das Ergebnis im Kurs.

13b Je 2 TN lesen den Info-Text und beantworten gemeinsam die Fragen. Vergleichen Sie im Kurs.
Lösung: *Christoph D. Brumme hat ein Buch über seine Fahrradtour geschrieben. Er ist 8353 km mit dem Fahrrad von Berlin über Polen und die Ukraine nach Saratov in Russland gefahren und dann wieder zurück nach Berlin.*

13c Erklären Sie den TN, dass sie gleich ein Interview mit Christoph D. Brumme hören werden. Lesen Sie gemeinsam mit den TN den Tipp und erklären Sie, dass es beim Hören von Interviews hilfreich ist, sich schon vor dem Hören Gedanken über das Thema zu machen (damit auch passenden Wortschatz zu aktivieren) und mögliche Fragen zu überlegen, um das Verständnis zu erleichtern.
Je 3 TN sammeln gemeinsam mögliche Fragen. Sammeln Sie anschließend alle Fragen im Kurs und notieren Sie sie an der Tafel.

13d Die TN hören das Interview und notieren die Fragen, die der Journalist stellt. Dann vergleichen sie die Fragen im Interview mit denen, die sie gesammelt haben. Was ist gleich/ähnlich? Wo gibt es Unterschiede? — CD: Track 1.65

ALTERNATIVE für sprachlich schwächere TN: Kopieren Sie die Fragen auf der **Kopiervorlage**, schneiden Sie die Sätze (ohne den Lösungsbuchstaben) aus und geben Sie je 2 TN ein Set. Die TN hören das Interview und identifizieren die korrekten Fragen. (Wenn Sie die Aufgabe noch stärker vereinfachen möchten, können Sie den Gruppen weniger als die 8 vorgegebenen falschen Fragen geben.) — KV

13e Die TN hören das Interview noch einmal in Abschnitten. Machen Sie nach jedem Abschnitt eine kleine Pause und geben Sie den TN Zeit, 1–2 Stichpunkte zu jeder Antwort zu notieren. Je 2 TN fassen ihre Ergebnisse zusammen und sprechen darüber, was sie besonders interessant finden. Vergleichen und diskutieren Sie danach im Kurs. — CD: Track 1.65

14a Je 2–3 TN überlegen, was man mitnehmen muss. Sammeln Sie die Ergebnisse im Kurs.

VARIANTE: Je 3–4 TN versuchen mit jedem Buchstaben des Alphabets (▶ **ABC**) etwas zu finden, das man auf eine lange Fahrradtour mitnehmen sollte. (Schwierige Buchstaben wie C, X, Y … können ausgelassen werden.) Danach vergleichen sie im Kurs.

14b Die TN lesen den Anfang von Christoph D. Brummes Buch und unterstreichen alles, was er mitnimmt. Danach vergleichen sie mit ihren eigenen Vorschlägen. Fragen Sie die TN, welche 3 Gegenstände ihrer eigenen Liste sie außer Brummes Vorschlägen noch unbedingt auf die Reise mitnehmen würden und warum bzw. was sie zu Hause lassen würden.

ERWEITERUNG: Je 3–4 TN überlegen sich eine gemeinsame, möglichst ungewöhnliche Reise, z. B. eine 2-wöchige Reise an den Südpol, Campingurlaub in Kanada usw. Danach notiert jeder TN individuell 5 Gegenstände, die er gerne mitnehmen möchte. Anschließend diskutiert die Gruppe und versucht sich auf insgesamt 5 Gegenstände zu einigen, die mitgenommen werden dürfen.

14c Bitten Sie die TN, an eine besondere Reise zu denken, die sie unternommen haben, oder an eine Reise, die sie gern in der Zukunft machen möchten. Geben Sie den TN Zeit, sich Notizen zu dieser Reise zu machen (z. B. wohin, mit wem, wann, wie lange, warum …). Danach erzählen die TN im Kurs.

ALTERNATIVE: Kopieren Sie für je 3–4 TN die **Kopiervorlage**. Die TN wählen eine der vorgeschlagenen Reisen aus oder überlegen sich selbst eine ungewöhnliche Reise. Sie planen die Reise gemeinsam in der Kleingruppe anhand der vorgegebenen Punkte und stellen die Reise im Kurs vor. Die anderen TN stellen Fragen zur Reise, die die Kleingruppe möglichst einfallsreich beantworten soll. — KV

Der Film: Zu spät! | Der Weg ist ganz einfach …

	Lösungen zur DVD	Materialien
15b	*Herr Berg: 2; 5; 6; 10; 11 – Frau Berg: 1; 3; 4; 7; 8; 9*	DVD: Szene 6.12
16a–b	*D1; B2; E3; A4; C5*	DVD: Szene 6.13

	Erläuterungen zum Unterricht	Materialien
1	Je 3–4 TN spielen zusammen das Wiederholungsspiel. Geben Sie jedem TN eine Spielfigur und jeder Gruppe einen Würfel. Alle Spieler setzen ihre Spielfigur auf „Start". Der größte Spieler darf beginnen. Er würfelt, zieht seine Spielfigur und löst die Aufgabe auf dem Feld. Hat der Spieler die Aufgabe richtig gelöst, notiert er sich einen Punkt. War die Lösung nicht richtig, bekommt er keinen Punkt. Kommt ein Spieler auf ein Feld mit einer Leiter, kann er die Leiter nach oben steigen; kommt er auf ein Feld mit dem Kopf von einer Schlange muss er zum Ende der Schlange zurückgehen. Am Ende gibt es 2 Gewinner: den Spieler, der zuerst durchs Ziel kommt, und den Spieler, der die meisten Punkte gesammelt hat.	je TN eine Spielfigur, einen Stift und einen Zettel, je Gruppe ein Würfel IAW: TB P2
	VARIANTE: Gehen Sie vor wie oben beschrieben. Zusätzlich übernimmt ein TN pro Spielgruppe die Rolle des Experten. Dieser Experte bekommt die **Kopiervorlage** mit den Lösungen bzw. Lösungsbeispielen zum Spiel. Er entscheidet anhand des Expertenblattes, ob die Aufgabe richtig gelöst ist, und notiert die Punkte auf einem Zettel. Bei sprachlich stärkeren TN kann auch ein Experte für mehrere Spielgruppen zuständig sein und nur bei Zweifelsfällen gerufen werden.	KV
2a	Kopieren Sie die 4 Fotos und schneiden Sie sie aus. Teilen Sie die TN in 4 Gruppen auf und geben Sie jeder Gruppe ein Foto. Stellen Sie sicher, dass jede Gruppe weiß, um welches Fest es sich bei ihrem Foto handelt, und schreiben Sie den Namen der Feste an die Tafel. Jede Gruppe sammelt auf einem DIN-A3-Blatt, was sie über dieses Fest in den deutschsprachigen Ländern weiß.	Kopien der Fotos DIN-A3-Papier
2b	Jeder TN liest jetzt den Text zu seinem Foto und markiert, wann, wie und mit wem das Fest gefeiert wird. Anschließend vergleichen die TN in der Gruppe und notieren die erhaltenen Informationen ebenfalls auf ihrem DIN-A3-Blatt. **Links mit weiteren Informationen zu Festen in den deutschsprachigen Ländern:** www.derweg.org (→ Feste und Bräuche); www.swissworld.org (→ Kultur → Traditionen); www.justlanded.com/deutsch/Oesterreich/Artikel/Kultur/Feste-und-Traditionen	DIN-A3 Blatt
2c	Jede Gruppe dreht ihr DIN-A3-Blatt um und versucht gemeinsam, die auf dem Blatt gesammelten Informationen wiederzugeben. Danach finden sich die TN in ▶ **Wirbelgruppen** neu zusammen, d. h. die TN werden so gemischt, dass sich in jeder neuen Gruppe mindestens 1 TN für jeden der 4 Lesetexte befindet. Jeder TN berichtet in der Gruppe frei über „sein" Fest.	
3a	Die TN hören die 4 Szenen und überlegen, welche Feste aus KB2 hier gerade stattfinden. **Lösung:** *Szene 1: Ostern; Szene 2: Karneval; Szene 3: Silvester/Neujahr; Szene 4: Weihnachten*	CD: Track: 1.66–69
3b	Die TN ordnen die Ausdrücke den Szenen von KB3a zu. **Lösung:** *Szene 1: Frohe Ostern! Szene 2: Helau! Szene 3: Guten Rutsch! Frohes/Gutes neues Jahr! Szene 4: Frohe Weihnachten!*	
	INFO: In den meisten Gegenden in Deutschland ist der Karnevalsruf *Helau*, in Köln und Umgebung ruft man *Alaaf*. Daneben gibt es aber auch noch viele unbekanntere Varianten in anderen Regionen wie z. B. *Allez hopp, Breetlook, Zeilau* usw. Diese Karnevalsrufe spielen oft auf den Ortsnamen oder Wörter aus dem Dialekt des Ortes oder der Region an. *Guten Rutsch!* wünscht man sich vor Silvester (oft zusammen mit Weihnachtsgrüßen); ab Mitternacht, also ab dem 1. Januar, wünscht man sich *Gutes neues Jahr!* Das kann man auch bis Mitte oder sogar Ende Januar tun, wenn man jemand in diesem Jahr zum ersten Mal trifft.	
3c	Je 4–5 TN sprechen darüber, wie diese Feste in ihrem Land und in ihrer Familie gefeiert werden und welche Unterschiede es zu den deutschsprachigen Ländern gibt. Bei Kursen mit TN aus verschiedenen Ländern, können die TN aus dem gleichen Land zusammenarbeiten. Je ein TN in der Gruppe macht Notizen und gibt am Ende eine kurze Zusammenfassung der interessantesten Punkte im Kurs wieder oder die einzelnen Gruppen vergleichen am Ende im Kurs gemeinsam ihre Ergebnisse.	
4	Die TN bereiten einzeln oder in Kleingruppen eine ▶ **Mini-Präsentation** vor; bei gemischten Gruppen können TN aus dem gleichen Land oder aus Ländern mit ähnlichem kulturellen Hintergrund zusammenarbeiten. Lesen Sie mit den TN die 4 Leitfragen und die vorgegebenen Redemittel und klären Sie ggf. Vokabular. Die TN entwerfen ein Poster zu dem Fest, das sie vorstellen möchten. Achten Sie darauf, dass die Poster übersichtlich, gut strukturiert und nicht zu textlastig sind. Bitten Sie die TN, auch Fotos oder anderes Bildmaterial zu verwenden oder Zeichnungen zu machen. Hängen Sie die Poster im Kursraum als visuelle Stütze sowohl für die Vortragenden als auch für die Zuhörer auf.	Poster, bunte Stifte, Kleber, Scheren, Fotos

AB Plattform 2 Hier bereiten sich die TN auf A2-Prüfungen vor: Sie bekommen Tipps und trainieren Hören, Schreiben und Lesen. Sie machen das am Beispiel der Prüfung *Start Deutsch 2*: *Hören* Teil 2, *Schreiben* Teil 1 und *Lesen* Teil 2.

Kopiervorlage zu Plattform 2, Aufgabe 1

Expertenblatt

Beraten Sie die anderen Teilnehmer beim Wiederholungsspiel. Die Lösungen und Lösungsbeispiele helfen Ihnen. Manchmal gibt es auch andere korrekte Lösungen.

Lösungen von links unten, nach rechts oben, dem Spielverlauf (Pfeile) folgend:

1. *Sie haben Geburtstag.*
   Ich lade viele Freunde ein. Wir trinken Kaffee und essen Torte. Manchmal hören wir auch Musik und tanzen. …
2. *Was macht ein Friseur? (KB Kap. 5/1)*
   Er wäscht und schneidet Haare. Er föhnt Haare. Er macht eine Tönung. …
3. *Sie haben einen schönen Film gesehen. (KB Kap. 3/12; KB Kap. 6/10c)*
   Letzte Woche habe ich den Film Almanya gesehen. Er war lustig und die Schauspieler waren toll. Die Geschichte war auch spannend. Der Film ist wirklich empfehlenswert! …
4. *Sie fahren mit dem Auto und wollen pünktlich sein. (AB Kap. 6/1; KB Kap.6/3)*
   Stau, Panne, eine Baustelle, das Navi funktioniert nicht …
5. *Was macht ein Lehrer / eine Lehrerin? (KB Kap. 5/1)*
   Er/Sie erklärt Vokabeln und Grammatik. Er/Sie korrigiert Prüfungen. Er/Sie macht Übungen mit den Schülern. …
6. *Der Weg zur Arbeit / zum Kurs. (KB Kap. 6/11–12)*
   Fahren Sie mit dem Auto zur Arbeit? Können Sie zu Fuß gehen? Wie lange brauchen Sie von Ihrer Wohnung zum Kurs?
7. *Ein Freund / Eine Freundin hat eine wichtige Prüfung bestanden. (KB Kap. 4/3)*
   Herzlichen Glückwunsch! Das hast du super gemacht! …
8. *Sie wollen mit dem Zug nach Luzern fahren. (KB Kap. 5/4)*
   Wann fährt der nächste Zug nach Luzern? Auf welchem Gleis? Was kostet die Fahrkarte? …
9. *Sie stellen einem Freund / einer Freundin 2 Fragen zu seiner/ihrer Stadt.*
   1. Kannst du mir ein gutes Restaurant empfehlen? 2. Kennst du einen interessanten Platz?
10. *Wann sind Sie nervös? Wann freuen Sie sich? (KB Kap. 4/4–5)*
    Ich bin nervös, wenn ich eine Prüfung habe. Ich freue mich, wenn ich ein Geschenk bekomme. …
11. *Warum haben Sie nicht angerufen? Warum kommen Sie zu spät? (KB Kap. 1/9)*
    Ich habe nicht angerufen, weil ich mein Handy vergessen habe. Ich komme zu spät, weil ich die U-Bahn verpasst habe. …
12. *Was gibt es in Hamburg? (KB Kap. 5/5)*
    Es gibt ein schönes Rathaus, einen modernen Hafen und einen großen Fischmarkt.
13. *Wo waren Sie in Stuttgart? (KB Kap. 5/5)*
    Ich war in einem tollen Konzert, in einer interessanten Ausstellung und in einem modernen Theater.
14. *Fragen Sie in höflicher Form. (KB Kap. 6/4–5)*
    Können Sie mir sagen, wann der Bus fährt? Wissen Sie, welche Straßenbahn zum Marktplatz fährt? Ich weiß nicht, wo eine Bank ist.
15. *Sie sind auf einer Party. Ihr Glas fällt auf den Boden. (KB Kap. 4/8)*
    Das tut mir schrecklich leid. Entschuldigen Sie bitte! …
16. *Ein Anrufer möchte mit Frau Weber sprechen. Sie ist nicht da. (KB Kap. 5/12)*
    Frau Weber ist nicht am Platz / außer Haus. Kann ich etwas ausrichten? Können Sie später noch einmal anrufen? …
17. *Was hat Frau Miller gemacht? (KB Kap. 5/8)*
    Sie wollte mit 30 Jahren nicht mehr in einer Bank arbeiten. Sie hat studiert und ist Lehrerin geworden.
18. *Ein Fest in Ihrer Stadt. (KB Kap. 4/6–7)*
    Das Fest heißt … Die Leute …
19. *Ein Erlebnis im Ausland. (KB Kap. 4/11)*
    Ich war vor … Jahren in … Dort habe ich …studiert. An einem Tag habe ich …

Gelernt ist gelernt! 7

Sprachhandlungen: über Lernen sprechen
Lerninhalte: WS: Lernen

	Erläuterungen zum Unterricht	Materialien
1a	Die TN sehen sich die Fotos an und besprechen in Kleingruppen, was die abgebildeten Personen gerade lernen und ob die Aktivitäten auf den Fotos eher leicht oder eher schwierig zu erlernen sind. Sie halten die Ergebnisse auf einem Blatt fest und stellen sie kurz im Kurs vor.	
	VARIANTE: Kopieren Sie die 5 Fotos und schneiden Sie sie aus. Geben Sie je 4–5 TN ein Set und 2 Blätter Papier, auf einem davon steht *eher leicht*, auf dem anderen *eher schwierig*. Die TN diskutieren in ihrer Gruppe, wie oben beschrieben. Danach kleben sie die Fotos unter die passende Überschrift. Vergleichen Sie im Kurs. ERWEITERUNG: Die TN überlegen noch 3–4 weitere Aktivitäten, die ihrer Meinung nach eher leicht bzw. eher schwierig zu lernen sind, und schreiben sie unter die passende Überschrift. Vergleichen Sie im Kurs.	Kopien der Fotos, Papier
1b	Die TN erstellen eine 4-spaltige Tabelle wie im KB mit 5 Zeilen, in der in KB1b–c Informationen zu den 5 Personen (5 Aktivitäten) auf den Fotos eingetragen werden sollen. Sie lesen zuerst die beiden Texte und ergänzen damit die ersten 2 Tabellenzeilen. Vergleichen Sie im Kurs. **Lösung:** ***mit dem Computer arbeiten:*** *der Enkel hat es erklärt; er möchte Informationen im Internet suchen und mit seiner Freundin in Amerika skypen; ganz einfach, weil sein Enkel es gut erklärt hat –* ***Gitarre spielen:*** *erst allein mit einem Buch, dann mit Online-Kurs; Henry15 wollte die Lieder von seinen Lieblingsbands spielen; nicht so einfach, man braucht viel Disziplin*	
1c	Die TN hören, was die anderen 3 Personen zum Thema *Lernen* sagen, und schreiben die erhaltenen Informationen in die übrigen Tabellenzeilen. Die TN vergleichen erst mit einem Partner und dann gemeinsam im Kurs. **Lösung:** ***Radfahren:*** *mit dem Vater im Park geübt; alle seine Freunde konnten es schon; ganz leicht –* ***Chinesisch:*** *erst allein mit einem Computerprogramm, dann im Kurs; China hat sie fasziniert; nicht leicht, besonders die Schrift und die Aussprache –* ***Gartenarbeit:*** *erst einfach Blumen und Gemüse gepflanzt, dann in Büchern gelesen und die Nachbarn gefragt; sie wollte schon immer einen Garten haben und ist dann vor 3 Jahren aufs Land gezogen; sie hat gedacht, es ist ganz leicht, das war es aber nicht*	CD: Track 2.2–4
2	Lesen Sie mit den TN die 3 Fragen und geben Sie ihnen ca. 5 Minuten Zeit, Ideen dazu zu sammeln und Notizen zu machen. Danach befragen sich je 2 TN gegenseitig und notieren kurz die Antworten ihres Partners. Anschließend stellt jeder TN seinen Partner kurz im Kurs vor, z. B. *André hat mit 13 Jahren Italienisch in der Schule gelernt. Es war nicht schwierig, weil die Lehrerin alles gut erklärt hat. Jetzt möchte er noch segeln lernen. Er liebt das Meer.*	IAW: TB 7/1
	VARIANTE: Die TN machen eine ▶ **Sprechmühle**. Mit den ersten beiden Partnern sprechen sie über jeweils eine gelernte Aktivität (*Wann? Wie? War das einfach oder schwierig?*), mit dem dritten Partner sprechen sie darüber, was sie gerne in der Zukunft noch lernen möchten.	
	Nach KB2 eignet sich Filmszene 7.14 mit KB14.	DVD: Szene 7.14

Sprachhandlungen: Lernprobleme verstehen und beschreiben; Ratschläge verstehen und geben; etwas begründen
Lerninhalte: WS: Lernen; Prüfung | GR: Sätze verbinden: *denn, weil*; Konjunktiv II: *sollte* (Ratschläge)

	Erläuterungen zum Unterricht	Materialien
3a	Projizieren Sie die Karikatur. Fragen Sie die TN, was ihnen spontan dazu einfällt, und notieren Sie die Ideen und Assoziationen an der Tafel. Lesen Sie mit den TN die Checkliste und klären Sie ggf. Vokabular. Die TN lesen die Beiträge im Forum und notieren, in welchem Beitrag sie welche Probleme finden. **Lösung:** ***gerber02:*** *Angst vor Prüfungen haben; keine klaren Gedanken haben –* ***Schrauber:*** *nicht genug schlafen; zu viel Kaffee trinken; nur lernen, nichts anderes machen –* ***Mona:*** *alles schnell vergessen; zu spät anfangen; den Zeitplan nicht einhalten* **Gut gesagt:** Lesen und hören Sie mit den TN die Redemittel im Kasten, die Unverständnis ausdrücken. Weisen Sie darauf hin, dass die Ausdrücke umgangssprachlich sind, aber häufig benutzt werden.	Kopie auf Folie CD: Track 2.5
3b	Je 3 TN besprechen zusammen, welche der Probleme im Schüttelkasten sie auch kennen, und ergänzen noch weitere Probleme zum Thema *Lernen und Prüfung*. Danach tragen sie die Ergebnisse im Kurs zusammen.	

	Erläuterungen zum Unterricht	Materialien
3c	Lesen Sie mit den TN die 3 Fragen. Bitten Sie die TN, einen Forumsbeitrag über ein Lern- oder Prüfungsproblem auf einen Zettel zu schreiben, in dem sie auf die 3 Fragen eingehen. Weisen Sie darauf hin, dass das Problem echt oder erfunden sein kann. Sammeln Sie die Texte ein, Sie benötigen sie später in KB5.	
AB3	im Kurs, a ggf. einleitend vor KB3b, b auch als Hausaufgabe, c im Kurs.	
4a	Je 2 TN lesen die Antworten aus dem Forum und überlegen, zu welchem Beitrag aus KB3a diese passen. Korrigieren Sie im Kurs. **Lösung:** *3 ka_otin13; 1 der Lernhelfer, EinsteinsKatze; 2 Doktor Cool*	
4b	Je 2 TN ordnen die Satzteile einander zu. Vergleichen Sie im Kurs. **Lösung:** *1C; 2D; 3A; 4B*	
4c	Schreiben Sie die 4 kompletten Sätze von KB4b an die Tafel. Bitten Sie einige der TN, *denn, weil* und das Verb zu markieren. Lesen Sie dann mit den TN zum Vergleich die beiden Beispielsätze im Grammatikkasten und fragen Sie, welchen Unterschied es zwischen den Sätzen gibt (*Verbposition*). Erklären Sie, dass *denn* und *weil* von der Bedeutung her gleich sind, aber eine unterschiedliche syntaktische Struktur besitzen. Der Konnektor *denn* steht auf Position 0 und leitet einen Hauptsatz ein (*denn Kaffee macht nervös*; Verb auf Position 2), *weil* dagegen leitet einen Nebensatz ein, das Verb steht am Ende des Satzes (*weil Kaffee nervös macht*). Die TN formulieren die Sätze mit *denn* in Sätze mit *weil* um und umgekehrt. Schreiben Sie die Sätze an die Tafel. **Lösung:** *B … denn Erholung und Spaß sind auch wichtig. C … denn er kann so Zeit gewinnen. D … weil er auch mal einen Fehler machen darf.*	
	ERWEITERUNG: Spielen Sie mit den TN ▶ **Lebendiger Satz**. Schreiben Sie jedes Wort des Satzes *Schrauber sollte weniger Kaffee trinken, denn Kaffee macht nervös.* auf ein Blatt Papier. Verteilen Sie die Blätter an verschiedene TN. Die restlichen TN stellen diese so, dass ein korrekter Satz entsteht. Ersetzen Sie dann das Blatt mit *denn* durch ein Blatt mit *weil* und lassen Sie den Satz noch einmal bilden. Thematisieren Sie den Unterschied. Verfahren Sie mit den anderen Sätzen genauso oder lassen Sie die TN die Sätze mündlich bilden.	Papier
4d	Erklären Sie, dass man mit *sollte* Ratschläge geben kann, und lesen Sie mit den TN die 3 Beispiele im Grammatikkasten. Weisen Sie auf die Satzklammer hin. Je 3 TN überlegen sich Ratschläge, was die 3 Personen aus KB3a noch tun sollten und warum. Sammeln Sie die Ratschläge im Kurs. Achten Sie auf die Verwendung von *sollte* sowie *denn* oder *weil*. Ggf. erarbeiten Sie abschließend mit den TN das gesamte Paradigma von *sollte* oder machen **AB4c** im Kurs.	IAW: TB 7/2
5	Teilen Sie die Forumstexte, die die TN in KB3c verfasst haben, aus. Achten Sie darauf, dass keiner der TN seinen eigenen Text erhält. Lesen Sie mit den TN die vorgegebenen Redemittel. Jeder TN schreibt eine Antwort zum erhaltenen Text. Lesen Sie einige der Texte mit den Antworten vor oder hängen Sie Probleme und Antworten paarweise im Kursraum auf.	Forumstexte aus KB3c
	ERWEITERUNG: Je 4 TN lesen sich gegenseitig die Texte mit den Antworten vor und diskutieren, ob sie mit der Antwort einverstanden sind.	
AB5	im Kurs.	

Sprachhandlungen: Berichte über den Berufsalltag verstehen; über den Berufsalltag sprechen
Lerninhalte: GR: Genitiv: Name + *-s*; temporale Präpositionen: *bis* + Akkusativ, *über* + Akkusativ, *ab* + Dativ | Aussprache: *b, d, g* am Wortende

	Erläuterungen zum Unterricht	Materialien
6a	Je 4 TN sammeln Berufe, die mit Sprache zu tun haben (z. B. *Sprachlehrer, Dolmetscher, Journalist, Redakteur* usw.). Bieten Sie den TN an, das Wörterbuch zu benutzen, wenn sie die deutschen Berufsbezeichnungen nicht kennen. Tragen Sie die Ergebnisse im Kurs zusammen.	Wörterbuch
	VARIANTE: Die TN arbeiten in Gruppen, wie oben beschrieben. Die Gruppe, die innerhalb von 5 Minuten die meisten Berufe gefunden hat, hat gewonnen.	

6b Je 3 TN arbeiten zusammen. Jeder TN liest einen der 3 Textabschnitte zu einer Person und macht sich Notizen wie im Beispiel vorgegeben (nicht zu jedem Punkt gibt es in allen Texten Informationen). Danach fasst er seinen Text für die anderen TN zusammen. Zum Abschluss gestaltet jede Gruppe eine Tabelle, in der alle Informationen zu den 3 Personen ergänzt werden.
Lösung: ***Tom:*** *Gebärdendolmetscher; sorgt für eine gute Kommunikation zwischen den Menschen, begleitet gehörlose Menschen zum Arzt oder zu einem Amt, dolmetscht in Konferenzen, auf dem Standesamt oder im Gericht; an manchen Tagen von 8 Uhr morgens bis 8 Uhr abends, an anderen Tagen frei, manchmal auch feste Termine; interessant und abwechslungsreich –* ***Lina:*** *Logopädin; später mit Kindern arbeiten, jetzt Schule und lernen; den ganzen Tag in der Schule, danach 1–3 Stunden lernen –* ***Klaus:*** *Übersetzer von Film-Drehbüchern; übersetzt Film-Drehbücher; manchmal von morgens um 10 Uhr bis Mitternacht, manchmal auch am Montag frei; sein eigener Chef; manchmal ein bisschen einsam*
Lesen Sie mit den TN den Grammatikkasten zum Genitiv. Erklären Sie, dass diese Art der Genitivbildung vor allem bei Eigennamen funktioniert. Weisen Sie darauf hin, dass das *s* – ohne Apostroph – einfach an den Namen gehängt wird; bei Namen, die schon auf *-s* enden, (z. B. *Klaus, Thomas*) oder bei Namen auf *-x* oder *-z* (z. B. *Moritz, Beatrix*; vgl. auch Tipp zu **AB6**) wird nur ein Apostroph angehängt.

INFO: Vor allem bei Geschäftsbezeichnungen in den deutschsprachigen Ländern sieht man häufig, dass das Genitiv-*s* durch einen Apostroph abgetrennt ist, z. B. *Tina's Boutique*. Diese Formen sind durch einen Vergleich mit dem Englischen entstanden und galten lange Zeit als falsch. Inzwischen ist diese Form aber so häufig, dass sie vom Duden als akzeptierte Variante benannt wird.
ERWEITERUNG: Bringen Sie einen kleinen Sack oder eine undurchsichtige Tüte mit und sammeln Sie von jedem TN 2–3 Gegenstände ein (eine Uhr, einen Kuli usw.) Jeder TN zieht dann einen Gegenstand und fragt einen anderen, z. B. *Marie, ist das Antons Kuli?* Der andere TN antwortet nun *Ja, das ist Antons Kuli.* oder *Nein, ich glaube, das ist Fernandos Kuli.*

Sack oder Tüte

Nach KB6 eignet sich Filmszene 7.15 mit KB15.

DVD: Szene 7.15

7a Lesen Sie mit den TN die 3 Sätze und überlegen Sie gemeinsam, welches Bild dazu passt. Erläutern Sie bei Bedarf die Bedeutung der Präpositionen, auch mit Hilfe der Zeichnungen (Pfeile): *bis* stellt das Ende einer Handlung dar, *ab* den Beginn; *über* bedeutet *mehr als*. Lesen Sie mit den TN den Grammatikkasten. Weisen Sie die TN darauf hin, dass viele Zeitangaben eine Präposition mit festem Kasus haben, der Kasus aber oft nicht erkennbar ist, weil kein Artikel folgt (*Ich brauche die Arbeit bis Montag. Er kommt um 9 Uhr. …*).
Lösung: *1C; 2A; 3B*

VARIANTE: Stellen Sie für je 3 TN ein Set mit 6 Kärtchen her. Schreiben Sie auf die Kärtchen die Sätze 1–3 und malen Sie die Bilder von A–C (oder verwenden Sie eine Kopie). Je 3 TN ordnen Satz und Bild zu. Vergleichen Sie im Kurs. Weiter wie oben beschrieben.

Kärtchen, ggf. Kopien der Zeichnungen

7b Die TN lesen die 3 Texte in KB6b und markieren alle Zeitangaben (z. B. *vor einem Jahr, manchmal, von 8 Uhr morgens bis 8 Uhr abends …*), die sie darin finden. Danach vergleichen sie ihr Ergebnis mit einem Partner. Sammeln Sie die Zeitangaben an der Tafel. Markieren Sie mit den TN alle Zeitangaben, die eine Präposition haben.

7c Je 2 TN arbeiten zusammen und ordnen alle markierten Zeitangaben mit Präposition in die Tabelle ein, je nachdem ob die Präposition mit Akkusativ oder mit Dativ steht.
Lösung: *Temporale Präpositionen mit Akkusativ: bis 8 Uhr; über eine Stunde; bis 10 oder 11 Uhr; bis nächsten Sommer; bis Mitternacht – Temporale Präpositionen mit Dativ: vor einem Jahr; von 8 Uhr; an anderen Tagen; ab Oktober; in der Woche; am Montag; nach dem Unterricht; ab dem ersten Juni; nach 3 Jahren; seit 4 Jahren*
Projizieren Sie die 3 Texte und schreiben Sie die Tabelle darunter. Ordnen Sie die Zeitangaben auf Zuruf ein. Analysieren Sie noch einmal gemeinsam mit den TN: Welche Zeitangaben mit Präpositionen gibt es? Welchen Kasus haben sie? Kann ich den Kasus in der Zeitangabe erkennen und wenn ja, woran? Notieren Sie die Präpositionen noch einmal getrennt nach Kasus an der Tafel.
Tipp: Erklären Sie den TN, dass es hilfreich ist, für jede Präposition einen Beispielsatz bzw. einen Ausdruck mit der Präposition auswendig zu lernen, um sich so den dazugehörigen Kasus besser merken zu können.

Kopie auf Folie

IAW: TB 7/3

VARIANTE für sprachlich schwächere TN: Je 3 TN bearbeiten zusammen einen der 3 Texte. Danach werden ▶ **Wirbelgruppen** gebildet. In jeder Gruppe gibt es mindestens einen TN für jeden Text, die TN vergleichen ihre Ergebnisse und füllen gemeinsam die Tabelle aus. Weiter wie oben beschrieben.

8	Jeder TN wählt 5 Präpositionen aus KB7a und KB7c und schreibt sie auf einen Zettel. Danach gibt er den Zettel an einen anderen TN weiter. Dieser schreibt mit diesen Präpositionen einen kurzen Text über seinen Alltag und liest ihn seinem Partner vor. Gibt es Gemeinsamkeiten?	
	VARIANTE: Die TN schreiben den Text, ohne ihren Namen zu erwähnen. Sammeln Sie die Texte ein und lesen Sie sie vor. Die TN raten, wer welchen Text geschrieben hat. ERWEITERUNG: Kopieren Sie die **Kopiervorlage**, zerschneiden Sie die einzelnen Fragen und geben Sie je 4 TN ein Set. Die TN legen die Fragen auf einem Stapel verdeckt vor sich hin. Der erste TN nimmt eine Karte mit einer Frage und stellt sie einem beliebigen TN in seiner Gruppe. Der TN antwortet und verwendet dabei eine Zeitangabe mit einer temporalen Präposition. Dann ist der Nächste an der Reihe. Usw.	KV
9a	Die TN hören die Wörter und markieren, ob sie *g* oder *k*, *d* oder *t* und *b* oder *p* hören. Danach vergleichen sie mit einem Partner und ergänzen die Infobox. **Lösung:** *1k; 2g; 3k; 4g; 5t; 6d; 7t; 8d; 9t; 10d; 11k; 12g; 13t; 14d; 15p; 16b; Man spricht p, t, k.*	CD: Track 2.6
	INFO: Das Phänomen, dass im Deutschen alle Plosive am Wort- oder Silbenende stimmlos ausgesprochen werden, heißt Auslautverhärtung.	
9b	Je 2 TN arbeiten zusammen. Ein TN liest das erste Wort im Singular aus KB9a, der andere TN nennt den Plural dazu und liest dann den nächsten Singular. Der erste TN nennt wieder den Plural usw.	
	ALTERNATIVE: Je 4 TN stellen aus den in KB9a genannten Formen ein ▶ **Paare finden**-Spiel her. Dafür schreiben Sie die 16 Wörter aus KB9a auf je ein Kärtchen. Die Kärtchen werden verdeckt auf den Tisch gelegt. Die TN decken nacheinander 2 Kärtchen auf und lesen vor, was darauf steht. Die anderen TN kontrollieren die Aussprache. Passen auf den beiden Kärtchen eine Singular-Form und eine Plural-Form zusammen, darf der TN die Karten behalten; passen die Kärtchen nicht zusammen, werden sie wieder umgedreht. INFO: *p*, *t*, *k* sind im Gegensatz zu *b*, *d*, *g* im Deutschen grundsätzlich (stimmlos und) aspiriert, d.h. sie werden so ausgesprochen, dass dabei Luft entströmt. Dieses Phänomen lässt sich sichtbar machen, wenn man z.B. ein Blatt Papier vor den Mund hält. Wird *p*, *t* oder *k* ausgesprochen, bewegt sich das Papier. Die TN probieren das ggf. aus.	Kärtchen
9c	Die TN hören die Sätze und sprechen im Chor nach. Je 2 TN lesen sich die Sätze noch einmal gegenseitig vor und achten auf die Aussprache der markierten Buchstaben.	CD: Track 2.7
	ERWEITERUNG: Je 4 TN arbeiten zusammen. Die TN halten sich ein Blatt Papier vor den Mund und lesen sich gegenseitig die Sätze vor. Dabei kontrollieren sie gemeinsam, ob sich das Blatt an der richtigen Stelle bewegt (vgl. INFO zu KB9b).	
AB9c	im Kurs.	

Sprachhandlungen/Strategie: eine Radioreportage verstehen
Lerninhalte: Landeskunde: Generationenprojekte in D-A-CH

	Erläuterungen zum Unterricht	Materialien
10a	Klären Sie gemeinsam den Begriff *Generationenprojekt*. Fragen Sie die TN, wie sich alte und junge Menschen gegenseitig helfen können, und notieren Sie die Ideen. Die TN sehen die Bilder an, lesen die Texte und besprechen im Kurs, welche Informationen sie daraus über das Projekt bekommen. **Lösung:** *Das Generationenprojekt „Altes Haus" wird von Agnes Viertler (82) und Ina Ölz (26) geleitet und bekommt in diesem Jahr einen Preis. Am 14. August gibt es einen Kurs „Marmelade einkochen"; man bringt seine Früchte mit. Das Projekt gibt es seit 5 Jahren, es will das am 18.10. ab 14 Uhr feiern. Es gibt auch ein Café im „Alten Haus"; dort suchen sie Servicekräfte.*	
	ALTERNATIVE: Je 4 TN arbeiten zusammen. Kopieren Sie die Fotos und Texte für jede Gruppe, schneiden Sie sie aus und verteilen Sie die Ausschnitte. Jeder TN der Gruppe gibt die Informationen seines Ausschnitts weiter; die Gruppe sammelt die Informationen und vergleicht mit einer anderen Gruppe bzw. im Kurs. INFO: „Altes Haus" als Bezeichnung für das Projekt ist ein Wortspiel. Damit bezeichnet man nicht nur ein altes Gebäude, sondern auch einen guten, alten (= langjährigen) Freund, der nicht wirklich alt sein muss.	Kopien der Texte und Fotos

10b	Erklären Sie den TN, dass sie gleich eine Reportage über das Generationenprojekt hören, und bitten Sie sie, (einzeln oder in Kleingruppen) zu überlegen, welche Informationen sie darin erwarten. Die TN notieren passende Fragen, auf die sie Antworten erwarten, und vergleichen ggf. im Kurs.	
10c	Die TN hören die Reportage und vergleichen zuerst mit ihren eigenen Notizen, dann mit einem Partner. Welche Informationen haben sie bekommen, was hatten sie vermutet? Lesen Sie mit den TN den Tipp. Überlegen Sie mit den TN, wie sie diese Schritte in KB10 konkret eingehalten haben, was sie genau gemacht haben und ob ihnen dadurch das Verständnis erleichtert wurde.	CD: Track 2.8
10d	Lesen Sie mit den TN die Fragen. Die TN hören die Reportage noch einmal und beantworten die Fragen, ggf. schriftlich. Vergleichen Sie im Kurs. **Lösung:** *1 Ein Projekt für Junge und Alte aus der Stadt mit einem Café, es gibt dort auch Kurse und man kann Sachen kaufen. 2 Sie wollte lernen, wie man so gute Marmelade macht. 3 Die alten Leute sollten eine Arbeit haben und mit jüngeren etwas gemeinsam machen. 4 Ein paar Hundert Leute. 5 Sie hat gelernt, mit der Computerkasse und dem Handheld zu arbeiten und E-Mails zu schreiben. 6 Er programmiert die Musik für das Café.*	CD: Track 2.8
	VARIANTE für sprachlich schwächere TN: Lassen Sie jeden TN einmal (oder zweimal für 2 Fragen) würfeln, die gewürfelte Zahl entspricht der Frage in KB10d, die der TN beantworten soll. Würfelt der TN also eine 4, konzentriert er sich beim Hören der Reportage v. a. darauf, die Frage 4 richtig zu beantworten. Usw. Vergleichen Sie im Kurs.	Würfel
10e	Je 4 TN überlegen gemeinsam, was man von älteren Leuten noch lernen kann, und sammeln die Ergebnisse im Kurs.	
	ERWEITERUNG: Bilden Sie 4 Gruppen. Geben Sie jeder Gruppe ca. 15 Minuten Zeit, sich mit einer der folgenden 4 Fragen zu beschäftigen: *1 Was können ältere Menschen oft besser als jüngere? 2 Was sind typische Beschäftigungen älterer Menschen? 3 Haben ältere Menschen es manchmal besser? Warum? 4 Welche Probleme haben ältere Menschen oft?* Danach präsentiert jede Gruppe ihr Ergebnis. Der Kurs diskutiert anhand dieser Grundlage, was ältere Menschen von jüngeren Menschen übernehmen oder lernen könnten und umgekehrt und wie sie sich gegenseitig helfen könnten.	
11	Je 3–4 TN recherchieren gemeinsam zu einem anderen Generationenprojekt. Dafür eignen sich u. a. die Mehrgenerationenhäuser, die in immer mehr Städten der deutschsprachigen Länder entstehen. Bei Mehrgenerationenhäusern handelt es sich um Begegnungsorte, in denen Menschen unterschiedlicher Generationen aufeinandertreffen und gemeinsam Aktivitäten planen und ausführen. Jüngere helfen Älteren und umgekehrt. Tipp: Wenn die TN in eine Suchmaschine *Mehrgenerationenhäuser* eingeben, erscheinen die Mehrgenerationenhäuser verschiedener Städte wie z. B. www.mehrgenerationenhaus-hof.de usw. Jede Gruppe könnte sich eine Stadt aussuchen und das dortige Mehrgenerationenhaus und sein Angebot vorstellen.	

Sprachhandlungen/Strategie: eine Mini-Präsentation verstehen und machen
Lerninhalte: WS: Präsentation

	Erläuterungen zum Unterricht	Materialien
12a	Lesen Sie die 4 Sätze mit den TN und klären Sie ggf. Vokabular. Die TN hören eine Mini-Präsentation und kreuzen an, ob die 4 Aussagen richtig sind. Korrigieren Sie im Kurs. Fassen Sie dann noch einmal gemeinsam zusammen, worum es in diesem Generationenprojekt geht. **Lösung:** *1r; 2f; 3f; 4r*	CD: Track 2.9
12b	Fragen Sie die TN, was für eine Präsentation wichtig ist (*Aufbau, Bilder, Wortwahl, Vortragsstil* usw.). Erklären Sie, dass es in dieser Aufgabe um den sinnvollen Aufbau einer Präsentation geht. Lesen Sie mit den TN die 3 Phasen einer Präsentation und ihre Beschreibung. Je 2 TN ordnen die Ausdrücke den passenden Phasen zu. Vergleichen Sie im Kurs oder machen Sie die Variante als Auswertung. **Lösung:** *Phase 1: 1, 3; Phase 2: 2, 5, 6, 9, 10; Phase 3: 4, 7, 8, 11*	

	VARIANTE: Gestalten Sie gemeinsam ein ▶ **Lernplakat** mit den Redemitteln. Schreiben Sie auf ein großes Plakat die 3 Phasen und deren Inhalt. Bereiten Sie große Papierstreifen vor und schreiben Sie oder die TN die einzelnen Redemittel darauf. Verteilen Sie die Papierstreifen und überlegen Sie gemeinsam mit den TN, welche Redemittel zu welcher Phase passen. Die TN kleben die Papierstreifen zu der passenden Phase. Hängen Sie das Lernplakat gut sichtbar im Kursraum auf, so dass es später für die Mini-Präsentationen der TN zur Verfügung steht.	Lernplakat, Papierstreifen, Kleber
13a	Teilen Sie die TN in 2 Gruppen auf (bei sehr großen Gruppen sollten Untergruppen gebildet werden). Geben Sie der ersten Gruppe ein DIN-A3-Papier, auf dem in einem Wortigel *beim Vorbereiten* steht, und der zweiten Gruppe ein Blatt mit *beim Vortragen*. Geben Sie den Gruppen ca. 15 Minuten Zeit sich auszutauschen und zu notieren, was beim Vorbereiten bzw. beim Vortragen einer Präsentation wichtig ist. Tauschen Sie danach die Blätter zwischen den Gruppen aus und geben Sie den TN noch ca. 5–10 Minuten, um die Ideen zu ergänzen. Lesen Sie dann mit den TN die Ausdrücke im Schüttelkasten und lassen Sie vergleichen, ob diese Ratschläge genannt wurden oder nicht. Die TN ergänzen ggf. beim passenden Wortigel.	DIN-A3-Papier
	Je 3 TN gestalten zu einem der beiden Themen ein Poster mit den 5 Ratschlägen, die ihnen am wichtigsten erscheinen. Dabei können sie die Redemittel für Ratschläge aus KB5 verwenden. Hängen Sie die Poster im Kursraum auf. Tipp: Sie finden auch im Glossar einige Hinweise für eine gelungene ▶ **Mini-Präsentation.**	Poster
13b	Die TN bereiten allein, zu zweit oder in Kleingruppen eine ▶ **Mini-Präsentation** über eines der 3 Themen vor. Weisen Sie die TN noch einmal auf die Ratschläge auf den Postern im Kursraum hin, die betonen, was für die Vorbereitung und den Vortrag wichtig ist. Lesen Sie auch gemeinsam den Tipp. Wenn die Präsentation am gleichen Tag stattfinden soll, bieten sich einfache Gruppen-Präsentationen an, z. B. mit Mindmaps und Zeichnungen als Vorbereitung und Gedächtnisstützen. Sie können den TN aber auch unterschiedliche Termine im Kurs anbieten, so dass diese Zeit haben, über ihr Thema zu recherchieren und dieses in Form eines Posters o. Ä. darzustellen. In jedem Fall sollte die Präsentation 5 Minuten nicht überschreiten.	
	ERWEITERUNG: Kopieren Sie die **Kopiervorlage**, schneiden Sie die einzelnen Bewertungskriterien auseinander und geben Sie je 2–3 TN ein Kriterium. Je nach Gruppengröße können einzelne Bewertungskriterien weggelassen werden oder die Gruppen bearbeiten mehr als ein Kriterium. Erarbeiten Sie ggf. mit den TN, welche Regeln es für ein hilfreiches ▶ **Feedback** geben sollte (nie den Charakter der Vortragenden angreifen, sachliche und möglichst konkrete Informationen zum beobachteten Kriterium geben, Positives hervorheben, nur konstruktive Kritik üben usw.). Die TN machen nach der Präsentation ca. 5 Minuten lang Notizen, die Vortragenden überlegen oder besprechen gemeinsam, was ihnen gut gefallen hat bzw. was sie beim nächsten Mal besser machen würden. Danach bedanken sich die TN bei den Vortragenden für die Präsentation und tragen in der Feedback-Runde ihre Anmerkungen vor. Die Vortragenden können nachfragen und ihre eigene Sicht darstellen.	KV

Der Film: Ich muss auch üben! | Ausbildung und Praktikum

	Lösungen zur DVD	Materialien
14b	*1r; 2f; 3f; 4r; 5f*	DVD: Szene 7.14
15a	*B; C*	DVD: Szene 7.15
15b	*D; B; C; A*	DVD: Szene 7.15
15c	*Sie erzählt, wie lange die Ausbildung dauert, dass sie mit einer Prüfung / einem Diplom endet und was man da lernt. In KB15b fehlen: Phonetik; Moderation: Moderation von Radio- und Fernsehsendungen, Moderation vorbereiten, Gäste präsentieren.*	DVD: Szene 7.15
15d	*Welche Arbeitszeiten habe ich? Von wann bis wann muss ich arbeiten? Wie viele Tage Urlaub habe ich? Welche Aufgaben habe ich? Bekomme ich Geld für das Praktikum? Wie lange dauert das Praktikum? …*	

Sportlich, sportlich!

Sprachhandlungen: über Sportarten sprechen
Lerninhalte: WS: Sport

	Erläuterungen zum Unterricht	Materialien
AB 1a–b	im Kurs als Wortschatz-Vorentlastung für KB1: a vor KB1a, b ggf. erst vor KB1c.	
1a	Schreiben Sie als Einstieg das Wort *Sport* in einem Assoziogramm an die Tafel. Die TN nennen alles, was ihnen spontan zum Thema *Sport* einfällt. Notieren Sie die Vorschläge. Die TN sehen die Fotos an und beschreiben die Personen kurz. Danach überlegen je 2 TN, welche Person welchen Sport treiben könnte.	
	VARIANTE: Kopieren Sie die Fotos von KB1a, zerschneiden Sie sie und geben Sie je 2 TN ein Set (Sportgeräte und Personen). Die TN überlegen, welche Personen welchen Sport treiben, und ordnen zu.	Kopien der Fotos
1b	Je 2 Teams arbeiten zusammen. Sie vergleichen ihre Lösungen und begründen, warum sie denken, dass diese Menschen diesen Sport ausüben.	
1c	Die TN hören, was die Personen von ihren Sportarten erzählen, und überprüfen, ob sie diesen den richtigen Sport zugeordnet haben. Welche Teams haben alles richtig kombiniert? **Lösung:** *A Parkour; B Schneeschuhwandern; C Reiten; D Tauchen; E Paragliding; F Yoga*	CD: Track 2.10–15
	ERWEITERUNG: Die TN hören die Berichte noch einmal und machen Notizen. Danach erzählen sie gemeinsam im Kurs, was jede Person über sich und seine Sportart berichtet, warum sie diese Sportart ausübt bzw. was ihr daran gefällt.	CD: Track 2.10–15
1d	Je 3–4 TN arbeiten zusammen. Geben Sie den TN ca. 15 Minuten Zeit, darüber zu sprechen, welche Sportarten sie (nicht/sehr) interessant / am interessantesten finden und warum, welche sie selbst schon ausgeübt haben und wie ihre Erfahrung damit gewesen sind oder was sie gerne ausprobieren möchten. Ein TN aus jeder Gruppe fasst die Ergebnisse kurz im Kurs zusammen. Wenn Sie die Ergebnisse anschaulich im Kurs darstellen wollen, hängen Sie 6 Blatt Papier, auf denen jeweils eine der Sportarten von KB1a steht, an die Wand oder legen sie auf den Boden. Fragen Sie die TN z. B. *Wer hat schon einmal Yoga gemacht?* Alle TN, die Erfahrungen mit Yoga haben, gehen zu dem Blatt (▶ **Landschaften stellen**). Fragen Sie dann nach den anderen Sportarten. Machen Sie weitere Durchgänge mit den anderen Fragen bzw. jeder Sportart.	Papier IAW: TB 8/1
	VARIANTE zur Gruppenfindung: Kopieren Sie die 6 Fotos aus **AB1b**, auf denen die Sportarten dargestellt sind, und zerschneiden Sie sie in 3–4 Teile, je nach Kursgröße. Mischen Sie sie und verteilen Sie sie an die TN. Die TN arbeiten jeweils mit den Personen zusammen, die die anderen Teile ihres Fotos besitzen. ERWEITERUNG: Geben Sie den TN in Kleingruppen ca. 10 Minuten Zeit, möglichst viele Sportarten zu notieren, dabei dürfen sie das Wörterbuch benutzen. Die TN können auch nach dem ▶ **ABC** Wörter sammeln. Die Gruppe, die die meisten Sportarten gefunden hat bzw. die meisten Buchstaben füllen konnte, gewinnt einen kleinen Preis. Diskutieren Sie im Anschluss im Kurs, welche der Sportarten für welche Art von Menschen (jüngere, ältere, ruhige, abenteuerlustige, mit wenig/viel Geld ...) geeignet ist und warum.	Kopien der Fotos aus AB1b Wörterbuch Preis
AB1c	im Kurs, ggf. vor der Erweiterung zu KB1d.	
2a	Jeder TN zeichnet auf einen Zettel einen Gegenstand, der typisch für ihn ist, und benennt ihn, ggf. mit Hilfe des Wörterbuchs. Der Gegenstand kann mit Sport zu tun haben, muss aber nicht.	Wörterbuch
2b	Sammeln Sie die Zettel der TN ein, mischen Sie sie und verteilen Sie sie neu. Jeder TN versucht nun, durch Fragen die Person zu finden, zu der dieser Gegenstand passt.	
2c	Die TN stellen sich so im Kreis auf, dass jeder TN die Person neben sich hat, auf die der Gegenstand auf seinem Zettel zutrifft. Jeder TN stellt nun kurz die Person neben sich vor und berichtet, was der Gegenstand mit der Person zu tun hat.	
AB 2b–c	im Kurs.	

Sprachhandlungen: Begeisterung, Hoffnung, Enttäuschung ausdrücken; Fan-Kommentare verstehen und schreiben; Folgen formulieren
Lerninhalte: WS: Fans | GR: Sätze verbinden: *deshalb, trotzdem* | Aussprache: Unterscheidung von *r* und *l*

	Erläuterungen zum Unterricht	Materialien
3a	Überlegen Sie mit den TN, wovon oder von wem man alles Fan sein kann, z. B. von einer Mannschaft, einer Band, einem Schauspieler, einer TV-Serie usw. Fragen Sie die TN, ob sie selbst Fan von jemandem oder etwas sind oder ob sie jemanden kennen, der ein Fan ist. Je 4 TN sammeln ca. 5–10 Minuten, was typisch für einen Fan ist. Danach vergleichen die TN ihre Ergebnisse. Halten Sie die Ergebnisse in einem Wortigel fest.	
3b	Je 2 TN arbeiten zusammen. Jeder TN beschreibt eine der 3 Situationen, der andere rät, um welche Situation es sich handelt. Die dritte Situation beschreiben sie gemeinsam.	
3c	Die TN hören die Gespräche und notieren, zu welcher Situation sie passen. **Lösung:** *A3; B1; C2*	CD: Track 2.16–18
3d	Lesen Sie mit den TN die Ausdrücke für Begeisterung, Hoffnung und Enttäuschung und klären Sie ggf. Vokabular. Die TN hören die Gespräche noch einmal und notieren, in welchen Szenen sie die Ausdrücke hören. **Lösung:** *Begeisterung: 2, 2, 2; Hoffnung: 1, 1, 3; Enttäuschung: 3, 3, 3*	CD: Track 2.19–21
	ALTERNATIVE: Schreiben Sie alle Ausdrücke auf je einen Papierstreifen (oder vergrößern Sie den Redemittelkasten und zerschneiden Sie ihn in die einzelnen Ausdrücke). Hängen Sie 3 Plakate auf. Beschriften Sie die Plakate mit den verschiedenen Stimmungen (*Begeisterung* ...). Die TN überlegen gemeinsam, wozu welcher Ausdruck passt, und befestigen ihn auf dem Plakat. Danach korrigieren sie mit dem KB. Weiter wie oben beschrieben.	Papierstreifen (oder Kopie des Redemittelkasten), 3 Plakate, Kleber
	Nach KB3 eignet sich Filmszene 8.16 mit KB14.	DVD: Szene 8.16
AB3a	im Kurs oder als Hausaufgabe.	
4	Je 2 TN arbeiten zusammen. Bitten Sie die TN, sich vorzustellen, dass ihre Lieblingsmannschaft oder ihr Lieblingssportler gewonnen oder verloren hat. Die TN schreiben einen Dialog und benutzen dazu die Redemittel von KB3d. Die TN lernen ihren Dialog auswendig (▶ **Dialoge auswendig lernen**) und spielen ihn im Kurs vor. Wenn Ihr Kurs kein Interesse an Sport hat, können Sie die Aufgabe auch auf andere Personen und Ereignisse, z. B. auf ein Konzert (*die Gruppe hat besonders gut / sehr schlecht gespielt*) o. Ä., übertragen.	
5a	Zeigen Sie ein Bild von Thomas Müller (z. B. von seiner Homepage oder über eine Suchmaschine unter seinem Namen) und fragen Sie die TN, ob sie diese Person kennen. Die TN lesen die 4 Kommentare auf der Fan-Webseite und markieren die Adjektive und wertenden Aussagen. Danach besprechen je 2 TN, welche dieser Kommentare begeistert, positiv oder eher kritisch gemeint sind. Vergleichen Sie im Kurs. **Lösung:** *Der Kommentar von Bällchen ist kritisch, die anderen Kommentare sind begeistert/positiv.* ***kritisch:*** *du bist noch nicht ganz fit; mir hat es gar nicht gefallen; alle haben schlecht gespielt, deshalb war das Spiel ziemlich langweilig; Tore sind auch nicht alles –* ***begeistert/positiv:*** *echt super; du hast besser gespielt als die anderen; wir haben nur gewonnen, weil du dabei warst; dein Tor war schön; ich finde dich super; du bist immer so freundlich und nett zu deinen Fans; du spielst großartig, deshalb bist du mein Vorbild; ohne dich haben wir keine Chance*	Foto von Thomas Müller
	INFO: Thomas Müller ist ein bekannter deutscher Fußballer, der bei der WM 2010 in Südafrika 5 Tore für die deutsche Mannschaft schoss und damit zum deutschen Torschützenkönig wurde. **Link:** www.esmuellertwieder.de	
5b	Die TN verbinden die Sätze und vergleichen diese dann zuerst inhaltlich mit KB5a und dann im Kurs. Lesen Sie gemeinsam mit den TN den Grammatikkasten und erklären Sie die Funktion der Konnektoren *deshalb* (Folge/Konsequenz) und *trotzdem* (Widerspruch) anhand der Beispiele. **Lösung:** *1E; 2D; 3A; 4C; 5B*	
	VARIANTE: Schreiben Sie die 10 Teilsätze auf je ein Kärtchen und geben Sie je 3–4 TN ein Set. Die TN verbinden die Sätze. Weiter wie oben beschrieben.	Kärtchen

5c	Projizieren Sie die 4 Bilder und lassen Sie sie kurz im Kurs beschreiben. Je 2 TN schreiben passende Sätze zu den Bildern und verwenden dabei *deshalb* und *trotzdem*. Schreiben Sie die verschiedenen Sätze unter die Bilder. **Lösung:** *z. B. 2 Sie haben 8 Tore geschossen, deshalb freut er sich. 3 Er hat heute Fußballtraining, trotzdem geht er ins Kino. 4 Sein Schuh ist kaputt, trotzdem will er Fußball spielen. …*	Kopie auf Folie IAW: TB 8/2
	ERWEITERUNG: Machen Sie mit den TN ein Reaktionsspiel. Kopieren Sie die Kärtchen mit den Sätzen von der **Kopiervorlage**, schneiden Sie sie aus und legen Sie sie verdeckt auf einen Tisch. Stellen Sie hinter den Tisch 3 Stühle, legen Sie auf den rechten Stuhl ein Blatt Papier, auf dem *deshalb* steht, auf den linken ein Blatt mit *trotzdem*. Ein TN beginnt, nimmt eine Karte, setzt sich auf den Stuhl in der Mitte und liest den Satz vor, z. B. *Morgen habe ich eine wichtige Prüfung …* Der erste TN, der eine Idee mit *deshalb* hat, setzt sich auf den passenden Stuhl und sagt z. B. *Deshalb gehe ich heute früh ins Bett.* Hat ein TN eine Idee für *trotzdem*, setzt er sich auf den anderen Stuhl und sagt z. B. *Trotzdem gehe ich heute auf eine Party.* Der TN, der in der Mitte sitzt, entscheidet sich für den Mitspieler, dessen Satz ihm besser gefällt. Dieser nimmt eine neue Karte, setzt sich in die Mitte und liest seinen Satzanfang. Sie können das Spiel auch in Gruppen von 4–6 TN spielen.	KV Papier
6	Geben Sie jedem TN ein DIN-A3-Blatt. Jeder TN überlegt sich eine bekannte Person (Sportler, Musiker, Sänger usw.), die ihm gefällt und über die er etwas weiß, und schreibt oben auf das Blatt gut lesbar den Namen und einen Kommentar für die Fanseite der Person. Hängen Sie die Kommentare der TN im Kursraum auf. Die TN gehen durch den Raum, lesen die verschiedenen Texte und schreiben eigene Kommentare darunter.	DIN-A3-Papier
	VARIANTE: Führen Sie die Aufgabe wie oben beschrieben durch, die TN sollen aber bei jedem Kommentar mindestens einmal *deshalb* oder *trotzdem* verwenden.	
7a	Die TN hören 10 Wörter, die entweder ein *r* oder ein *l* beinhalten. Sie lesen sie abwechselnd laut vor. Sprechen Sie die Wörter dann noch einmal laut vor, die TN sprechen im Chor nach.	CD: Track 2.22
	ERWEITERUNG: Schreiben Sie die 10 Wörter auf Kärtchen. Mischen Sie die Kärtchen und halten Sie sie nacheinander hoch. Die TN lesen nacheinander das Wort laut vor.	Kärtchen
7b	Die TN hören die Namen von deutschen Stars und ergänzen *r* oder *l*. Die TN lesen zum Vergleich die Namen im Kurs vor. Ggf. hören sie die Namen noch einmal und sprechen sie zusammen nach. Falls die TN Interesse an den Personen haben, können je 2–3 TN zu einem Star die wichtigsten Infos recherchieren und den Star kurz im Unterricht vorstellen. **Lösung:** *1 Christiane Paul (Schauspielerin); 2 Maria Riesch (Skifahrerin); 3 Philipp Lahm (Fußballer); 4 Hannelore Elsner (Schauspielerin); 5 Til Schweiger (Schauspieler); 6 Jürgen Klopp (Fußballtrainer); 7 Jan-Hendrik Jagla (Basketballspieler); 8 Moritz Bleibtreu (Schauspieler)*	CD: Track 2.23
	ERWEITERUNG: Je 4 TN erstellen gemeinsam eine Liste von weiteren deutschen Stars, die sie kennen, und üben gemeinsam die Aussprache. Die TN können auch markieren, ob ein *r* oder ein *l* im Namen vorkommt. Danach lesen sie die Namen der Stars im Kurs vor.	

Sprachhandlungen: Vorschläge machen und reagieren; sich verabreden; einen Bericht über einen Ausflug verstehen
Lerninhalte: WS: Verabredungen | GR: Verben mit Dativ und Akkusativ

	Erläuterungen zum Unterricht	Materialien
8a	Projizieren Sie die beiden Fotos. Die TN beschreiben kurz, was sie sehen (*Wer macht wo was?*). Erklären Sie, dass eine der beiden Frauen Conny ist, die andere Sandra. Die TN hören das Gespräch und finden heraus, wer auf den Fotos welche Frau ist. **Lösung:** *links: Sandra; rechts: Conny* **Gut gesagt:** Lesen Sie gemeinsam, wie man sagt, dass man keine Lust hat, und hören Sie die Beispiele. Klären Sie ggf. das Vokabular.	Kopie auf Folie CD: Track 2.24 CD: Track: 2.25
	ERWEITERUNG: Die TN stellen sich im Kreis auf. Ein TN macht einen Vorschlag für eine gemeinsame Unternehmung (z. B. *Möchtest du heute Nachmittag mit mir Deutsch lernen?*) und wirft dann einem anderen TN den Ball zu. Dieser antwortet ablehnend mit einem Satz aus *Gut gesagt* oder sagt zu und fragt dann den nächsten TN.	Ball

8b	Lesen Sie mit den TN die vorgegebenen Sätze. Danach hören die TN das Gespräch noch einmal und markieren, was für Conny und was für Sandra zutrifft. **Lösung:** *Conny: 1, 4; Sandra: 2, 3, 5*	CD: Track 2.24
8c	Projizieren Sie die 3 Fotos und fragen Sie die TN, was sie darauf erkennen können (*ein Kino, einen Park, einen Hochseilgarten*) (oder sehen Sie die Fotos mit den TN im KB an). Lesen Sie die 3 Fragen. Die TN hören das Gesprächsende. Sie notieren, welches Foto zu welcher Frage passt, und beantworten die Fragen. Vergleichen Sie im Kurs. **Lösung:** *1B In den Hochseilgarten. 2A, C Ins Kino gehen oder im Park spazieren gehen. 3B Für Kino und den Hochseilgarten.*	Kopie auf Folie CD: Track 2.26
8d	Lesen Sie gemeinsam mit den TN die Redemittel, um Vorschläge zu machen und um darauf zu reagieren. Klären Sie ggf. das Vokabular. Je 2 TN entscheiden gemeinsam, welche der Reaktionen positiv und welche negativ ist. Vergleichen Sie im Kurs. **Lösung:** *positiv: 2; 5, 6; negativ: 1, 3, 4*	
	VARIANTE: Die TN erstellen gemeinsam ein ▶ **Lernplakat** zu den Redemitteln. Schreiben Sie die einzelnen Redemittel gut lesbar auf Papierstreifen (oder vergrößern Sie den Redemittelkasten und zerschneiden Sie ihn in die einzelnen Ausdrücke) und verteilen Sie sie an die TN. Beschriften Sie ein oder mehrere Plakate mit den Überschriften *Vorschlag, positive Reaktion* und *negative Reaktion*. Die TN ordnen die Redemittel zu und kleben sie an die richtige Stelle. Lassen Sie alle Redemittel noch einmal laut vorlesen und hängen Sie das Plakat / die Plakate gut sichtbar im Kursraum auf.	Lernplakat, Papierstreifen (oder Kopie des Redemittelkasten), Kleber
	Nach KB8 eignet sich Filmszene 8.17 mit KB15.	DVD: Szene 8.17
9	Je 2 TN arbeiten zusammen, ein TN versetzt sich dabei in die Rolle von A, der andere in die Rolle von B. Sie spielen zusammen die Situation, indem sie die Redemittel aus KB8d verwenden, und versuchen, eine Lösung zu finden. Einige Paare spielen die Situation vor.	
	ERWEITERUNG: Verteilen Sie an jeden TN den oberen Teil der **Kopiervorlage** mit dem Terminkalender. Verteilen Sie auch die Kärtchen mit den Terminen von der **Kopiervorlage** unter den TN (max. 5 pro TN). Die TN tragen diese Termine im Terminkalender ein. Die TN versuchen nun, in ihrer verbleibenden Zeit mit 4–6 TN Termine auszumachen (z. B. *Deutsch lernen am Freitag von 15–17 Uhr mit Sean*). Dazu benutzen sie die Redemittel von KB8d und tragen anschließend die Termine in ihren Kalender ein. Zum Abschluss stellt jeder TN 3 Termine mit anderen TN im Kurs vor (*Am Montag gehe ich mit Marta um 16 Uhr ins Fitness-Studio …*).	KV
10a	Projizieren Sie noch einmal das Foto vom Hochseilgarten aus KB8c und erinnern Sie daran, dass Sandra und Conny zusammen in den Hochseilgarten gehen wollten. Fragen Sie die TN, ob es Hochseilgärten auch in ihrem Land gibt, ob sie schon einmal einen besucht haben und ob ihnen das Spaß gemacht hat oder ob sie gerne einmal einen Hochseilgarten besuchen würden. Bitten Sie die TN, den Eintrag auf Sandras Pinnwand möglicht schnell zu lesen und herauszufinden, wie es ihr gefallen hat und was sie sich geliehen hat. Vergleichen Sie im Kurs. **Lösung:** *Sandra hat einen Helm, eine Sporthose und Sportschuhe ausgeliehen. Es hat Sandra sehr viel Spaß gemacht.*	Kopie auf Folie von KB8c
10b	Die TN lesen den Eintrag noch einmal und markieren alle Verben im Text. Danach ergänzen je 2 TN zusammen die Übersicht. Erklären Sie, dass es sich bei den Verben *erklären, geben, bringen, empfehlen, schicken* (und noch anderen bereits bekannten Verben mehr wie *kaufen, schenken, anbieten, zeigen, erzählen, (aus)leihen* usw.) um Verben handelt, die normalerweise einen Dativ und einen Akkusativ haben. Die Person steht dabei in der Regel im Dativ, die Sache im Akkusativ. Sammeln Sie ggf. weitere Verben mit Dativ und Akkusativ (s. Klammer oben) und bilden Sie mit den TN weitere Beispielsätze. **Lösung:** *Sie geben den Besuchern Helme. Conny bringt mir eine Sporthose und Sportschuhe mit. Ich empfehle euch den Hochseilgarten. Ich schicke euch (gern mehr) Infos.*	
	ERWEITERUNG: Machen Sie Klapp-Sätze: Jeder TN schreibt auf ein Papier ein Subjekt und klappt es dann so nach hinten weg, dass man es nicht lesen kann. Er gibt das Blatt an den nächsten TN weiter und dieser schreibt ein Verb im Infinitiv mit Dativ und Akkusativ auf. Das Verb wird wieder nach hinten geklappt und das Papier weitergegeben. Der nächste TN schreibt eine Person oder ein Personalpronomen im Dativ und der letzte TN eine Sache im Akkusativ. Danach öffnet der nächste TN das Blatt und liest den Satz laut vor. Weisen Sie die TN vorher darauf hin, dass sie das Verb im Infinitiv in die richtige Form bringen müssen. Auf diese Weise können logische oder Nonsens-Sätze entstehen.	

10c	Beschriften Sie 4 Blätter mit den folgenden Wörtern/Satzteilen: *Ich leihe; Sandra/ihr; die Turnschuhe; sie*. Verteilen Sie die Blätter mit *Ich leihe; Sandra/ihr; die Turnschuhe* an 3 TN und bitten Sie sie, sich so aufzustellen, dass ein korrekter Satz entsteht (▶ **Lebendiger Satz**). Die anderen TN helfen. Fragen Sie die TN, wie man diesen Satz in ihrer Sprache oder in anderen Sprachen, die sie kennen, sagen würde, und lassen Sie die Wortstellung vergleichen. Geben Sie nun einem weiteren TN das Blatt mit *sie* und bitten Sie ihn, damit *die Turnschuhe* zu ersetzen. Stellen Sie die TN in die richtige Reihenfolge und machen Sie so deutlich, wie sich die Wortstellung ändert, wenn das Substantiv im Akkusativ durch ein Pronomen ersetzt wird. Bei sprachlich stärkeren Gruppen können die TN auch zuerst selbst versuchen, die richtige Satzstellung zu finden. Vergleichen Sie mit den TN auch hier wieder mit anderen Sprachen. Lesen Sie zum Abschluss gemeinsam die zusammenfassende Regel in der Infobox.	Papier IAW: TB 8/3
AB10d	im Kurs. Ggf. bereiten die TN die Satzpuzzles als Hausaufgabe vor und bringen sie zur nächsten Unterrichtsstunde mit.	Scheren
11	Je 3 TN spielen zusammen. Sie erhalten je 6 Kärtchen (ggf. in 3 unterschiedlichen Farben): A notiert 6 Verben mit Dativ und Akkusativ, B notiert 6 Personalpronomen im Dativ und C notiert 6 Substantive (mit Artikel) oder Pronomen im Akkusativ. Jede Wortgruppe wird auf einen Stapel gelegt. Danach ziehen die TN abwechselnd von jedem Stapel eine Karte und bilden daraus einen grammatikalisch korrekten Satz.	Kärtchen (ggf. in 3 Farben)

Sprachhandlungen/Strategie: schwierige Texte verstehen; eine Sehenswürdigkeit vorstellen
Lerninhalte: Landeskunde: Geocaching; Sehenswürdigkeiten in Luzern

	Erläuterungen zum Unterricht	Materialien
12a	Fragen Sie die TN, ob sie Geocaching kennen oder schon einmal davon gehört haben. Wenn die TN noch nicht davon gehört haben, lassen Sie sie Vermutungen anstellen, was das sein könnte. ERWEITERUNG: Falls die TN Interesse haben, können sie nach Abschluss der Aufgabe oder der Sequenz im Internet recherchieren, ob und, wenn ja, wo in ihrer Stadt Caches versteckt sind, und im Kurs darüber berichten. **Links:** www.opencaching.de, www.geocaching.de, www.geocaching.com	
12b	Die TN lesen den ersten Absatz des Textes über Geocaching und besprechen im Kurs, welche ihrer Informationen oder Vermutungen sich bestätigt haben.	
12c	Die TN lesen nacheinander die folgenden 4 Absätze des Textes und markieren bei jedem Absatz alle Wörter, die sie kennen. Danach besprechen je 2 TN zusammen, welcher Satz (A oder B), den jeweiligen Abschnitt richtig zusammenfasst. Vergleichen Sie im Kurs. **Lösung:** *A; B; B; A* Fragen Sie die TN, ob sie die Texte als eher einfach oder als eher schwierig empfunden haben, und fragen Sie, warum das so ist. Lesen Sie gemeinsam mit den TN den Tipp. Erklären Sie den TN, dass sie mit dem Markieren der bekannten Wörter eine Lesestrategie angewendet haben: Durch die große Zahl von Markierungen erkennen die TN, dass sie viel verstehen (es ist meist deutlich mehr bekannt als unbekannt). Das ist in der Regel genug, um die meisten Fragen zu einem Text beantworten zu können. Bitten Sie die TN zu überlegen, was ihnen noch helfen kann, einen Text zu verstehen, bzw. was ihnen hier geholfen hat (*Fotos ansehen, vorher Vermutungen anstellen*). Fragen sie, ob die TN noch mehr Lesestrategien kennen (z. B. *auf internationale Wörter achten, Wörter aus dem Kontext erschließen, W-Fragen zum Text stellen, Texte strukturieren* usw.). ERWEITERUNG: Die TN halten die gesammelten Lesestrategien auf einem ▶ **Lernplakat** fest und hängen es im Kursraum auf. Wenn im Laufe des Kurses noch weitere Lesestrategien thematisiert werden, können diese auf dem Plakat ergänzt werden.	Lernplakat

13a	Fragen Sie die TN, ob sie Luzern kennen und was sie darüber wissen, und lassen Sie die Stadt auf der Karte auf der inneren Umschlagseite des KB suchen. Projizieren Sie die 4 Fotos. Die TN beschreiben, was sie auf den Fotos sehen. Benennen Sie die Sehenswürdigkeiten. Erklären Sie den TN, dass sie einen Bericht über Geocaching in Luzern hören werden, in dem diese 4 Sehenswürdigkeiten erwähnt werden. Die TN hören den Bericht und notieren die Reihenfolge, in der die Sehenswürdigkeiten genannt werden. **Lösung:** *1 Kultur- und Kongresszentrum; 2 Bahnhof Luzern; 3 Kapellbrücke am Vierwaldstättersee; 4 Museggmauer*	Landkarte Kopie auf Folie CD: Track 2.27
13b	Die TN wählen eine der 4 Sehenswürdigkeiten aus und versuchen, im Internet möglichst viele Informationen darüber zu recherchieren. Dafür können sie sich an den 4 vorgegebenen Fragen orientieren. **Links:** www.luzern.ch, www.kkl-luzern.ch, http://de.wikipedia.org/wiki/Bahnhof_Luzern, www.luzern.ch (Kapellbrücke in Suchfeld eingeben), www.museggmauer.ch	
13c	Alle TN, die die gleiche Sehenswürdigkeit gewählt haben, arbeiten zusammen. Wenn eine Gruppe sehr groß ist, können auch Untergruppen gebildet werden. Die TN vergleichen und erweitern in der Gruppe die Informationen zu ihrer Sehenswürdigkeit und erstellen gemeinsam ein Plakat dazu. Jede Gruppe stellt ihr Plakat kurz im Kurs vor. VARIANTE: Die Auswertung kann auch in ▶ **Wirbelgruppen** stattfinden. Dazu bilden sich neue Gruppen, in denen mindestens je ein Vertreter der 4 Sehenswürdigkeiten vertreten ist. Die TN stellen sich gegenseitig ihre Sehenswürdigkeit vor.	Plakate

Der Film: Echte Fans | Verrückt, oder?

	Lösungen zur DVD	Materialien
14a	*Bea und Felix tragen Fankleidung vom Fußballverein Bayern München. Sie kommen von einem Fußballspiel. Ihre Mannschaft hat verloren. Sie sind enttäuscht, traurig und schlecht gelaunt.*	DVD: Szene 8.16
14b	*5; 8; 9; 4; 1; 3; 2; 7; 6*	DVD: Szene 8.16
15a	*Er rennt sehr schnell, er klettert über Mauern, er springt vom Dach und über den Fluss, er läuft auf Zäunen, er springt über Hindernisse und dreht sich dabei …*	DVD: Szene 8.17
15b	*Das ist eine Sportart, bei der man den direktesten Weg von A nach B sucht.*	DVD: Szene 8.17
15c	*Wie lange machst du das schon? – Ich mache das jetzt seit ca. 6 Jahren.* *Da muss man ziemlich viel trainieren, oder? – Ja, ich trainiere schon einigermaßen (viel).*	DVD: Szene 8.17

Zusammen leben

9

Sprachhandlungen: über verschiedene Wohnformen sprechen
Lerninhalte: WS: Wohnen

	Erläuterungen zum Unterricht	Materialien
1a	Das Buch ist geschlossen. Schreiben Sie das Wort *Wohnformen* in einen Wortigel an die Tafel. Bitten Sie die TN, Ihnen verschiedene Plätze zu nennen, wo man wohnen kann (*ein Hochhaus, ein Zelt, ein Hotel* ...) und notieren Sie die Vorschläge. Die TN sehen die Fotos im KB an. Sie beschreiben, was sie auf den Fotos sehen, und überlegen, wo und wie die Menschen dort wohnen. Anschließend diskutieren die TN in ihrer Gruppe, welche dieser Wohnformen ihnen für sich selbst am besten gefallen würde und welche am wenigsten und warum. Vergleichen Sie im Kurs. Stimmen Sie ab, wer sich für welche Wohnform entscheiden würde, und erstellen Sie mit den TN eine ▶ **Kursstatistik**.	
1b	Die TN lesen die Texte zu den Fotos. Sammeln Sie im Kurs, was besonders an jeder Wohnform ist. ERWEITERUNG: Fragen Sie die TN, ob sie noch andere originelle Wohnformen kennen und vielleicht darüber berichten möchten (z. B. *Eine Freundin von mir wohnt in einem Turm. Alle Wände sind rund* ...). ALTERNATIVE zu KB1: Kopieren Sie Fotos und Texte und schneiden Sie sie aus. Je 2 TN lesen die Texte und ordnen sie den passenden Fotos zu. Die TN sammeln im Kurs, was besonders an jeder Wohnform ist und überlegen, welche dieser Wohnformen ihnen am besten gefallen würde.	Kopien von Texten und Fotos
2a	Die TN hören die Meinungen der Bewohner und notieren, wie diese ihr Leben dort finden und welche Personen für sie noch wichtig sind. Vergleichen Sie im Kurs. **Lösung:** ***allein auf der Insel:*** *das Leben ist einsam; seine erwachsenen Kinder und die Kollegen vom Nationalpark –* ***auf dem Hausboot:*** *das Leben ist gemütlich; die Freunde –* ***im Mikrohaus am Stadtrand:*** *das Haus ist einfach und nicht zu teuer; Freunde –* ***auf dem Bauernhof in den Bergen:*** *das Leben ist nicht langweilig, weil es viel Arbeit gibt; Nachbarn –* ***in einer alten Kirche:*** *das Leben ist leicht und bequem; Gäste* VARIANTE für sprachlich schwächere Gruppen: Verteilen Sie die Höraufgaben, so dass nicht jeder TN auf alles achten muss. Je nach Leistungsstärke können die TN nur Notizen über das Leben dort oder über die anderen Personen machen, oder es übernimmt jeder TN nur eine Wohnform.	CD: Track 2.28–32
AB2	a im Kurs oder als Hausaufgabe, b im Kurs vor KB2b. Hier sprechen die TN darüber, wie sie wirklich wohnen (Realität); in KB2b sprechen sie von ihrer Traumwohnung.	
2b	Die TN arbeiten mit einem anderen Partner als in AB2b. Je 2 TN erzählen sich gegenseitig, wo sie gern wohnen möchten. Sie machen Notizen und stellen die Aussagen ihres Partners im Kurs vor. VARIANTE: Geben Sie den TN ca. 5 Minuten Zeit, eine einfache Zeichnung davon zu erstellen, wo und wie sie gerne wohnen möchten. Machen Sie deutlich, dass diese Wohnform nicht realisierbar sein muss, es könnte z. B. auch ein Schloss im Wald sein. Die TN machen einen ▶ **Kursspaziergang**. Immer wenn Sie in die Hände klatschen, suchen sich die TN einen Partner und sprechen über die Zeichnungen. Hängen Sie am Ende alle Zeichnungen auf. Versuchen Sie, sie mit den TN thematisch zu ordnen, und lassen Sie die TN zusammenfassen, welche Träume und Wünsche zu Wohnformen es im Kurs gibt.	
	Nach KB2 eignet sich Filmszene 9.18 mit KB15.	DVD: Szene 9.18

Sprachhandlungen: sich beschweren, sich entschuldigen, einlenken
Lerninhalte: WS: Konflikte im Haus

	Erläuterungen zum Unterricht	Materialien
3a	Schreiben Sie *Die lieben Nachbarn* an die Tafel und fragen Sie die TN, was ihnen spontan dazu einfällt. Notieren Sie die Vorschläge. Projizieren Sie das Foto und fragen Sie die TN, in welchem Verhältnis diese Personen stehen könnten, wie die Stimmung bei diesen Personen ist und was vorher passiert sein könnte. Die TN lesen den Dialog und fassen im Kurs zusammen, was das Problem ist. **Lösung:** *Frau Sammer konnte nicht schlafen, weil es zu laut war.*	Kopie auf Folie

	ALTERNATIVE für sprachlich stärkere Gruppen als Einstieg: Bitten Sie die TN, sich in ca. 5 Minuten zu 3 ihrer (Wohn)Nachbarn Gedanken zu machen: *Was wissen die TN über die Person(en)? Haben sie privaten Kontakt? Verstehen sie sich gut oder gibt es Konflikte?* Die TN bilden einen Innen- und einen Außenkreis mit gleicher TN-Zahl und machen eine ▶ **Sprechmühle**. Die TN, die sich gegenüber stehen, sprechen ca. 2 Minuten über einen Nachbarn, danach dreht sich einer der Kreise um einige Positionen weiter. Usw. Weiter wie oben beschrieben. VARIANTE: Kopieren Sie den Dialog groß und zerschneiden Sie ihn in die einzelnen Gesprächsabschnitte. Geben Sie je 3 TN einen Satz. Die TN setzen den Dialog korrekt zusammen und vergleichen im Kurs. Danach fassen sie im Kurs zusammen, was das Problem ist.	Kopien des Dialogs
3b	Lesen Sie mit den TN die 4 Sätze und klären Sie ggf. Vokabular. Die TN hören das Gespräch und markieren, welche der Aussagen richtig und welche falsch sind. Vergleichen Sie im Kurs. **Lösung:** *1r; 2f; 3r; 4f*	CD: Track 2.33
4a	Lesen Sie mit den TN die Ausdrücke im Schüttelkasten. Je 2 TN ordnen den Wortschatz den 3 Bildern zu. Vergleichen Sie im Kurs. Je 2 TN beschreiben in einem kleinen Text das Problem von jedem der 3 Bilder. Lassen Sie zu jedem Bild einen Text vorlesen. **Lösung:** *A: die Haustür, Räder abstellen verboten, Eingang muss frei sein; B: Hund bellt immer, stören, auch in der Nacht, kann nicht schlafen; C: grillen, der Rauch, es stinkt*	
4b	Lesen Sie mit den TN die Redemittel für *sich beschweren, sich entschuldigen, einlenken* und klären Sie ggf. Vokabular. Je 2 TN suchen sich eine der Situationen von KB4a aus und schreiben einen dazu passenden Dialog. Lassen Sie zu jeder Situation einen Dialog im Kurs vorspielen (▶ **Dialoge auswendig lernen**).	IAW: TB 9/1
	ALTERNATIVE: Machen Sie 3 ▶ **Lernplakate**. Schreiben Sie alle Ausdrücke auf je einen Papierstreifen. Beschriften Sie je ein Plakat mit den verschiedenen Oberthemen (*sich beschweren, sich entschuldigen, einlenken*). Die TN überlegen gemeinsam, wozu welcher Ausdruck passt, und befestigen ihn auf dem Plakat. Danach korrigieren sie mit dem KB. Weiter wie oben beschrieben.	3 Lernplakate, Papierstreifen, Kleber
	Nach KB4b (oder KB4c) eignet sich Filmszene 9.19 mit KB16.	DVD: Szene 9.19
AB4a	im Kurs ggf. vor KB4c, wenn die TN noch mehr Ideen für Konfliktsituationen brauchen, oder als Hausaufgabe.	AB-CD: Track 2.14–16
4c	Je 4 TN arbeiten zusammen. In sprachlich heterogenen Gruppen können TN aus dem gleichen Land oder ähnlichen Kulturkreisen zusammenarbeiten. Die TN sammeln schriftlich typische Konfliktsituationen mit Nachbarn und berichten im Anschluss im Kurs. Schreiben Sie die genannten Situationen an die Tafel. Bitten Sie die TN auch, von eigenen Erfahrungen zu berichten. Hat einer der TN schon eine der genannten Situationen selbst erlebt oder kennt er jemanden, dem das passiert ist? ERWEITERUNG: Je 2 TN spielen eine Konfliktsituation pantomimisch vor, die anderen TN raten, um welchen Konflikt es sich handelt.	

Sprachhandlungen: um etwas bitten
Lerninhalte: GR: Konjunktiv II: *könnte* (höfliche Bitten)

	Erläuterungen zum Unterricht	Materialien
5a	Das Buch ist geschlossen. Projizieren Sie die 3 Zeichnungen. Die TN beschreiben, was sie auf jeder Zeichnung sehen können, und überlegen, was die Frau auf dem jeweiligen Bild sagen könnte. Danach lesen die TN die 3 Sätze im KB und besprechen mit einem Partner, zu welchem Bild welcher Satz passt. **Lösung:** *A2; B3; C1*	Kopie auf Folie
5b	Je 2 TN überlegen gemeinsam, welchen Satz sie am höflichsten und welchen sie am unhöflichsten finden und woran das liegen könnte. Vergleichen Sie im Kurs. Gehen Sie dabei auch auf die unterschiedlichen Adressaten (Tochter, Mann, Nachbarin) ein. **Lösung:** *Aussage 1 ist besonders höflich: Die Bitte ist als Frage in der Sie-Form mit* könnte *und mit dem Wort* bitte *formuliert. Aussage 2 ist sehr direkt: Es ist eine Aufforderung im Imperativ (du-Form) und durch das Wort* bitte *etwas höflicher. Aussage 3 ist eher neutral: Die Frage mit* kannst *enthält eigentlich eine Aufforderung.*	

5c	Lesen Sie mit den TN den Grammatikkasten zum Konjunktiv II (*könnte*) und zeigen Sie, wie die verschiedenen Formen konjugiert werden. Erklären Sie, dass sich der Konjunktiv II von den Präteritum-Formen (*konnte*) ableitet und sich von diesen nur durch den Umlaut unterscheidet. Schreiben Sie ggf. zur Verdeutlichung alle Formen im Präteritum und daneben die Formen des Konjunktivs II an die Tafel und markieren Sie den Umlaut. Lassen Sie die 3 Situationen laut vorlesen und klären Sie ggf. Vokabular. Die TN notieren zu jeder Situation eine höfliche Bitte. **Lösung:** *1 Könnten Sie bitte meine Blumen gießen und meine Katze füttern? Ich fahre 2 Wochen in Urlaub. 2 Ich koche gerade Spaghetti. Könnten Sie mir bitte ein bisschen Salz leihen? 3 Ich schaffe das nicht allein. Könntest du mir bitte helfen? …*	IAW: TB 9/2
5d	Die TN stellen sich im Kreis auf. Der erste TN liest eine Bitte vor und wirft einem anderen TN einen Ball zu. Der TN antwortet auf die Bitte. Danach liest er eine seiner Bitten vor und wirft den Ball weiter. Der TN, der den Ball fängt, antwortet usw.	Ball
6	Die TN entscheiden sich gemeinsam für eine Situation, z. B. *im Restaurant, im Deutschunterricht, im Büro* usw., und spielen die höflichen 5 Minuten. Dabei spielen sie typische Szenen dieser Situation und formulieren alle Bitten sehr höflich mit *könnte* und *bitte*. ERWEITERUNG: Die TN besprechen in Kleingruppen, wann/in welchen Situationen sie in der Zukunft besonders höflich sein wollen, z. B. jede erste Kursstunde im Monat oder beim Verbessern der Hausaufgaben oder in der Unterrichtspause usw.	

Sprachhandlungen: Erfahrungsberichte verstehen; über Vergangenes berichten
Lerninhalte: WS: Umziehen | GR: Nebensätze mit *als* und *wenn* | Aussprache: Satzakzent und Wortgruppenakzent

	Erläuterungen zum Unterricht	Materialien
AB7a	im Kurs vor KB7a oder als Hausaufgabe zur Vertiefung des Wortschatzes *Rund ums Wohnen*.	
7a	Das Buch ist geschlossen. Schreiben Sie *Umzug in eine andere Stadt* an die Tafel. Je 2 TN sammeln, was man dafür vorher machen muss. Notieren Sie die Vorschläge an der Tafel. Lesen Sie mit den TN die Ideen aus dem Schüttelkasten und klären Sie ggf. Vokabular. Was davon haben die TN selbst schon genannt? ERWEITERUNG: Fragen Sie die TN, wer von ihnen schon einmal in eine andere Stadt umgezogen ist und wie ihre Erfahrung damit war. Bitten Sie die TN, auch auf die an der Tafel notierten Punkte einzugehen.	Wörterbuch
7b	Erklären Sie den TN, dass sie je eine E-Mail von Melanie und Vera lesen werden, die für ein Semester ihr Zimmer getauscht haben. Die TN lesen die E-Mails und markieren, welche Vorbereitungen (siehe KB7a) Melanie und Vera gemacht haben. Dazu markieren sie (in einer anderen Farbe), welche Probleme die beiden hatten. **Lösung:** ***Melanie:*** *Sachen einpacken, sich verabschieden, einziehen, sich anmelden; Problem: Ein Zeugnis hat für die Anmeldung an der Uni in Heidelberg gefehlt. –* ***Vera:*** *Sachen packen; Problem: Sie hatte viel Stress beim Packen, weil sie nur einen Tag Zeit hatte. (Sie ist noch nicht angemeldet.)* VARIANTE: Je 2 TN arbeiten zusammen. Jeder TN liest einen der Texte, fasst die Informationen für den Partner zusammen und beantwortet die Fragen nach den Vorbereitungen und den Problemen. INFO: Viele Studenten und Studentinnen in den deutschsprachigen Ländern haben ein Zimmer in einer Wohngemeinschaft (WG). Dabei leben mehrere Leute in einer Wohnung zusammen. Jeder hat ein Zimmer, Küche und Bad werden geteilt. Manchmal kennen sich die Bewohner schon länger, andere lernen sich erst durch eine Annonce kennen. Neben WGs wohnen viele Studenten auch in Zimmern in Studentenwohnheimen; dort teilen sie ebenfalls Küche und Bad mit anderen. Mittlerweile gibt es auch Wohnheime mit 1-Zimmer-Apartments, in denen eine Küchenzeile und ein kleines Bad eingebaut sind. Privatunterkünfte (Zimmer zur Untermiete) sind inzwischen selten geworden. Wenn jemand eine begrenzte Zeit in einer anderen Stadt studieren möchte, kann er über Tauschbörsen im Internet (oder auch über das Schwarze Brett an einer Universität oder im Studentenwerk) versuchen, einen Partner für einen Zimmer- oder Wohnungstausch zu finden.	
7c	Die TN lesen die E-Mails noch einmal und verbinden die Satzanfänge mit der passenden Fortsetzung. Vergleichen Sie im Kurs. **Lösung:** *2E; 3F; 4B; 5A; 6C*	

8a	Je 2 TN füllen den Grammatikkasten aus. Dabei analysieren sie die Sätze und entscheiden, ob die Aktion in der Vergangenheit (*früher*) oder in der Gegenwart (*jetzt*) liegt und ob die in der Vergangenheit stattgefundenen Aktionen ein Mal oder öfter vorgekommen sind. Vergleichen Sie im Kurs. Fassen Sie dann mit den TN die Regel zusammen: Findet das Ereignis in der Gegenwart statt, ist die Konjunktion immer *wenn*. Hat das Ereignis in der Vergangenheit stattgefunden, sind die Konjunktionen *wenn* oder *als* möglich. *als* verwendet man, wenn es sich um ein konkretes einmaliges Ereignis / eine konkrete einmalige Zeitspanne handelt, die sich nicht wiederholt. *wenn* verwendet man bei Ereignissen, die öfter vorgekommen sind (zur Verdeutlichung kann man *wenn* durch *immer wenn* ersetzen). **Lösung:** *Als Melly ...: früher, ein Mal; (Immer) wenn Melly ...: früher, oft; Wenn Vera ...: jetzt*	
8b	Die TN übersetzen die Sätze in ihre Sprache, dabei können in heterogenen Gruppen TN mit der gleichen Muttersprache zusammenarbeiten. Vergleichen Sie im Kurs. In welchen Sprachen gibt es für *wenn* und *als* unterschiedliche Übersetzungen, wo werden sie mit dem gleichen Wort übersetzt?	
8c	Je 2 TN bearbeiten zusammen die Sätze 1–6. Dazu überlegen sie, ob die Sätze sich auf die Gegenwart oder auf die Vergangenheit beziehen und ob das Ereignis ein Mal oder öfter stattgefunden hat (in sprachlich schwächeren Gruppen können Sie dies auch gemeinsam im Kurs machen), und setzen danach die passende Konjunktion (*wenn* oder *als*) ein. Vergleichen Sie im Kurs. **Lösung:** *2 wenn; 3 als; 4 wenn; 5 wenn; 6 als*	IAW: TB 9/3
8d	Die TN schreiben zuerst allein die 5 Sätze zu Ende. Danach arbeiten je 3 TN zusammen und erzählen, was sie in diesen Situationen gemacht haben. Gibt es Gemeinsamkeiten?	
9	Die TN arbeiten in 2 Gruppen. Die eine Gruppe recherchiert Informationen (und Bildmaterial) über Heidelberg, die andere über Fribourg. Bitten Sie die TN, zu den angegebenen Themen im Schüttelkasten Notizen zu machen, die durch weitere interessante Punkte ergänzt werden können. Aus den Notizen fertigt jede Gruppe eine ▶ **Collage** zu ihrer Stadt an und stellt sie der anderen Gruppe vor. **Links:** www.heidelberg.de, www.ville-fribourg.ch	Collage
10a	Erklären Sie den TN, dass die Sätze im Deutschen immer einen Satzakzent haben; bei kurzen Sätzen liegt dieser meistens bei der betonten Information am Satzende. Zum Vergleich hören die TN die 4 Sätze zweimal und markieren den Satzakzent. Dann lesen sie die Sätze abwechselnd laut vor. Weisen Sie darauf hin, dass der Satzakzent aber auch an einer anderen Stelle stehen kann. Der Sprecher drückt damit aus, dass diese Information für ihn besonders wichtig ist, z. B. *Melly kommt aus der Schweiz.* (= nicht Vera); *Vera ist Mellys Cousine.* (= nicht Tinas) usw. Mehr dazu in Kap. 11. **Lösung:** *1 Melly kommt aus der Schweiz. 2 Vera ist ihre Cousine. 3 Melly und Vera sind Studentinnen. 4 Sie haben ihre Wohnungen getauscht.*	CD: Track 2.34
10b	Lesen Sie mit den TN die Infobox. Erklären Sie, dass längere Sätze in einzelne Wortgruppen unterteilt werden, die durch Pausen getrennt werden. Die TN hören die Sätze zweimal und markieren die Pausen und Wortgruppenakzente. Schreiben Sie die Sätze zur Korrektur an die Tafel. Lassen Sie die Sätze dann noch einmal laut vorlesen. **Lösung:** *1 Melly hat vor einem Monat (Pause) mit ihrem Studium (Pause) in Heidelberg begonnen. 2 Sie studiert an der Uni (Pause) und arbeitet abends (Pause) in einer Kneipe. 3 Vera hat sich in Fribourg verirrt (Pause) und musste nach dem Weg fragen. 4 Vera hat vor ihrer Abreise aus Heidelberg (Pause) schlecht Französisch gesprochen.* VARIANTE für sprachlich schwächere Gruppen: Die TN hören die Sätze (zweimal) und markieren zuerst nur die Pausen. Vergleichen Sie im Kurs. Danach hören die TN die Sätze noch 1–2 Mal und markieren die Wortgruppenakzente. Weiter wie oben beschrieben.	CD: Track 2.35
10c	Je 4 TN lesen sich die Sätze abwechselnd laut vor und achten auf die richtige Betonung. VARIANTE: Die TN „vertonen" die Sätze beim Vorlesen. Z. B. können Sie beim Akzent in die Hände klatschen o. Ä. und bei den Pausen mit Papier rascheln. ERWEITERUNG: Je 2 TN wählen ein Gedicht von der **Kopiervorlage** aus. Sie markieren Pausen und Akzente und üben den Vortrag. Unterstützend können sich die TN von Ihnen korrigieren lassen und sich zur Selbstkontrolle mit dem Handy aufnehmen. Die TN lernen das Gedicht auswendig und tragen es im Kurs vor.	KV Handy
AB10	a und b als Hausaufgabe oder im Kurs zur Vorbereitung von c, c im Kurs.	AB-CD: Track 2.19

Sprachhandlungen: über Haustiere sprechen; auf Informationen reagieren
Lerninhalte: WS: Tiere | Landeskunde: Haustiere in Deutschland

	Erläuterungen zum Unterricht	Materialien
11a	Schreiben Sie *Haustiere* an die Tafel und fragen Sie die TN, ob sie wissen, was das ist. Lassen Sie sich einige Beispiele nennen und notieren Sie sie in einem Wortigel. Erklären Sie, dass es sich bei der nächsten Höraufgabe um ein Problem mit einem Haustier handelt, und bitten Sie die TN zu hören, was die Frau möchte und welches Problem es gibt. **Lösung:** *Die Katze der Frau hat Junge bekommen und sie sucht ein neues Zuhause für sie. Sie ruft Freunde an, aber keiner möchte ein Kätzchen nehmen.*	CD: Track 2.36
	ERWEITERUNG für sprachlich stärkere Gruppen: Je 3 TN arbeiten zusammen. Geben Sie den TN 5 Minuten Zeit, so viele Tiere wie möglich auf Kärtchen aufzuschreiben. Die Gruppe, die die meisten Tiere gefunden hat, hat gewonnen. Klassifizieren Sie die Kärtchen mit den Tiernamen nach Oberbegriffen, z. B. Zootiere, Bauernhoftiere, Insekten usw. Fragen Sie die TN, welche dieser Tiere auch Haustiere sein können, und schreiben Sie die Namen an die Tafel. Weiter wie oben beschrieben.	Kärtchen
11b	Die TN hören die Telefonate noch einmal und notieren, warum die 3 Personen kein Kätzchen nehmen wollen. Vergleichen Sie im Kurs. **Lösung:** *Anne: ist viel unterwegs; Tanja: ihr Freund hat eine Katzenallergie; Sven: sein Vermieter erlaubt es nicht.*	CD: Track 2.36
11c	Erklären Sie den TN, dass einige von ihnen jetzt versuchen sollen, ihren Partner davon zu überzeugen, ein kleines Kätzchen zu nehmen. Schicken Sie 6 Freiwillige (in 3 Paaren) kurz aus dem Raum (sprachlich schwächeren TN können Sie Zeit für die Vorbereitung geben). Die Paare kommen nun nacheinander in den Kursraum und setzen sich (z. B. mit einem Handy in der Hand) Rücken an Rücken. Einer der TN hat 3 Minuten Zeit, im gespielten Telefongespräch seinen Partner zu überzeugen. Danach kommt das nächste Paar an die Reihe. Am Ende stimmen die restlichen TN im Publikum darüber ab, welcher TN die besten Argumente hatte und welches Telefongespräch am gelungensten war. Lesen Sie mit den TN die Infobox. Erklären Sie, dass im Deutschen mit *-chen* und *-lein* die Verkleinerungsform (Diminutiv) gebildet wird, die im Singular immer den neutralen Artikel *das* besitzt. Oft wird aus dem *a*, *o* oder *u* ein Umlaut. Der Singular und der Plural sind im Diminutiv bis auf den Artikel gleich: *das Kätzchen – die Kätzchen*. Meist wird die Verkleinerungsform mit *-chen* gebildet, *-lein* ist in der Standardsprache eher selten.	
	ERWEITERUNG: Die TN machen eine Kettenübung mit dem Ball. Dazu stellen sie sich im Kreis auf. Ein TN sagt ein Substantiv mit Artikel (z. B. *der Tisch*) und wirft den Ball weiter, der nächste TN nennt die Verkleinerungsform (*das Tischchen*). Danach nennt er ein neues Substantiv und wirft den Ball weiter usw.	Ball
12a	Lesen Sie mit den TN den Kasten **Gut gesagt: Kosenamen**. Erklären Sie, dass im Deutschen oft Tiernamen (und deren Verkleinerungsformen) als Kosenamen gebraucht werden. Fragen Sie die TN, ob das in ihrer Muttersprache auch der Fall ist, und lassen Sie Beispiele (auch für andere Arten von Kosenamen) nennen. Lesen Sie mit den TN die 5 Sätze und klären Sie ggf. Vokabular. Je 2 TN sprechen über die Sätze und überlegen, welche dieser Aussagen richtig und welche falsch sind.	
12b	Die TN lesen den Text über Haustiere und kontrollieren ihre Lösungen aus KB12a. Lassen Sie die entsprechenden Textstellen vorlesen. **Lösung:** *1f; 2r; 3r; 4f; 5f*	
12c	Lesen Sie mit den TN die Redemittel. Je 3 TN kommentieren die Sätze aus KB12a und benutzen dafür die angegebenen Redemittel. Lassen Sie abschließend mit jedem Redemittel ein Beispiel im Kurs bilden, z. B. *Uns alle hat überrascht, dass Frauen häufiger als Männer Haustiere haben.* Weisen Sie ggf. noch einmal darauf hin, dass bei Nebensätzen mit *dass* das Verb am Ende steht.	
12d	Schreiben Sie *Was ist Ihr/dein Lieblingstier?* an die Tafel. Die TN überlegen kurz, welches ihr Lieblingstier ist, und schlagen ggf. im Wörterbuch nach. Machen Sie eine Kettenübung. Die TN sagen nacheinander *Mein Lieblingstier ist …* Notieren Sie die genannten Tiere an der Tafel und machen Sie bei Wiederholungen einen Strich. Erstellen Sie am Ende gemeinsam eine ▶ **Kursstatistik** auf einem Plakat mit dem Titel *Unsere Lieblingstiere*.	Wörterbuch Plakat

	VARIANTE: Die TN laufen durch den Raum und fragen sich gegenseitig *Was ist Ihr/dein Lieblingstier?*, dann notieren sie den Namen des TN und das Tier. Werten Sie am Ende das Ergebnis in einer ▶ **Kursstatistik** aus. ERWEITERUNG: Kopieren Sie die Rollenkarten von der **Kopiervorlage** für jede Gruppe (4–6 TN). Erklären Sie den TN die Situation für das Rollenspiel. Jeder TN spielt die Rolle einer Person in einer Familie, die sich ein Haustier anschaffen möchte. Dabei versucht jedes Familienmitglied, die anderen von seinem Lieblingstier zu überzeugen. Max. 6 TN arbeiten zusammen. Jeder TN zieht eine Rollenkarte, bereitet sich 5 Minuten auf seine Rolle vor und sammelt Argumente für sein Tier (Vorteile des eigenen Tiers: Platz, Kosten, was kann man damit machen ...). Danach diskutieren die TN und versuchen, sich auf ein Haustier zu einigen. Jede Gruppe fasst am Ende kurz die Diskussion im Kurs zusammen und berichtet, zu welchem Ergebnis sie gekommen ist.	KV

Sprachhandlungen/Strategie: eine Geschichte schreiben und korrigieren
Lerninhalte: WS: Tiere; Tiergeschichten

	Erläuterungen zum Unterricht	Materialien
13a	Die Hälfte der TN liest Text A, die andere Hälfte liest Text B. Danach entscheidet jeder TN, welche der 3 Aussagen korrekt ist. **Lösung:** *3*	
13b	Jeder der TN liest nun den Text, den er in KB13a nicht gelesen hat, und überlegt, wie dieser im Vergleich zum ersten Text klingt. Fragen Sie die TN, welcher der beiden Texte ihnen besser gefällt und warum. Danach vergleichen die beiden TN gemeinsam die Texte mit den Fragen in der Checkliste. Dazu markieren sie zum besseren Verständnis z. B. alle Nebensätze rot, die Satzanfänge gelb, Adverbien wie *dann, danach, plötzlich* usw. blau und Adjektive grün. **Lösung:** *Alle Fragen können nur bei Text B mit ja beantwortet werden. Bei Text A beginnen zwar auch alle Sätze unterschiedlich, allerdings immer mit dem Subjekt des Satzes.*	
14a	Betrachten Sie mit den TN die Fotos und lassen Sie die Wörter im Schüttelkasten vorlesen. Klären Sie ggf. Vokabular. Geben Sie den TN ca. 15 Minuten Zeit, in Kleingruppen (2–3 TN) eine Tiergeschichte zu schreiben. Dazu können sie eines der beiden Fotos mit dem dazugehörigen Vokabular verwenden, eine ihnen bekannte Tiergeschichte nacherzählen oder sich eine lustige Geschichte ausdenken. Sprachlich schwächere TN können auch die Geschichte von **AB14** ausformulieren.	
14b	Lesen Sie mit den TN den Tipp. Wie dort beschrieben, verfahren die TN jetzt mit ihrem eigenen Text. Sie lesen die Geschichte noch einmal, kontrollieren anhand der Checkliste von KB13b, ob sie die dort genannten Punkte berücksichtigt haben, und verbessern ggf. ihren Text.	
14c	Hängen Sie alle Texte im Kursraum aus. Die TN gehen durch den Raum, lesen die Texte und malen ein lachendes Gesicht unter die Geschichte, die ihnen am besten gefällt. VARIANTE: Verteilen Sie Klebepunkte an die TN. Die TN lesen die Texte und kleben 3 Klebepunkte unter die Geschichte, die ihnen am besten gefällt, 2 Klebepunkte unter die zweit- und einen Punkt unter die drittbeste Geschichte. Die Verfasser der Geschichte, die am Ende die meisten Klebepunkte hat, bekommen einen kleinen „Literatur"-Preis.	Klebepunkte Preis

Der Film: „Suche Wohnung auf dem Land" \| Der neue Mitbewohner

	Lösungen zur DVD	Materialien
15a	*Bea; es ist ruhig, es gibt viel Platz, das Haus ist nicht sehr modern, es hat einen Garten, vielleicht gibt es Tiere ...*	
15b	*Ella könnte dort Tiere haben; sie findet das Haus und den Garten schön und es ist nicht weit in die Stadt.*	DVD: Szene 9.18
16a	*Ihr Mitbewohner Jörg hört sehr laute Musik.*	DVD: Szene 9.19
16b	*Iris spricht mit Jörg sehr unhöflich, Jörg mit Iris sehr höflich.*	DVD: Szene 9.19
16c	*Jörg, könntest du bitte die Musik ein bisschen leiser stellen? Wir können uns nicht unterhalten.* *Du weißt doch, die laute Musik stört mich, wenn ich zu Hause bin. Geht es nicht ein bisschen leiser?* *Manchmal ist Jörg wirklich ein bisschen schwierig.*	

	Erläuterungen zum Unterricht	Materialien
1	2 TN oder jeweils 2 TN zusammen als Team spielen das Wiederholungsspiel. Ein Spieler / Ein Paar läuft auf A, der andere / die anderen auf B. Die Spieler werfen abwechselnd eine Münze. Bei *Kopf* dürfen sie 1 Feld, bei *Zahl* 2 Felder vorrücken. Danach lösen sie die Aufgabe auf dem Feld. Wenn die Spieler die Aufgabe richtig lösen, bleiben sie auf dem Feld. Wenn die Aufgabe falsch war, müssen sie zurückgehen. Kommen die Spieler auf ein *Glücksfeld* mit Kleeblatt, dürfen sie 2 Felder vorrücken, wenn sie die Aufgabe richtig gelöst haben. War die Lösung nicht richtig, bleiben sie auf dem Glücksfeld. Nach jeder Aufgabe wird gewechselt, egal ob die Lösung richtig oder falsch war.	für jede Gruppe 2 Spielfiguren und Münze IAW: TB P3
	VARIANTE: Gehen Sie vor wie oben beschrieben. Zusätzlich übernimmt ein TN pro Spielgruppe die Rolle des Experten. Der Experte bekommt die **Kopiervorlage** mit den Lösungen bzw. Lösungsbeispielen. Er entscheidet anhand des Expertenblattes, ob die Lösung richtig ist. Bei sprachlich stärkeren TN kann auch ein Experte für mehrere Spielgruppen zuständig sein und nur bei Zweifelsfällen gerufen werden.	KV
2a	Die TN lesen die Gedichte laut vor. Jeder TN überlegt kurz, welche der Fotos am besten zu den beiden Gedichten passen. Vergleichen Sie im Kurs und fragen Sie die TN, wie sie ihre Entscheidung begründen.	
	VARIANTE: Kopieren Sie die Fotos und hängen Sie sie im Kursraum auf. Die TN beschreiben, was sie auf den Fotos sehen können und welche Assoziationen sie dazu haben. Erklären Sie den TN, dass Sie ihnen 2 Gedichte vorstellen werden, die zu den Fotos passen, und fragen Sie, was das Thema dieser Gedichte sein könnte. Schreiben Sie die Überschriften der beiden Gedichte von KB2a an die Tafel. Kopieren Sie die Gedichte und geben Sie jeweils der Hälfte der TN einen der beiden Texte. Die TN lesen die Gedichte und begeben sich zu dem Foto, das ihrer Meinung nach am besten zu dem Gedicht passt. Je ein TN liest eines der beiden Gedichte laut vor. (Das Gedicht von James Krüss kann auch von mehreren TN gelesen werden.) Lassen Sie die TN ihre Entscheidung für eines der Fotos kurz begründen.	Kopien der Fotos Kopien der Gedichte
2b	Die TN lesen die beiden Gedichte noch einmal und klären unbekanntes Vokabular mit dem Wörterbuch.	Wörterbuch
2c	Die TN entscheiden, welches Gedicht ihnen besser gefällt, lernen es ggf. auswendig und tragen es im Kurs vor. (Das Gedicht von James Krüss kann auf verschiedene TN verteilt werden.)	
	ERWEITERUNG: Die TN bereiten in Gruppen die Gedichte für den Vortrag vor, markieren Pausen und Satzakzente (vgl. KB Kap. 9/10) und nehmen sich ggf. vor dem Vortragen mit dem Handy auf.	Handy
3a	Fragen Sie die TN, ob sie sich etwas unter *Konkreter Poesie* vorstellen können. Zeigen Sie ggf. einige Beispiele (unter www.google.de → Bilder *Konkrete Poesie* eingeben oder im AB Kap. 11/13c). Die TN hören das Gedicht von Ernst Jandl und lesen mit. Danach versuchen die TN herauszufinden, wie die Tiere richtig heißen. Mit Hilfe eines Wörterbuchs notieren sie den Tiernamen im Singular mit dem korrekten Artikel. Dann notieren sie, welche Geräusche diese Tiere machen. Fragen Sie, welche Geräusche die Tiere in ihrer Muttersprache machen.	CD: Track 2.37 Wörterbuch
3b	Je 2 TN schreiben ein ähnliches Gedicht mit dem Titel *In der Stadt* und präsentieren es im Kurs. Danach wählen die TN das Gedicht, das ihnen am besten gefallen hat.	
	VARIANTE für sprachlich schwächere Gruppen: Sammeln Sie zuerst mit den TN im Kurs, was typisch für das Leben in der Stadt ist (z. B. Dinge, Personen, Geräusche …). Weiter wie oben beschrieben.	
4a	Die TN recherchieren in Gruppen Informationen über James Krüss, Hoffmann von Fallersleben oder Ernst Jandl und stellen den Autor im Kurs vor. Dabei können sie auf das Geburtsdatum, den Geburtsort, interessante Lebensstationen, Werke des Autors usw. eingehen und auch ein Bild zeigen. **Links:** James Krüss (1926–1997): www.jameskruess.de, Hoffmann von Fallersleben (1798–1874): www.fallersleben-bildungswerk.de/hoffmann.html, Ernst Jandl (1925–2000): www.ernstjandl.com, http://de.wikipedia.org (Autorennamen in Suchfeld eingeben)	
4b	Fragen Sie die TN, ob sie andere deutschsprachige Autoren kennen, und notieren Sie die Namen und ggf. deren Werke an der Tafel. Gibt es einen Lieblingsautor der TN?	
AB Plattform 3	Hier bereiten sich die TN auf A2-Prüfungen vor: Sie bekommen Tipps und trainieren Hören, Schreiben und Sprechen. Sie machen das am Beispiel der Prüfung *Start Deutsch 2*: *Hören* Teil 3, *Schreiben* Teil 2 und *Sprechen* Teil 2. Hinweis: In AB2c sind die Hörtexte (2.22–23) nur ein Mal aufgenommen.	

Kopiervorlage zu Plattform 3, Aufgabe 1

Expertenblatt

	A	B
1	das Auto – die Autos; der Bus – die Busse; die U-Bahn – die U-Bahnen; das Fahrrad – die Fahrräder; das Taxi – die Taxis; die Straßenbahn – die Straßenbahnen …	das (Reihen)Haus – die (Reihen)Häuser; die Wohnung – die Wohnungen; das Hochhaus – die Hochhäuser; der Bauernhof – die Bauernhöfe; das Hausboot – die Hausboote; das Zimmer – die Zimmer …
2	Es ist ruhiger, es gibt keinen Stau, man kann im Zug arbeiten oder lesen … (KB Kap. 6/3)	Es gibt Stau, Sie finden keinen Parkplatz, das Auto hat eine Panne … (KB Kap. 6/3, AB Kap. 6/1)
3	1 Können Sie mir sagen, warum die S-Bahn nicht fährt? 2 Können Sie mir sagen, wann wir in Hamburg sind? (KB Kap. 6/4–5)	1 Ich weiß nicht, wo ich einen Parkplatz finde. 2 Ich weiß nicht, wie lange ich im Stau stehe. (KB Kap. 6/4–5)
4	Gehen Sie geradeaus durch den Park bis zur Hauptstraße, dann rechts und um die Kirche herum (bis zum Spielplatz). (KB Kap. 6/8)	Gehen Sie (um die Kirche herum und) am Spielplatz vorbei, dann rechts in die Hansastraße und bis zur Ringstraße. (KB Kap. 6/8)
5	1 Wissen Sie, ob ich in Nürnberg umsteigen muss? 2 Wissen Sie, ob der Zug aus Berlin pünktlich ist? (KB Kap. 6/6)	1 Weißt du, ob das Navi auch Baustellen findet? 2 Weißt du, ob das Navi die Daten weitergibt? (KB Kap. 6/6)
6	das Rathaus, der Spielplatz, die Kirche	der Bahnhof, das Theater, der Markt
7	Es ist gesund, es ist billig, man braucht keinen Parkplatz …	Manchmal ist das Wetter schlecht, es ist nicht so schnell, es ist anstrengend …
8	Meine Turnschuhe sind wichtig für mich, weil ich viel Sport treibe, oft jogge und manchmal Fußball spiele. …	Mein Sofa ist wichtig für mich, weil ich da fernsehe und manchmal schlafe. Und oft sitzen da meine Freunde. …
9	Das war großartig. Sie haben toll gespielt. Das Spiel war echt super. (KB Kap. 8/3–5)	Das kann doch nicht wahr sein! Wirklich schade! Also heute haben sie wirklich nicht gut gespielt. (KB Kap. 8/3–5)
10	… deshalb bin ich im Park spazieren gegangen. … trotzdem bin ich zu Hause geblieben. (KB Kap. 8/5)	… deshalb bin ich sehr müde. … trotzdem bin ich nicht müde. (KB Kap. 8/5)
11	Hast du Lust, am Wochenende mit mir zum See zu fahren und ein bisschen zu schwimmen? … (KB Kap. 8/8)	Ich habe eine Idee: Wir können am Wochenende in ein Konzert gehen? Was hältst du davon? (KB Kap. 8/8)
12	Können Sie mir den Weg erklären? Können Sie uns einen guten Film empfehlen? (KB Kap. 8/10)	Bringt ihr mir eine DVD mit? Kannst du mir eine E-Mail schicken? (KB Kap. 8/10)
13	Die Stadt ist nicht schön. Es gibt nichts Interessantes zu sehen. Die Stadt hat mir nicht gefallen. …	Die Stadt ist super. Es gibt viele Museen und Sehenswürdigkeiten. Die Stadt hat viele schöne Gebäude. …
14	Es ist laut, es ist anonym, aber es gibt viele Einkaufsmöglichkeiten …	Es ist sehr ruhig und manchmal langweilig, aber man kennt viele Leute …
15	Heute Nacht war es sehr laut. Das geht wirklich nicht. Sie können doch nicht so lange feiern. Ich möchte auch schlafen. … (KB Kap. 9/3–4)	Es tut mir sehr Leid, dass es heute Nacht so laut war. Wir haben nicht gemerkt, dass es ein bisschen später geworden ist. Das kommt nicht mehr vor. … (KB Kap. 9/3–4)
16	Könnten Sie bitte im Bad das Fenster schließen? Könnten Sie mir bitte die Zeitung mitbringen? (KB Kap. 9/5)	Könnten Sie bitte am Sonntag die Blumen gießen? Könnten Sie mir bitte ein Fahrrad leihen? (KB Kap. 9/5)
17	… als sie in Heidelberg war. … wenn sie in der Schweiz war. (KB Kap. 9/8)	… als sie in Köln studiert hat. … wenn sie im Kino Thriller gesehen hat. (KB Kap. 9/8)
18	1 Ich finde schlecht, dass Haustiere viel Arbeit machen. 2 Ich denke, dass Haustiere gut für Kinder sind. …	1 Ich finde schlecht, dass Sport oft viel Geld kostet. 2 Ich denke, dass Sport gut für die Gesundheit ist. …
19	die Ratte – die Ratten; der Fische – die Fische; der Hund – die Hunde (KB Kap. 9/11–12)	der Vogel – die Vögel; das Schwein – die Schweine; die Katze – die Katzen (KB Kap. 9/11–12)

Gute Unterhaltung!

Sprachhandlungen: über kulturelle Angebote sprechen
Lerninhalte: Landeskunde: Deutsche Kultur-Rekorde

	Erläuterungen zum Unterricht	Materialien
1a	Die TN beschreiben die Fotos im KB. Danach lesen sie die Überschriften der Texte und überlegen, welche Überschrift zu welchem Foto passt. **Lösung:** *1D; 2E; 3C; 4A; 5B*	
	VARIANTE: Projizieren Sie die Bilder. Die TN beschreiben im Kurs, was sie auf den Fotos erkennen können. Schreiben Sie die Überschriften auf Kärtchen und geben Sie je 3–4 TN ein Set oder schreiben Sie die Überschriften an die Tafel. Die TN ordnen die Überschriften den Bildern zu und vergleichen dann im Kurs.	Kopie auf Folie Kärtchen
1b	Je 3–4 TN lesen die Texte, formulieren zu jedem Text eine Frage und notieren alle Fragen auf einem Zettel.	
1c	Die Fragen der TN werden an die nächste Gruppe weitergegeben, diese beantwortet die Fragen und gibt die Antworten zum Korrigieren wieder zurück. Die TN notieren, wie viele Fragen jeweils richtig beantwortet wurden. Welche Gruppe hatte das beste Ergebnis?	
1d	Die TN hören die Gesprächsausschnitte und notieren, worüber die Leute sprechen und was sie sagen. **Lösung:** *2 Der Ring der Nibelungen: zu lang, lieber Theater; 3 Herbert Grönemeyer: Musik super, schöne Texte, kann man mit Musik oft schwer verstehen; 4 Das Parfum: Buch und Film sehr gut; 5 Cloud Atlas: nicht gesehen, mag lieber Komödien*	CD: Track 2.38–42
AB 1c–d	c im Kurs, d ggf. auch als Hausaufgabe danach.	
2	Schreiben Sie die Fragen *Was? Wo? Wie? Warum?* an die Tafel. Die TN stellen sich im Kreis auf. Werfen Sie einem der TN einen Ball zu. Der TN erzählt kurz von einem Film, Buch, Konzert usw., der/das ihm gut gefällt oder gefallen hat. Dabei kann er sich an den Fragewörtern an der Tafel orientieren. Dann wirft er den Ball zu einem anderen TN und dieser erzählt etwas. Beenden Sie die Aktivität, wenn alle TN etwas beigetragen haben.	Ball
	VARIANTE für sprachlich stärkere TN: Schreiben Sie die Fragen *Was? Wo? Wie? Warum?* an die Tafel und fragen Sie die TN, ob sie noch mehr Fragewörter kennen. Schreiben Sie die genannten Wörter ebenfalls an die Tafel. Machen Sie mit den TN eine ▶ **Sprechmühle**. Mit dem ersten Partner tauschen sich die TN je 1 Minute über einen Film aus, mit dem zweiten über ein Buch usw. Dabei können sie sich an den Fragewörtern an der Tafel orientieren. ERWEITERUNG: Die TN bereiten – ggf. als Hausaufgabe – eine ▶ **Mini-Präsentation** vor, in der sie ein Buch, einen Film, ein Theaterstück usw. vorstellen.	
	Nach KB2 eignet sich Filmszene 10.20 mit KB14.	DVD: Szene 10.20
AB2a	im Kurs oder als Hausaufgabe zur Erweiterung des Wortschatzes *Rund um Bauwerke*.	

Sprachhandlungen: über Musikstile sprechen; Konzertkarten kaufen
Lerninhalte: WS: Musik | GR: Interrogativartikel *Was für ein(e) ...?*

	Erläuterungen zum Unterricht	Materialien
3a	Das Buch ist geschlossen. Projizieren Sie die Zeichnung und fragen Sie die TN, was sie darauf erkennen können bzw. was die Personen auf dem Bild machen. Erklären Sie dann, dass die beiden Personen im Auto verschiedene Musikstile im Radio hören. Sammeln Sie gemeinsam einige Musikstile an der Tafel. Lesen Sie mit den TN die 5 angegebenen Musikstile und fragen Sie, ob sie Beispiele dazu nennen können (INFO siehe unten). Die TN hören das Gespräch und notieren die Reihenfolge, in der sie die verschiedenen Musikstile hören. Vergleichen Sie im Kurs. **Lösung:** *4; 5; 2; 1; 3*	Kopie auf Folie CD: Track 2.43

ERWEITERUNG: Um anschaulich zu machen, was Ihre TN von den unterschiedlichen Musikstilen halten, können Sie ▶ **Landschaften stellen**. Malen Sie auf 3 DIN-A3-Blätter jeweils ein lachendes Gesicht, ein neutrales Gesicht und ein trauriges Gesicht und hängen Sie die Blätter im Kursraum auf oder legen Sie sie mit großem Abstand auf den Boden. Fragen Sie die TN nach den verschiedenen Musikstilen, z. B. *Mögen Sie Jazz?* usw. Die TN stellen sich jeweils zum passenden Plakat.
INFO: Trip-Hop ist ein langsamer Musikstil, in dem sich ähnliche Rhythmen wie im Hip-Hop mit harmonisch-melodischen Elementen aus dem Bereich des Pop mischen. Diese Musikrichtung entstand Anfang der 1990er Jahre in Großbritannien. Typische Vertreter des Trip-Hop sind z. B. Massive Attack (GB), Portishead (GB), Terranova (D) oder Klaus Waldeck (A).
Weitere bekannte Vertreter der deutschsprachigen Musikszene:
Pop: Unheilig, Juli, Philipp Poisel, Christina Stürmer, Stefanie Heinzmann, The Bianca Story
Jazz: Jazzkantine, Till Brönner, Dobrek Bistro, Nik Bärtsch, Matthias Rüegg
(Hard)Rock: Megaherz, Stahlmann, Rammstein, The Last Order, Pit Stain Project
Klassik: Bach, Mozart, Beethoven, Händel, Haydn

DIN-A3-Papier

AB3a im Kurs zur Nachbereitung des Hörtextes.

3b Das Buch ist geschlossen. Schreiben Sie die beiden Fragen und die beiden Antworten aus dem Grammatikkasten ohne klare Zuordnung an die Tafel. Fragen Sie die TN, welche Antwort ihrer Meinung nach zu welcher Frage passt. Lesen Sie mit den TN dann den Grammatikkasten. Erklären Sie, dass man mit *Was für ein(e)* bzw. *Was für* im Plural nach etwas Neuem fragt; in der Antwort steht der unbestimmte Artikel. Mit *Welcher/-es/-e* dagegen fragt man nach etwas schon Bekanntem; in der Antwort steht der bestimmte Artikel. Verdeutlichen Sie das ggf. an einigen Beispielen, z. B. *Was für eine Bluse möchtest du kaufen? – Eine rote (Bluse). / Welche Bluse soll ich anziehen? Die rote oder die blaue (Bluse)? – Die rote (Bluse).*
Die TN machen ein Interview mit 3 Personen im Kurs. Dazu fragen sie, was für Musik er/sie gern unterwegs hört, was für Musik er/sie auf dem Computer hat und zu was für Konzerten er/sie geht oder in der Zukunft gerne gehen möchte.

VARIANTE: Die TN schreiben ihre eigenen Antworten auf diese Fragen auf ein Kärtchen. Sammeln Sie die Kärtchen ein und lesen Sie sie vor. Die TN raten, wer die Karte geschrieben hat.
ERWEITERUNG: Die TN spielen zur Vertiefung des Unterschieds zwischen *Welcher/-es/-e* und *Was für ein(e)* das Spiel auf der **Kopiervorlage**. Kopieren Sie das Spiel dazu für jeweils 3–4 TN. Fertigen Sie ggf. für sprachlich schwächere Gruppen ein Lösungsblatt an.
Lösung der KV: *1 Welchen; 3 Was für ein; 4 Welchen; 5 Was für eine; 6 Liebesromane, Krimis …; 7 Welche; 8 welchem; 9 Welchen; 10 Welches; 11 was für einem; 12 Welchen; 13 Welches; 14 Einen Liebesfilm, einen Actionfilm …; 15 (Titel eines Buches); 16 Was für ein; 17 was für; 18 Was für einen; 19 Was für einen; 20 Welcher; 21 Einen Strandurlaub, eine Wanderreise …; 22 (Titel eines Films); 23 Was für ein*

KV, Würfel, Spielfiguren

4a Erklären Sie, dass Anna-Lena Tickets für ein Konzert kaufen möchte, und lesen Sie mit den TN die 4 Fragen. Die TN hören das Gespräch und kreuzen die richtigen Antworten an.
Lösung: *1b; 2c; 3c; 4b*

CD: Track 2.44

INFO: **Annett Louisan** (geb. 1977 in Havelberg) macht Popmusik in deutscher Sprache. Bekannt wurde sie 2004 mit dem Lied „Das Spiel". www.annettlouisan.de
Tim Bendzko (geb. 1985 in Berlin) ist ein bekannter deutscher Liedermacher. Sein Lied „Nur noch kurz die Welt retten" aus dem Album „Wenn Worte meine Sprache wären" machte ihn 2011 berühmt. www.timbendzko.de
2raumwohnung ist ein deutsches Popduo, die Mitglieder heißen Inga Humpe und Tommi Eckart. Es wurde im Jahr 2000 in Berlin gegründet. www.2raumwohnung.de

AB 4a–b im Kurs als Vorbereitung auf KB4b (Wortschatz *Rund ums Bezahlen*) oder als Hausaufgabe.

4b Teilen Sie den TN mit, dass sie ein Rollenspiel vorbereiten sollen, in dem sie Tickets für ein Konzert kaufen möchten. Gehen Sie kurz auf die Zeichnung des Saalplans und die Preisklassen ein. Lesen Sie gemeinsam die Redemittel und klären Sie ggf. Vokabular. Je 2 TN überlegen sich, für welche deutschsprachige Band / welchen deutschsprachigen Musiker sie gerne Karten kaufen möchten. Dann schreiben sie ein Telefongespräch mit Hilfe der angegebenen Redemittel und spielen es (ggf. pantomimisch mit Handy am Ohr) im Kurs vor.

Handys

	VARIANTE: Schreiben Sie die Redemittel auf Kärtchen oder kopieren und zerschneiden Sie den Redemittelkasten. Die TN überlegen, welche Sätze der Käufer sagt und welche der Verkäufer, und ordnen die Redemittel. Danach korrigieren sie mit dem KB. Weiter wie oben beschrieben. ERWEITERUNG: Die TN recherchieren im Internet die Karten-Vorverkaufsseiten einiger deutscher Städte (Suchbegriffe „Kartenvorverkauf" oder „Tickets" + Stadt) oder gehen z. B. auf www.eventim.de, entscheiden sich gemeinsam für eine Veranstaltung und „kaufen" die Karten.	Kärtchen oder Kopien des Redemittelkasten

Sprachhandlungen: einen Musiker / eine Band vorstellen
Lerninhalte: GR: Pronomen *man/jemand/niemand* und *alles/etwas/nichts*

	Erläuterungen zum Unterricht	Materialien
5a	Projizieren Sie die 4 Zeichnungen. Die TN beschreiben, was sie auf jeder Zeichnung sehen können.	Kopie auf Folie
	VARIANTE: Kopieren Sie die 4 Bilder (verdecken Sie die Nummerierung), schneiden Sie sie aus und geben Sie je 3 TN ein Set. Die TN beschreiben, was auf den Bildern passiert, und versuchen, die Bilder nach ihrem Ablauf zu ordnen.	Kopien der Bilder
5b	Je 2 TN lesen die Aussagen und überlegen, zu welchem der 4 Bilder sie passen. Vergleichen Sie im Kurs. **Lösung:** *B1; C1; D2; E3; F3; G4*	
5c	Die TN markieren in den Aussagen von KB5b die Pronomen *jemand, niemand, alles, etwas* und *nichts*. Danach lesen sie die Regeln und kreuzen an, was korrekt ist. **Lösung:** *Personen; Sachen; Singular* Lesen Sie gemeinsam die Infobox. Erklären Sie, dass *niemand* und *jemand* die (Deklinations)Endungen *-em* (Dativ) bzw. *-en* (Akkusativ) haben können, aber nicht müssen. **Gut gesagt:** Erklären Sie den TN, dass das Pronomen *etwas* in umgangssprachlichen Formulierungen oft zu *was* verkürzt wird. Hören und lesen Sie dazu die Beispiele.	CD: Track 2.45
	VARIANTE für sprachlich stärkere Gruppen: Das Buch ist geschlossen. Die TN hören die Sätze und spekulieren, was diese bedeuten könnten. Vergleichen Sie mit der Lösung im KB.	
5d	Je 2 TN schreiben passende Sprechblasen zu den Zeichnungen von KB5a.	IAW: TB 10/1
	ERWEITERUNG für sprachlich stärkere Gruppen: Je 2–3 TN schneiden Personen und Situationen aus Zeitschriften aus, kleben diese auf ein DIN-A3-Papier und schreiben Sprechblasen dazu, in denen sie möglichst viele der Pronomen aus KB5c verwenden. Hängen Sie die Ergebnisse im Kursraum aus.	Zeitschriften, DIN-A3-Papier, Scheren, Kleber
6	Die TN verbinden die Satzteile so, dass korrekte Sätze entstehen. Sie vergleichen erst mit einem Partner, danach im Kurs. **Lösung:** *2 Da ist kein Mensch. Ich habe niemand gesehen. 3 Ich sage jetzt nichts mehr. 4 Wir können jetzt fahren, wir haben alles gesehen. 5 Kann man hier Tickets kaufen? 6 Hast du etwas im Rucksack gefunden?*	
7	Die TN bereiten eine ▶ **Mini-Präsentation** zu (deutschsprachiger) Musik, die sie gern hören, vor. Dazu suchen sie Informationen und Fotos zu Musiker bzw. Band im Internet und bringen Musikbeispiele in den Kurs mit. Die TN können auch die bisher bekannten Musiker und Gruppen wie Tim Bendzko, Annett Louisan oder 2raumwohnung vorstellen. Infos und Links zu den Musikern finden Sie unter den Erläuterungen zu KB4a.	

Sprachhandlungen: Zeitungsmeldungen verstehen; genauere Informationen zu Personen geben
Lerninhalte: GR: Relativsätze im Nominativ \| Aussprache: Rückfragen \| Landeskunde: Prominente

	Erläuterungen zum Unterricht	Materialien
8a	Je 4 TN arbeiten zusammen. Jeder TN wählt einen Text, liest diesen und markiert die wichtigsten Informationen. Die TN können die unterstrichenen Stellen auch zu Stichpunkten zusammenfassen und diese auf einem Kärtchen/Zettel vermerken.	

8b Jeder TN fasst nun für die anderen TN der Gruppe seinen Text zusammen. Wenn die TN Kärtchen/Zettel vorbereitet haben, arbeiten sie mit geschlossenen Büchern, auf diese Weise ist gewährleistet, dass die TN nicht ablesen, sondern frei sprechen.

8c Die TN überlegen zu zweit oder zu viert, was zusammenpasst, und verbinden die Hauptsätze mit den passenden Relativsätzen. Vergleichen Sie im Kurs.
Lösung: *1D; 2E; 3A; 4B; 5C*

AB8b Partnerdiktat im Kurs, ggf. erst nach KB10 oder KB11 nach Abschluss der Relativsätze und der Promi-Geschichten.

9a Lesen Sie mit den TN den Grammatikkasten. Machen Sie deutlich, dass es sich bei Relativsätzen um Nebensätze handelt, die ein Substantiv näher erklären oder beschreiben. Dazu werden 2 Hauptsätze durch ein Relativpronomen verbunden, das im Relativsatz die Funktion des Subjekts übernimmt. Das Verb im Relativsatz geht ans Satzende. Das Relativpronomen im Nominativ hat dabei die gleiche Form wie der bestimmte Artikel des Substantivs im Nominativ, auf das es sich bezieht. Lesen Sie gemeinsam das Beispiel der Aufgabe und vollziehen Sie es nach. Ggf. bearbeiten Sie auch den zweiten Satz gemeinsam. Dann lesen die TN die weiteren Sätze für sich und ergänzen das Relativpronomen. Vergleichen Sie im Kurs.
Lösung: *2 das; 3 die – arbeitet; 4 die schon lange in ihrem Beruf arbeiten*

9b Je 3 TN schreiben Relativsätze zu 3 Personen aus dem Kurs, z. B. *Carla ist die Italienerin, die gut Spaghetti kochen kann.* oder *Ben ist der Architekt, der eine Katze hat.* Die TN lesen die Sätze im Kurs vor und die betroffenen Personen sagen, ob die Aussage über sie stimmt.

VARIANTE: Je 3 TN arbeiten zusammen und formulieren zu jeder Person in der Gruppe 2 Relativsätze. Dabei soll je ein Satz richtig und ein anderer falsch sein, z. B. *Elisa ist eine Schülerin, die noch nie in Deutschland war.* und *Elisa ist eine Person, die gern deutsche Filme im Kino sieht.* Die Gruppe liest die 6 Sätze im Kurs vor, die anderen TN im Kurs überlegen, welche Aussagen richtig und welche falsch sind.

9c Je 2 TN vervollständigen die Sätze, indem sie den passenden Relativsatz einfügen. Vergleichen Sie im Kurs. Demonstrieren Sie die Bildung eingeschobener Relativsätze anhand des Beispiels im Grammatikkasten. Erklären Sie, dass ein Relativsatz auch in der Mitte eines Hauptsatzes stehen kann, wenn nach dem Substantiv, das genauer beschrieben wird, noch eine weitere Information folgt. *Der Radiosprecher ist bekannt. Der Radiosprecher ist eingeschlafen.* → *Der Radiosprecher, der eingeschlafen ist, ist bekannt.* Der Relativsatz steht also meist direkt hinter dem Substantiv, auf das er sich bezieht.
Lösung: *2 Die Moderatorin, die schon lange in Berlin lebt, geht gern in Restaurants. 3 Das Kind, das sehr krank war, konnte nicht schlafen. 4 Die Techniker, die das Gerät repariert haben, waren sofort da. 5 Der Regisseur, der auch Fußballfilme dreht, lebt in Düsseldorf.*

VARIANTE: Spielen Sie mit den TN ▶ **Lebendiger Satz**. Schreiben Sie jeden Satzteil (3 pro Satz, links, Mitte, rechts) gut lesbar auf ein Blatt Papier und verteilen Sie die 15 Blätter an die TN. Wenn Sie weniger TN haben, lassen Sie einige Sätze weg oder bilden Sie die Sätze nacheinander. Wenn TN übrig sind, helfen diese, die anderen TN so aufzustellen, dass sich korrekte Relativsätze ergeben. — Papier

AB9a im Kurs. Zeigen Sie, dass das Bezugswort des Relativpronomens im Nominativ sehr unterschiedliche Formen haben kann (Akkusativ nach Präposition, Akkusativ, Dativ nach Präposition, Nominativ). Es muss nicht Subjekt oder Objekt des Hauptsatzes sein (wie in den Beispielen im KB).

10a Lesen Sie mit den TN die Beispiele und klären Sie ggf. Vokabular. Lassen Sie eine Frage als Beispiel formulieren und schreiben Sie diese an die Tafel, z. B. *Wie heißt der Schauspieler, der mit Penelope Cruz verheiratet ist? (Javier Bardem)* Je 2 TN überlegen sich 5 Quizfragen und schreiben diese auf. — IAW: TB 10/2

ALTERNATIVE: Wenn die TN sich weniger für Prominente interessieren, können Sie **AB10**, ein Deutschland-Quiz, im Kurs machen.

10b Die TN stellen ihre Fragen im Kurs. Das Team, das zuerst die richtige Antwort weiß, erhält einen Punkt. Notieren Sie die Punkte an der Tafel. Das Team, das am Ende die meisten Punkte hat, gewinnt und erhält einen kleinen Preis. — Preis

	Erläuterungen zum Unterricht	Materialien
	ERWEITERUNG: Kopieren Sie die **Kopiervorlage** und zerschneiden Sie sie. Je 2 TN erhalten ein ▶ **Trio-Spiel**. Wenn 3 Karten, die zusammengehören, aufgedeckt werden, bildet der TN daraus einen Relativsatz, z. B. *Karl Lagerfeld ist der Designer, der immer eine Sonnenbrille trägt*, und darf die Karten behalten. Falls die TN nicht so gut über die Prominenten Bescheid wissen, helfen auch die kleinen Zahlen auf den Kärtchen, die richtigen Trios zu finden.	KV
	Nach KB10 eignet sich Filmszene 10.21 mit KB15.	DVD: Szene 10.21
11a	Das Buch ist geschlossen. Die TN hören den Dialog. Fragen Sie die TN, ob sie heraushören konnten, welche Wörter besonders stark betont wurden und warum das vielleicht so war. Lesen Sie dann die Infobox. Die TN hören den Dialog noch einmal und lesen mit. Lassen Sie ihn dann von einigen TN – gern auch etwas übertrieben – im Kurs vorlesen.	CD: Track 2.46
11b	Je 2 TN schreiben einen ähnlichen Dialog wie in KB11a und lesen ihn im Kurs vor oder lernen ihn auswendig und spielen ihn frei im Kurs vor. Die TN können den lustigsten Dialog wählen.	
	ERWEITERUNG: Die TN beschriften 6 Kärtchen mit Aussagen, bei denen es möglich ist, nachzufragen, z. B. *Ich war gestern im Kino.* oder *Ich habe gestern mit Tom einen Kaffee getrunken.* Die Kärtchen werden gemischt und verdeckt auf den Tisch gelegt. Je 2 TN spielen zusammen. Einer zieht eine Karte und liest den Satz vor, der andere fragt nach, z. B. *WO warst du gestern? Mit WEM hast du einen Kaffee getrunken?* Dabei achten sie auf die richtige Betonung. Dann wechseln sie. Usw.	Kärtchen
AB11c	im Kurs.	

Sprachhandlungen/Strategie: Informationen über Malerei verstehen; eine Bildbeschreibung verstehen; ein Bild beschreiben
Lerninhalte: WS: Bildbeschreibung | Landeskunde: Malerei gestern und heute

	Erläuterungen zum Unterricht	Materialien
12a	Die TN erzählen im Kurs, welche interessante Ausstellung oder welches Museum sie in der letzten Zeit besucht haben. Mögliche Leitfragen sind *Wo war die Ausstellung? War sie eher groß oder klein? Gab es viele Besucher? Welches Werk hat den TN ganz besonders gut gefallen?* Bei großen Gruppen können die TN erst in Kleingruppen diskutieren und die Informationen dann kurz im Kurs zusammenfassen.	
12b	Projizieren Sie die 3 Tierbilder ohne die Angaben. Die TN beschreiben, was sie auf den Bildern sehen können. Fragen Sie die TN, ob sie wissen, wer die Bilder gemalt hat und wann die Bilder ungefähr entstanden sind. Nennen Sie dann den Titel, den Maler und das Entstehungsjahr der Bilder. Erklären Sie, dass die TN nun einen Ausschnitt aus einem Audioguide hören werden. Sie hören die Einführung zu einer Ausstellung über Tierbilder und ordnen die Teilsätze einander zu. Vergleichen Sie im Kurs. **Lösung:** *1B; 2E; 3D; 4A; 5C*	Kopie auf Folie CD: Track 2.47
	VARIANTE: Je 2 TN versuchen, die Teilsätze richtig zuzuordnen. Danach hören Sie die Ausschnitte aus dem Audioguide und kontrollieren die Ergebnisse. INFO: Audioguides sind Tonaufnahmen, die auf entsprechenden Geräten abgespielt werden können. Sie werden oft in Museen als Alternative zu einer Führung verliehen, damit sich die Besucher allein über die ausgestellten Kunstwerke informieren können. Es gibt sie meist in mehreren Sprachen. ERWEITERUNG: Fragen Sie die TN, ob sie noch andere bekannte Tierbilder kennen. INFO: **Franz Marc** (1880–1916) war ein deutscher Maler, Zeichner und Grafiker. Er war einer der wichtigsten Maler des deutschen Expressionismus und gründete zusammen mit Kandinsky die Künstlervereinigung „Der Blaue Reiter". **Albrecht Dürer** (1471–1528) war ein deutscher Maler und Grafiker zur Zeit des Humanismus und der Reformation. Das Bild vom Feldhasen hat er aus dem Kopf gemalt, ohne sich dabei einen echten Hasen anzusehen. **Loomit**, mit richtigem Namen Matthias Köhler, ist 1968 geboren. Heute ist er einer der bedeutendsten deutschen Graffitikünstler. Ein zentrales Motiv in seinen Werken ist die Allgäuer Kuh, da er als Jugendlicher im Allgäu lebte.	

12c	Lesen Sie mit den TN die Wörter im Schüttelkasten und überlegen Sie gemeinsam, welcher Kommentar positiv, welcher negativ und welcher neutral ist. Je 3 TN sprechen über die Bilder und begründen, welches der Bilder ihnen am besten bzw. welches ihnen nicht gefällt. ERWEITERUNG: Machen Sie eine Abstimmung: Was ist das schönste Bild?	
13a	Je 2 TN arbeiten zusammen. Ein TN liest den Text laut vor, der andere deutet auf die entsprechende Stelle im Bild in KB12b.	IAW: TB 10/3
13b	Erklären Sie den TN, dass sie nun selbst ein Bild beschreiben sollen. Projizieren Sie den Tipp *Ein Bild beschreiben* und lassen Sie ihn von den TN vorlesen. Sehen Sie dazu mit den TN die Abbildung (Raum mit Lampe und Tisch) an und klären Sie ggf. das Vokabular. Lesen Sie auch gemeinsam die Infobox zu den Farb-Adjektiven und bilden Sie ggf. einige weitere Beispiele. Bringen Sie geeignete Kunstpostkarten oder Ausdrucke von Bildern aus dem Internet mit oder lassen Sie die TN selbst ein Bild im Internet, z. B. auf www.pinakothek.de aussuchen. Die TN können auch ein Bild aus KB12 verwenden. Je 2 TN entscheiden sich für das gleiche Bild und beschreiben es jeder für sich nach den Angaben. INFO: Manche Museen haben ihre Gemäldesammlungen auch als virtuelle Galerie im Internet wie z. B. die Gemäldegalerie „Alte Meister" in Dresden. **Link:** www.skd.museum (→ Museum erleben → Panorama Rundgang)	Kopie auf Folie Postkarten, Bilder
13c	Die beiden TN, die dasselbe Bild beschrieben haben, vergleichen ihre Texte (Sie können auch größere Gruppen bilden lassen). Sie überlegen, welche Textstellen besonders gelungen sind und was eventuell noch fehlt. Dann formulieren sie gemeinsam eine „perfekte" Bildbeschreibung. Hängen Sie die verschiedenen Bilder mit den Beschreibungen wie in einer ▶ **Ausstellung** auf. Gehen Sie mit den TN von Bild zu Bild. Vor jedem Bild lesen die TN den passenden Text vor. Sprachlich stärkere Gruppen können auch versuchen, den Text frei wiederzugeben. ERWEITERUNG: Machen Sie mit den TN ein Kunstprojekt: Die TN bereiten in Kleingruppen eine Ausstellung vor. Dafür überlegen sie, welches Thema bzw. welchen Künstler sie auswählen möchten und wie viele Bilder sie „ausstellen" möchten. Die TN drucken die Bilder aus dem Internet aus und bereiten für den Kurs eine möglichst originelle, interaktive Führung vor. Vielleicht haben Sie sogar die Möglichkeit, tatsächlich mit den TN in ein Kunstmuseum am Kursort zu gehen und dort verschiedene Bilder auf Deutsch zu kommentieren?	
AB13b	im Kurs oder als Hausaufgabe. Die TN können ihre Bilder zur nächsten Unterrichtsstunde mitbringen und dort vergleichen.	

Der Film: Hinter der Kulisse | Kamera läuft!

	Lösungen zur DVD	Materialien
14a	*Sie trägt altmodische Kleidung und eine Frisur wie von früher. Vielleicht spielt sie in einem historischen Film mit.*	
14c	*Ja, ganz nett … Das war ein Scherz. Du siehst super aus.*	DVD: Szene 10.20
14d	*Sie arbeitet frei, für Fotografen, für Filme, auch für Fernsehen, für alle, die sie buchen. – Die Arbeit macht ihr viel Spaß, weil sie so abwechslungsreich ist.*	DVD: Szene 10.20
15a	*Ella ist nervös, weil sie eine kleine Szene spielen soll. Sie lacht am Ende, weil Iris etwas Falsches gesagt / sich versprochen hat.*	DVD: Szene 10.21
15b	*Drehbuch: 2; 5 – Drehplan: 1; 3; 4; 6; 7*	DVD: Szene 10.21

Wie die Zeit vergeht! 11

Sprachhandlungen: über die Lebensphasen einer Person sprechen
Lerninhalte: WS: Zeit

	Erläuterungen zum Unterricht	Materialien
1a	Projizieren Sie die Zeichnungen. Die TN beschreiben im Kurs, was sie auf den Zeichnungen erkennen können. Lesen Sie mit den TN den Schüttelkasten mit den Ausdrücken und klären Sie ggf. Vokabular. Überlegen Sie mit den TN, zu welchen Zeichnungen die Ausdrücke passen. Die TN beschreiben nun anhand der Zeichnungen das Leben von Rudi Wagner. Vergleichen Sie im Kurs.	Kopie auf Folie
	VARIANTE: Schreiben Sie die verschiedenen Altersangaben (1 Jahr, 10 Jahre, 16 Jahre usw.) auf je ein DIN-A3-Blatt und legen Sie die Blätter im Kursraum aus. Verteilen Sie die TN so, dass sich bei jedem Blatt ungefähr die gleiche Anzahl befindet. Die TN notieren in ca. 10 Minuten auf dem Blatt, was typisch für dieses Alter ist, z. B. *16 Jahre: den ersten Freund / die erste Freundin haben; viel für die Schule lernen müssen* usw. Geben Sie den TN dann noch einmal ca. 10 Minuten Zeit, sich die Bemerkungen auf den verschiedenen Blättern durchzulesen und ggf. eigene Ideen zu ergänzen. Kopieren Sie die Zeichnungen und schneiden Sie sie aus. Die TN überlegen gemeinsam im Kurs, welche Zeichnung zu welchem Alter passt, und befestigen sie auf dem entsprechenden Blatt. Schreiben Sie die Ausdrücke aus dem Schüttelkasten auf Kärtchen. Lesen Sie sie den TN vor und fragen Sie, zu welchem Alter diese passen. Die TN kleben sie auf das entsprechende Blatt. Dann erzählen sie abwechselnd das Leben von Rudi Wagner nach.	DIN-A3-Papier Kopien der Zeichnungen Kärtchen
1b	Die TN hören die Erzählung von Rudi und notieren jeweils ein Stichwort zu dem, was er in den verschiedenen Lebensabschnitten gern gemacht hat. Machen Sie die TN darauf aufmerksam, dass die Betonung auf *gern* liegt. Ggf. können die TN beim ersten Hören auch alle Dinge notieren, die er zu den verschiedenen Zeiten gemacht hat oder die passiert sind, und beim zweiten Hören das herausfiltern, was er gern gemacht hat. Vergleichen Sie danach im Kurs. **Lösung:** *mit 10 Jahren: Kiosk; mit 16 Jahren: Musik; mit 22 Jahren: Feten; mit 30 Jahren: reisen; mit 35 Jahren: Ausflüge mit der Familie; mit 47 Jahren: Theater; mit 69 Jahren: Sport; jetzt: Garten*	CD: Track 2.48 IAW: TB 11/1
	VARIANTE für sprachlich schwächere Gruppen: Verteilen Sie die Altersangaben auf die TN, so dass jeder TN sich nur auf eine (oder 2–3) Altersangaben konzentrieren muss. Sie können auch (vor dem ersten Hören) **AB1c** als Wortschatz-Vorentlastung machen.	
AB1a	im Kurs oder als Hausaufgabe zur Erweiterung des Wortschatzes *Eine Geschichte aus dem Leben.*	
2a	Die TN notieren, welche Aktivitäten für die verschiedenen Phasen typisch sind. Wenn die TN in KB1a die Variante gemacht haben, können sie auch die notierten Aktivitäten von den DIN-A3-Blättern verwenden.	DIN-A3-Blätter aus KB1a (Variante)
2b	Je 4 TN vergleichen ihre Ergebnisse und sprechen über ihre eigenen Lebensphasen. Welche Phasen haben sie bisher durchlaufen? Was war typisch? In welcher Phase befinden sie sich jetzt?	
2c	Die TN überlegen ca. 5 Minuten, was sie unter der Woche und am Wochenende normalerweise machen, und notieren, wie viel Zeit sie dafür aufwenden. Danach vergleichen sie ihre Ergebnisse mit einem Partner, insbesondere womit sie die meiste Zeit verbringen.	
	ERWEITERUNG: Die TN bereiten eine ▶ **Kursstatistik** zum Thema *Zeit* vor. Die TN einigen sich im Kurs auf 5–8 Aktivitäten, die von allen TN regelmäßig unter der Woche, und 5–8 Aktivitäten, die normalerweise am Wochenende ausgeführt werden, z. B. *arbeiten, schlafen, Deutsch lernen* usw. Danach überlegt jeder TN für sich, wie viele Stunden er darauf in einer Woche durchschnittlich verwendet. Zählen Sie die Anzahl der Stunden aller TN zusammen und schreiben Sie die Ergebnisse der Statistik an die Tafel. Ist das Ergebnis überraschend? Fragen Sie die TN, welche der Aktivitäten sie gern machen und welche nicht. Sind die TN mit „ihrer" Zeitstatistik zufrieden?	

Sprachhandlungen: über Wünsche sprechen; Wünsche äußern
Lerninhalte: GR: Konjunktiv II (Formen, Wünsche)

	Erläuterungen zum Unterricht	Materialien
3a	Fragen Sie die TN, ob sie meinen, zu wenig Zeit zu haben, wenn ja, woran das liegen könnte, und wofür sie gern mehr Zeit hätten. Die TN hören die Aussagen von 3 Personen im Radio und notieren, was die Personen beruflich machen und warum sie so wenig Zeit haben. Vergleichen Sie im Kurs. **Lösung:** *Sonja Müller: Krankenschwester – Oliver Holzmann: hat ein eigenes Geschäft; macht das fast allein, hat nur am Sonntag frei – Saskia Lorenz: Studentin und arbeitet halbtags in einem Büro; arbeitet, ist an der Uni oder lernt*	CD: Track 2.49
3b	Die TN hören noch einmal und halten fest, welche der Personen von KB3a welche Wünsche haben. **Lösung:** *1 Oliver Holzmann; 2 Saskia Lorenz; 3 Sonja Müller; 4 Sonja Müller; 5 Saskia Lorenz; 6 Oliver Holzmann* Bitten Sie die TN, in den Sätzen *wäre*, *hätte* und *würde* + alle Verben im Infinitiv zu markieren. Fragen Sie, wie diese Verbform heißt (*Konjunktiv II*) und von welchen Verben sie hier abgeleitet wird (*wäre* von *sein*, *hätte* von *haben*, *würde* bildet den Konjunktiv II der meisten anderen Verben zusammen mit dem Infinitiv). Anschließend lesen die TN den Grammatikkasten zu den Konjunktiv II-Formen. Ergänzen Sie ggf. auch die anderen Personalformen. Wenn Sie auf die Bildung der Formen genauer eingehen möchten, können Sie die Tabelle und Infobox aus **AB4a** projizieren und mit den TN besprechen. Überlegen Sie mit den TN, in welchem Kontext sie den Konjunktiv II schon einmal kennengelernt haben (*sollte* für Ratschläge, Kap. 7; *könnte* für höfliche Bitten, Kap. 9). Erklären Sie, dass der Konjunktiv II hier benutzt wird, um Wünsche auszudrücken; dazu wird oft auch *gern* verwendet (vgl. Infobox).	CD: Track 2.49 ggf. Kopie auf Folie
AB3	im Kurs: a zur Veranschaulichung, was in b zu tun ist. Für b arbeiten je 2 TN zusammen. Ein TN überlegt sich 2–3 Gesten, die darstellen sollen, wofür er gern mehr Zeit hätte (z. B. kann ein TN mit den Armen ein Flugzeug darstellen, wenn er gern mehr Zeit für Reisen hätte). Der Partner fotografiert die Gesten mit dem Handy o. Ä. und zeigt sie einem anderen Paar. Die anderen raten, was die Geste bedeutet. VARIANTE für b: Wenn es nicht möglich ist, im Unterricht zu fotografieren, können die TN auch ihre Geste direkt vorspielen bzw. ihre Wünsche pantomimisch darstellen; die anderen TN raten.	Handy o. Ä.
4a	Je 2 TN arbeiten zusammen. Ein TN liest die Statistik A, der andere die Statistik B. Lesen Sie mit den TN das Beispiel. Die TN fragen sich dann gegenseitig, indem sie mit den Vorgaben Fragen im Konjunktiv II bilden, und ergänzen mit Hilfe der Antworten ihres Partners ihre Statistik. **Lösung:** *würde … unternehmen; hätten; würden … machen; würden … schlafen; wären; würden … reisen* VARIANTE für sprachlich schwächere Gruppen: Die TN formulieren die Fragen zuerst schriftlich.	
4b	Die TN schreiben je 3 Wünsche im Konjunktiv II auf einen Zettel. Sammeln Sie die Zettel ein, mischen Sie sie und teilen Sie sie wieder aus. Lesen Sie das Beispiel. Die TN versuchen durch Fragen herauszufinden, wer ihren Zettel geschrieben hat. Die TN vergleichen im Kurs: Gibt es Wünsche, die mehrere haben? Gibt es besonders ausgefallene Wünsche? ERWEITERUNG: Je 3–4 TN machen zusammen eine ▶ **Collage**. Dazu schneiden sie Bilder von Prominenten aus Zeitschriften aus und legen diesen „Wünsche" in den Mund, z. B. könnte Sebastian Vettel sagen *Ich hätte gern ein schnelleres Auto.* Nach KB4b (oder KB4c) eignet sich Filmszene 11.22 mit KB14.	Collage DVD: Szene 11.22
4c	Einige TN lesen die 3 Beispielsätze laut vor. Danach überlegen sie, wie die Sätze in ihrer eigenen Sprache lauten. TN mit der gleichen Muttersprache können zusammenarbeiten. Lassen Sie einige Beispielsätze an die Tafel schreiben und vergleichen Sie gemeinsam mit den TN die Strukturen. Wo gibt es Ähnlichkeiten?	

Sprachhandlungen: Ratschläge geben
Lerninhalte: GR: Konjunktiv II (Ratschläge)

	Erläuterungen zum Unterricht	Materialien
5a	Schreiben Sie *So ein Stress!* an die Tafel. Geben Sie den TN 3 Minuten Zeit, alles zu notieren, was ihnen spontan dazu einfällt. Sammeln Sie an der Tafel. Die TN lesen den Forumsbeitrag und notieren in Stichworten, welche Probleme Tobias hat. Vergleichen Sie im Kurs. **Lösung:** *Kollegin; Chef/Arbeit; Telefon; Streit*	
5b	Lesen Sie gemeinsam die Infobox zur Verwendung des Konjunktivs II und erklären Sie, dass es jetzt um Ratschläge geht. Sie können die TN auch überlegen lassen, welche andere sprachliche Form(en) sie bereits kennen, um einen Rat zu geben (Konjunktiv II von *sollen* = *sollte*, Kap. 7). Lassen Sie die 4 Ratschläge laut vorlesen. Bitten Sie die TN, alle Konjunktiv II-Formen zu markieren. Je 2 TN überlegen, zu welchem der Probleme die 4 Ratschläge passen. Vergleichen Sie im Kurs. **Lösung:** *1 Chef/Arbeit; 2 Kollegin; 3 Telefon; 4 Stau*	
5c	Lesen Sie mit den TN die verschiedenen Redemittel, um Ratschläge zu geben. Je 2 TN schreiben mit diesen Redemitteln mindestens 4 weitere Ratschläge für Tobias. Dazu können sie die Ideen im Schüttelkasten benutzen oder eigene Ideen entwickeln. Sammeln Sie einige Ratschläge an der Tafel.	IAW: TB 11/2
	Hinweis: In **AB5** werden die Verwendungsformen des Konjunktiv II noch einmal gesammelt geübt.	
	Nach KB5 eignet sich Filmszene 11.23 mit KB15.	DVD: Szene 11.23
6	Je 5 TN arbeiten zusammen. Jeder TN schreibt oben auf ein Blatt ein (reales oder fiktives) Problem wie z. B. *Ich schlafe schlecht, ich kann mir keine Vokabeln merken* usw. Danach geben die TN das Blatt an den nächsten TN weiter. Dieser schreibt einen Ratschlag für das Problem und gibt das Blatt wieder weiter usw. Die TN lesen am Ende ihr Problem und die 4 erhaltenen Ratschläge vor und begründen, welcher Ratschlag ihnen am besten gefällt.	
	ALTERNATIVE: Schneiden Sie die Problemkärtchen der **Kopiervorlage** aus und geben Sie jedem TN eines. Die TN schildern 5–6 anderen TN ihr Problem und machen Notizen zu den erhaltenen Ratschlägen. Am Ende stellen sie im Kurs vor, welcher Lösungsvorschlag ihnen am besten gefällt. ERWEITERUNG: Die TN schreiben einen Brief mit einem fiktiven, möglichst originellen Problem an die „Sorgenecke" einer Zeitschrift. Sammeln Sie die Briefe ein und teilen Sie sie vermischt wieder aus. Die TN schreiben eine Antwort. Hängen Sie die Texte auf. Die TN wählen die originellsten Varianten.	KV

Sprachhandlungen: ein Gespräch verstehen; gemeinsam etwas planen; andere etwas fragen
Lerninhalte: GR: Verben mit Präposition; W-Fragen mit Präposition: *Auf wen? Worauf?* ... |
Aussprache: Satzakzent: wichtige Informationen betonen

	Erläuterungen zum Unterricht	Materialien
7a	Das Buch ist geschlossen. Die TN hören das Gespräch und versuchen zu verstehen, welche Personen vorkommen und was diese planen. Danach lesen die TN im Buch die verschiedenen Aktivitäten. Sie hören das Gespräch noch einmal und kreuzen an, wer was macht oder gemacht hat. **Lösung:** *Thilo: Tickets kaufen, Brot mitbringen, eine Kamera mitnehmen; Linda: Kajaks reservieren; Mereth: einen Kuchen backen*	CD: Track 2.50
7b	Die TN hören noch einmal und verbinden die Satzteile. Danach vergleichen je 2 TN die Ergebnisse. **Lösung:** *2A; 3D; 4F; 5B; 6C*	CD: Track 2.50
7c	Lassen Sie die TN die Sätze aus KB7b noch einmal laut vorlesen. Die TN notieren die passende Präposition zu den Verben. Lesen Sie dann gemeinsam den Grammatikkasten und den Tipp. **Lösung:** *sich erinnern an; sich freuen auf; sich vorbereiten auf; sich kümmern um; warten auf; sprechen mit*	IAW: TB 11/3
	Hinweis: *Sich freuen* kann neben der Präposition *auf* auch mit der Präposition *über* verwendet werden. *Sich freuen auf* bezieht sich dabei auf etwas, das in der Zukunft geschieht (*Ich freue mich auf das Wochenende.*), *sich freuen über* bezieht sich auf etwas, was gerade passiert (*Sie freut sich sehr über den Besuch.*). Vgl. auch die Beispiele in der Infobox in **AB9c**.	

7d	Je 3 TN schreiben 7 Sätze mit den Verben aus KB7c auf einzelne Zettel und schneiden die Zettel dann vor der Präposition auseinander. Die TN mischen die Satzteile und geben sie an die nächste Gruppe weiter. Die Gruppe setzt die Teile richtig zusammen und liest die Sätze laut vor.	Scheren
	VARIANTE für sprachlich stärkere Gruppen: Die TN schneiden ihre Sätze in jeweils 3 Teile, den Teil vor der Präposition, die Präposition und den Teil nach der Präposition. Weiter wie oben beschrieben.	Scheren
8a–b	Lesen Sie gemeinsam mit den TN die Redemittel und klären Sie ggf. Vokabular. Je 2 TN markieren pro Kategorie 2 Ausdrücke, die sie verwenden möchten, und schreiben anschließend zusammen einen Dialog, in dem sie einen Ausflug (Fahrradtour, Schwimmbad, Besichtigung ...), eine Party, eine Reise, einen Besuch bei einem Sportereignis (Fußballspiel ...) o. Ä. planen. Sie üben den Dialog ein (▶ **Dialoge auswendig lernen**) und spielen ihn im Kurs vor.	
	VARIANTE: Machen Sie ▶ **Lernplakate**. Schreiben Sie die Redemittel auf Papierstreifen. Hängen Sie 4 Plakate mit den Überschriften (*einen Vorschlag machen* usw.) auf. Die TN ordnen gemeinsam die Redemittel den passenden Überschriften zu. Danach weiter wie oben beschrieben. ALTERNATIVE für sprachlich stärkere TN: Die TN verabreden sich mit einem ▶ **Rechts-Links-Dialog** mit ihrem rechten und ihrem linken Partner.	Lernplakate, Papierstreifen, Kleber
AB8c	im Kurs als Alternative zu KB8 für sprachlich schwächere TN.	
9a	Die TN lesen den Chat und fassen im Kurs zusammen, was Markus passiert ist. **Lösung:** *Markus ärgert sich, weil die Prüfung verschoben ist.*	
	VARIANTE: Kopieren Sie den Chat für je 4 TN groß und schneiden Sie Mereths Antworten heraus. Je 4 TN ordnen die Antworten den passenden Fragen zu und kontrollieren dann mit dem KB.	Kopien des Chats
9b	Die TN markieren im Chat von KB9a die Fragewörter. Projizieren Sie den Grammatikkasten. Lesen Sie die beiden Möglichkeiten vor, suchen Sie gemeinsam die passenden Stellen im Chat und fragen Sie die TN, was zutrifft. Die TN kreuzen dann im Kasten die Regeln an. **Lösung:** *Präpositionen mit Fragewort: Frage nach Personen; wo(r)+ Präposition: Frage nach Dingen und Ereignissen*	Kopie auf Folie
9c	Analysieren Sie mit den TN den ersten Satz. Lesen Sie ihn dazu laut vor und fragen Sie, ob sich Markus über eine Person oder ein Ereignis ärgert (*ein Ereignis*, also *wo* + Präposition). Fragen Sie die TN dann, ob ein *r* zwischen *wo* und Präposition benötigt wird (*ja*, weil die Präposition mit einem Vokal bzw. Umlaut beginnt). Bitten Sie die TN nun, die gelernten Regeln bei den restlichen 3 Fragen anzuwenden. Weisen Sie darauf hin, dass die TN bei Fragen nach Personen auf den Kasus der Präposition (*mit wem / auf wen*) achten. Je 2 TN ergänzen das korrekte Fragewort. Vergleichen Sie im Kurs. **Lösung:** *Mit wem; Auf wen; Worauf* Hören Sie mit den TN den Dialog aus **Gut gesagt** und lesen Sie den Kasten. Erklären Sie, dass umgangssprachlich oft auch Präposition mit Fragewort (*was?*) für die Frage nach Dingen und Ereignissen verwendet wird.	CD: Track 2.51
9d	Lesen Sie mit den TN die Verben mit Präpositionen im Schüttelkasten. Jeder TN schreibt nun jeweils 5 verschiedene Fragen. Die TN gehen im Kursraum herum und stellen jede der 5 Fragen einer anderen Person. Der jeweilige Partner beantwortet die Frage.	
	ALTERNATIVE: Kopieren Sie die Dominokarten der **Kopiervorlage** und schneiden Sie sie aus. Geben Sie je 3–4 TN ein Set. Sprachlich stärkere TN spielen mit allen Verben, bei sprachlich schwächeren TN lassen Sie die unteren beiden Zeilen weg. Die TN spielen ▶ **Domino**. Dabei legt der erste TN die korrekte Präposition an das Verb auf dem aufgedeckten Kärtchen und stellt dem nächsten TN eine Frage mit diesem Verb mit Präposition. Dieser antwortet und legt die nächste Karte an. Usw. ERWEITERUNG: Je 2–3 TN schneiden das Foto eines Prominenten aus einer Zeitschrift aus und kleben es auf ein DIN-A3-Papier. Dann geben sie es an die nächste Gruppe weiter. Die nächste Gruppe formuliert 5 Interviewfragen, die Verben mit festen Präpositionen enthalten, z. B. könnten sie Barack Obama fragen *Worauf bereiten Sie sich gerade vor? Mit wem sprechen Sie am liebsten über Politik?* Dann wird das Papier wieder an die nächste Gruppe weitergegeben und diese Gruppe beantwortet die Fragen. Hängen Sie die Interviews im Kursraum auf oder lassen Sie einige Interviews vorlesen.	KV Zeitschriften, Scheren, Kleber, DIN-A3-Papier
AB9a	im Kurs oder als Hausaufgabe. Die TN lernen noch weitere Verben mit Präpositionen kennen.	

10a	Wiederholen Sie die Regeln für den Satzakzent (Kap. 9: bei kurzen Sätzen liegt der Akzent meist auf der betonten Information am Satzende, bei längeren Sätzen gibt es meist mehrere Wortgruppenakzente). Es gibt Abweichungen von dieser Regel, wenn der Sprecher eine Information besonders wichtig findet und sie deshalb hervorheben möchte. Lesen Sie mit den TN die Infobox. Die TN hören die Sätze und unterstreichen, welche Information dem Sprecher jeweils besonders wichtig ist. **Lösung:** *1 Freunden; 2 Ausflug; 3 vier; 4 Kajak*	CD: Track 2.52
10b	Je 2 TN lesen gemeinsam die Sätze. Der erste TN liest den Satz mit der Betonung auf der ersten unterstrichenen Information, der andere TN mit der Betonung auf der zweiten. VARIANTE: Beschriften Sie insgesamt so viele Kärtchen, wie Sie TN haben, mit jeweils einem der 3 Satzbeispiele. Unterstreichen Sie auf der Hälfte der Kärtchen mit dem gleichen Satz die eine Betonung, auf der anderen Hälfte die andere. Die TN gehen durch den Kursraum und lesen sich ihren Satz mit der richtigen Betonung vor. Immer wenn sie einen TN mit dem gleichen Satz und der gleichen Betonung finden, bleiben sie zusammen, so dass am Ende 6 Gruppen entstehen. Jede Gruppe liest abschließend ihren Satz im Chor vor.	
AB10	im Kurs, um die verschiedenen Betonungsmöglichkeiten und die damit verbundenen Bedeutungsänderungen zu verstehen und einzuüben.	AB-CD: Track 2.34

Sprachhandlungen/Strategie: einen Text verstehen; Informationen austauschen
Lerninhalte: WS: Zeit

	Erläuterungen zum Unterricht	Materialien
11a	Erklären Sie den TN, dass sie gleich einen Text lesen werden, der Lücken enthält. Überlegen Sie gemeinsam, was helfen kann, den Text trotzdem zu verstehen und Informationslücken zu füllen (Bilder, Überschriften usw.). Lesen Sie mit den TN die Infobox. Erklären Sie ggf. den Begriff *Kontext* am Beispiel der ersten Lücke. Teilen Sie den Kurs in 2 Gruppen, jede Gruppe liest nur einen der beiden Texte. Jeder TN überlegt zunächst allein (oder bei sprachlich schwächeren Gruppen mit einem TN aus der eigenen Gruppe), was in den Lücken stehen könnte, und notiert seine Ideen.	
11b	Fragen Sie die beiden Gruppen, um welche Textsorte es sich bei ihrem Text handelt (*Text A ist ein Zeitungsartikel über das Projekt, Text B ist ein Internet-Blog von einem der Teilnehmer der „Zeitreise“*). Die TN suchen sich nun einen Partner aus der anderen Gruppe und fragen ihn nach den fehlenden Informationen. Der Partner antwortet jeweils mit Hilfe seines Textes. Machen Sie mit den TN das Beispiel. Die TN überprüfen, ob sie ihre Lücken richtig ausgefüllt haben. **Lösung:** *Text 1: 1 Anzeige; 2 Familien; 3 Licht; 4 Heizung; 5 Brot; 6 Supermarkt – Text 2: 1 Zeitung; 2 Lesen; 3 Geld; 4 Tiere; 5 Kleidung*	
11c	Die TN fassen noch einmal gemeinsam zusammen, was sie über das Projekt „Eine Zeitreise in die Vergangenheit“ wissen. Fragen Sie die TN, ob sie sich vorstellen könnten, an diesem Projekt teilzunehmen, und warum (nicht). ERWEITERUNG: Bei Youtube sind Teile der Serie zu finden. Ggf. können Sie mit den TN einige Ausschnitte ansehen, um ihnen einen noch konkreteren Eindruck dieser Zeitreise zu vermitteln. INFO: Die Zeitreise, von der hier die Rede ist, heißt *Schwarzwaldhaus 1902*. Es ist ein deutscher Dokumentarfilm von 2001/2002, der das Leben einer Bauernfamilie vor über 100 Jahren nachstellt. Im Film wird nicht die Geschichte einer Familie von 1902 nacherzählt, sondern eine Familie lebte mehrere Monate unter den Bedingungen wie vor über 100 Jahren: ohne Strom, ohne fließendes Wasser, mit viel (harter) Arbeit usw. **Links:** www.schwarzwaldhaus-muenstertal.de, www.youtube.com (Suchbegriff „Schwarzwaldhaus 1902“)	
12a	Bitten Sie die TN, das (ungefähre) Jahr auf ein Blatt Papier zu schreiben, zu dem sie gern eine Zeitreise machen würden. Die TN legen ihr Blatt so auf den Boden, dass die einzelnen Jahre chronologisch geordnet sind, und begründen nacheinander, was sie an dieser Zeit interessiert und warum sie sich zu einer Reise dorthin entschließen könnten.	

12b	Bilden Sie Kleingruppen aus den TN, die auf dem Zeitstreifen am nähesten zusammenstehen. Die TN sollen sich vorstellen, sie würden ein ähnliches Projekt planen, und einigen sich auf ein konkretes Jahr für ihre Zeitreise. Danach überlegen sie, wo das Projekt stattfinden könnte und wie die Menschen dort leben würden. Anschließend gestalten sie ein Werbeplakat für ihr Projekt und stellen es im Kurs vor.	Plakat

Sprachhandlungen/Strategie: über Sprichwörter sprechen; eine Geschichte schreiben
Lerninhalte: Landeskunde: Sprichwörter

	Erläuterungen zum Unterricht	Materialien
13a	Projizieren Sie die Bilder ohne Texte. Die TN beschreiben, was sie auf den Bildern sehen können. Erklären Sie, dass durch die Bilder Sprichwörter dargestellt werden, und fragen Sie die TN, was mit „Sprichwort" gemeint ist (*ein Sprichwort ist ein allgemein bekannter Satz, der meist eine Lebensweisheit ausdrückt*). Die TN lesen die Sprichwörter und suchen das passende Bild dazu. **Lösung:** *A c Die Zeit heilt alle Wunden. B f Kommt Zeit, kommt Rat. C d Dem Wartenden scheinen Minuten Jahre zu sein. D b Zeit ist Geld. E e Gras wächst nicht schneller, wenn man daran zieht. F a Morgenstund' hat Gold im Mund.*	Kopie auf Folie
13b	Je 2 TN überlegen, welche Erklärung zu welchem Sprichwort passt. **Lösung:** *1e; 2a; 3c; 4b; 5d; 6f* ERWEITERUNG: Die TN diskutieren, ob sie mit der Bedeutung der Sprichwörter einverstanden sind.	
13c	Die TN sammeln gemeinsam Sprichwörter zum Thema *Zeit* aus den verschiedenen Muttersprachen. Halten Sie die Sprichwörter gemeinsam auf einem Plakat fest, die TN machen eine passende Zeichnung und schreiben die deutsche Übersetzung oder das entsprechende Sprichwort dazu. ERWEITERUNG: Wählen Sie ein Sprichwort und drehen Sie einen kleinen Film dazu. Wenn Sie und die TN Lust haben, sich noch mehr mit dem Thema *Sprichwörter* zu beschäftigen, finden Sie im Internet viele Informationen und Übungen. **Links:** http://sprichwoerter.woxikon.de, www.sprichwort-plattform.org, www.alle-sprichwoerter.de	Plakat Handy o. Ä.
13d	Lesen Sie mit den TN den Tipp. Fragen Sie die TN, ob sie noch mehr Möglichkeiten kennen, um Geschichten spannend zu gestalten (viele Adjektive benutzen, Konnektoren einbauen, Geschichte strukturieren mit *zuerst, aber dann, plötzlich* ...). Je 2 TN wählen ein Sprichwort aus KB13a und schreiben eine möglichst originelle Geschichte dazu. Machen Sie eine ▶ **Ausstellung**. Die TN gehen herum, lesen die Geschichten und bewerten sie mit Klebepunkten. Die Autoren der besten Geschichte erhalten einen kleinen Preis. ERWEITERUNG für sprachlich stärkere Gruppen: Die Gruppe liest die Geschichte im Kurs vor oder erzählt sie frei; die anderen TN raten, um welches Sprichwort es sich handelt.	Klebepunkte Preis
AB13c	im Kurs. Hinweis zur Aussprache: In Wörtern wie *lustig* oder *König* wird die Endung *-ig* im Standarddeutschen wie *-ich* ausgesprochen. Im Süddeutschen, in Österreich oder der Schweiz findet man häufig die Variante *-ik*. Hierauf spielt Satz 4 an: *„Lus-lus-tig-tig": Uhren machen „tick, tick".*	

Der Film: Alles ist anders! | Endlich mehr Zeit!

	Lösungen zur DVD	Materialien
14a	*1f; 2r; 3f; 4r*	DVD: Szene 11.22
14b	*früher: von 9 Uhr bis 5 Uhr im Verlag; abends Zeit für Freunde, Verabredungen, Kino – heute: keine festen Arbeitszeiten; keine Zeit für Freunde*	DVD: Szene 11.22
14c	*Ich finde Beas neuen Wohnort ...; Ich denke ... Mir gefällt (nicht) ...*	
15b	*B; C; C; C; B; C*	DVD: Szene 11.23
15c	*Für die Musik, das Singen und für Ella.*	DVD: Szene 11.23

Sprachhandlungen: Informationen über andere Kulturen verstehen
Lerninhalte: WS: Feste; Landeskunde: Traditionen

	Erläuterungen zum Unterricht	Materialien
1a	Projizieren Sie die 3 Bilder. Fragen Sie die TN, was sie sehen, und bitten Sie sie, die Bilder so genau wie möglich zu beschreiben. Fragen Sie die TN, aus welchen Ländern die Fotos stammen und welche Bedeutung sie haben könnten.	Kopie auf Folie
	VARIANTE: Kopieren Sie die Fotos und kleben Sie jedes Foto auf ein DIN-A3-Papier. Legen Sie die DIN-A3-Blätter im Kursraum aus. Schreiben Sie folgende Fragen an die Tafel: *Wo kann das sein? Was passiert hier? Welche Bedeutung hat das?* Bitten Sie die TN, ihre Vermutungen (ohne zu sprechen) auf die Blätter zu schreiben und auf die Kommentare der anderen TN zu reagieren. Die TN machen einen ▶ **stummen Dialog**.	Kopien der Fotos DIN-A3-Papier
1b	Je 3 TN arbeiten zusammen. Jeder TN liest eines der 3 Interviews und fasst es dann für die anderen beiden TN zusammen (▶ **kooperatives Lesen**). Die TN überlegen gemeinsam, ob ihre Vermutungen von KB1a zutreffend waren. Wo haben sie richtig gelegen? Was war etwas ganz anderes?	
	INFO: Auf die „Walz" gehen Handwerksgesellen nach Abschluss ihrer Lehre. Früher war diese Wanderschaft Voraussetzung, um Meister zu werden. Heute schätzen junge Handwerker diese Möglichkeit, um andere Länder und Kulturen kennenzulernen und neue Fertigkeiten in ihrem Fach zu erwerben. In der Zeit der Wanderschaft dürfen sie nicht näher als 50 km an ihren Heimatort herankommen. Sie tragen eine besondere Kleidung (je nach Handwerkszweig unterscheidet sie sich vor allem in der Farbe). Markenzeichen aller ist der breitkrempige schwarze Hut, der Wanderstab und der „Charlottenburger", ein Tuch, in dem sie allen Besitz und auch ihr Werkzeug mit sich tragen.	
2a	Projizieren Sie die beiden Fotos. Die TN beschreiben die Fotos und überlegen im Kurs, was hier gefeiert wird. Notieren Sie die Ideen an der Tafel. Fragen Sie die TN, ob sie diese deutschen Traditionen kennen und vielleicht auch schon einmal miterlebt haben.	Kopie auf Folie
2b	Die TN hören die Interviews. Danach überlegen sie im Kurs, welche ihrer Vermutungen richtig waren. Anschließend hören sie die Interviews noch einmal und beantworten die Fragen (ggf. schriftlich). Vergleichen Sie im Kurs. Fragen Sie die TN, ob die Anlässe *Erntezeit* und *Beginn des Monats Mai* bzw. *Aufstellen eines Maibaums* auch in ihren Ländern gefeiert werden und wie das geschieht. **Lösung:** *Interview 1: 1 Feste wie Weihnachten und Ostern; der Liebesmaien (kleiner Maibaum); 2 in der Nacht vor dem 1. Mai; 3 ein junger Mann für eine Frau, die ihm gefällt; 4 er stellt den Baum direkt vor ihr Haus, er bekommt Essen und Trinken und manchmal einen Kuss – Interview 2: 1 Erntedank; 2 Ende September bis Anfang Oktober; 3 alle; 4 man geht in die Kirche, es gibt einen Umzug, man trägt eine Krone aus Früchten und viele Leute ziehen ihre Tracht an – Interview 3: Weihnachten und Neujahr*	CD: Track 2.53
	VARIANTE für sprachlich schwächere Gruppen: Jeder TN konzentriert sich nur auf eine der 4 Fragen. Tragen Sie die Ergebnisse im Kurs zusammen.	
2c	Fragen Sie die TN, welches Fest oder welche Tradition ihnen wichtig ist, und notieren Sie die Antworten an der Tafel. Geben Sie den TN 5 Minuten Zeit, an ein Fest / eine Tradition zu denken, das/die ihnen wichtig ist. Bitten Sie die TN, Notizen zu machen, und schreiben Sie folgende Fragen zur Unterstützung an die Tafel: *Was wird gefeiert? Wann feiert man? Wer macht was? Was darf nicht fehlen? Was kann man sehen, hören, riechen …?* Danach stellen die TN ihr Fest / ihre Tradition im Kurs vor.	
2d	Die TN recherchieren allein oder in Kleingruppen zu den Traditionen *Erntedankfest* oder *Maibaum* oder sie suchen eine andere Tradition der deutschsprachigen Länder aus. Alle TN mit dem gleichen Thema tauschen ihre Ergebnisse aus und erstellen gemeinsam ein Informationsplakat und stellen es im Kurs vor. Auch hier besteht die Möglichkeit, Traditionen oder Feste der deutschsprachigen Länder mit einer ▶ **Mini-Präsentation** vorzustellen.	
	VARIANTE: Statt zu einer Tradition der deutschsprachigen Länder können die TN auch eine Präsentation oder ein Informationsplakat zu einer Tradition ihres Landes machen. **Links zu Festen und Traditionen:** Deutschland: www.derweg.org (→ Feste und Bräuche) Österreich: http://de.wikipedia.org/wiki/Kategorie:Feste_und_Brauchtum_(Österreich) Schweiz: www.swissworld.org (→ Kultur → Traditionen), www.lebendige-traditionen.ch (→ Traditionen)	

Sprachhandlungen: Informationen über andere Kulturen verstehen; über Benehmen sprechen; Absichten ausdrücken
Lerninhalte: GR: Nebensätze mit *damit* und *um … zu* | Landeskunde: Benehmen und Höflichkeit

	Erläuterungen zum Unterricht	Materialien
3a	Projizieren Sie die Zeichnungen. Erklären Sie den TN, dass die abgebildete Person fremd in Deutschland ist und auf verschiedene kulturelle Schwierigkeiten stößt. Bitten Sie die TN, die 3 Zeichnungen zu beschreiben und zu überlegen, welche Probleme die Person hat und warum.	Kopie auf Folie
3b	Die TN lesen die Nachrichten von Dursun und die Antwort von seinem Freund. Danach überlegen je 2 TN, was zusammenpasst. Vergleichen Sie im Kurs. **Lösung:** *2; 3; 1* VARIANTE für sprachlich stärkere Gruppen: Lesen Sie mit den TN erst nur die Nachrichten von Dursun. Fragen Sie die TN, um welche Missverständnisse es sich hier handelt. Warum verhält sich Dursun so und was erwarten die anderen von ihm? Überlegen Sie mit den TN, wie man Dursun die Situation erklären könnte. Danach lesen die TN die Antwort-E-Mail von seinem Freund und ordnen die einzelnen Absätze den SMS zu. INFO: Viele Deutsche finden es im Straßenverkehr wichtig, ein Vorbild zu sein, und gehen daher bei Rot (besonders in Gegenwart von Kindern) nicht über die Ampel, auch wenn gerade kein Auto kommt.	
3c	Je 2 TN lesen die Antwort noch einmal und formulieren dann Ratschläge mit den Informationen der E-Mail. Vergleichen Sie im Kurs. Wiederholen Sie ggf. gemeinsam mit den TN die wichtigsten Redemittel für Vorschläge (*du solltest …; du könntest …; an deiner Stelle würde ich …; Wenn ich du wäre, würde ich …*).	
3d	Die TN machen zunächst für sich Notizen und sprechen dann in Kleingruppen darüber, welche interkulturellen Missverständnisse ihnen selbst schon passiert sind oder von anderen berichtet wurden. Was ist passiert? Wie sind sie damit umgegangen? ERWEITERUNG: Bilden Sie nach einiger Zeit ▶ **Wirbelgruppen**. Die TN erzählen sich jetzt gegenseitig, was sie in ihrer vorherigen Gruppe erfahren haben. Lassen Sie die interessantesten Geschichten anschließend im Kurs erzählen.	
AB3	bei Interesse im Kurs mit anschließender Partnerarbeit. Je 2 TN sprechen nach der Höraufgabe über die Aussagen zum Thema *Einladung in Deutschland* und überlegen, wie das bei ihnen ist. Was ist anders? Was ist gleich?	AB-CD: Track 2.39
4a	Klären Sie mit den TN, was unter einem „Knigge“ im Allgemeinen und einem „Kulturknigge“ im Speziellen zu verstehen ist, und wie es zu diesem Namen gekommen ist. Fragen Sie die TN, welche Themen man in einem Knigge finden könnte, und bitten Sie die TN um einige Beispiele für Benimmregeln. Die TN lesen die Forumsbeiträge. Je 2 TN wählen eine der 3 Situationen aus. Geben Sie den Gruppen ca. 5–10 Minuten Zeit, ein kleines „Theaterstück“ einzustudieren, in der die beiden Varianten möglichst originell thematisiert werden. Die TN können, wenn sie möchten, passende Requisiten verwenden. Die Paare spielen ihren Sketch im Kurs vor. Anschließend können die TN den lustigsten Sketch wählen. INFO: Adolph Franz Friedrich Ludwig Freiherr Knigge (1752–1796) war ein deutscher Schriftsteller mit aufklärerischem Hintergrund (Verehrer Rousseaus). Er schrieb Romane, aber auch Werke zu Politik, Geschichte und Gesellschaft. Sein bekanntestes Werk ist *Über den Umgang mit Menschen*, in dem Knigge erklärt, wie man Menschen freundlich und höflich behandelt. Später wurde es mit Benimmregeln ergänzt und zum heutigen „Knigge“, einem Benimmratgeber. **Link:** www.knigge.de	Requisiten (Taschentücher, Löffel)
4b	Die TN berichten im Kurs, ggf. in Gruppen nach Herkunftsland, wie man sich in ihrem Land in diesen Situationen verhält.	
4c	Die TN hören das Interview mit einer Reiseleiterin. Dabei ergänzen sie das fehlende Land und verbinden mit dem passenden Satzteil. **Lösung:** *1C Spanien; 2A Japan; 3B Deutschland*	CD: Track 2.54

	VARIANTE: Schreiben Sie die 6 Teilsätze auf DIN-A4-Blätter und verteilen Sie sie an einige TN. Alle TN überlegen, welche Sätze zusammenpassen und legen die Blätter richtig zusammen. Anschließend überlegen die TN, um welche Länder es sich bei den Aussagen handeln könnte. Danach hören sie das Interview und überprüfen ihre Vermutungen.	DIN-A4-Papier
4d	Projizieren Sie den Grammatikkasten zu *damit* und *um … zu*. Erklären Sie, dass *damit* und *um … zu* dazu benutzt werden, eine Absicht (oder ein Ziel, einen Zweck) auszudrücken und deshalb meist mit *Wozu?* erfragt werden können. Bitten Sie einen oder mehrere TN, alle Subjekte in den Sätzen zu markieren. Die TN lesen die Regel im Buch und versuchen die Lösung abzuleiten. **Lösung:** *1 nicht gleich; 2 gleich* Schreiben Sie ggf. noch weitere Beispielsätze an die Tafel (z. B. *Er arbeitet viel, um eine große Reise zu machen. Er arbeitet viel, damit sein Sohn studieren kann.*) und analysieren Sie gemeinsam die Struktur. Sehen Sie sich ggf. auch die Sätze aus KB4c noch einmal an. Bitten Sie die TN, die Sätze mit der anderen Struktur zu bilden, wenn möglich. Hinweis: In Sätzen mit *damit* wird häufig ein Modalverb verwendet (vgl. auch **AB4c** oder KB5).	Kopie auf Folie
5	Lesen Sie mit den TN die Situationen. Die Ausdrücke links beschreiben, was man (nicht) machen sollte (= Hauptsatz), die Ausdrücke im Schüttelkasten geben an, wozu das dient (= *damit* oder *um … zu*). Klären Sie ggf. Vokabeln. Lesen Sie mit den TN den Beispielsatz und bitten Sie die TN, mit einem Partner 5 weitere Sätze mit *um … zu* oder *damit* zu schreiben. Die TN können auch andere Situationen erfinden. Lassen Sie einige Sätze im Kurs vorlesen.	IAW: TB 12/1
	ERWEITERUNG: Kopieren Sie die **Kopiervorlage** für je 2–3 TN. Die Gruppen machen jeweils einen Stapel mit den Gegenständen bzw. mit *damit/um … zu*. Ein TN zieht einen Gegenstand und fragt den Partner z. B. *Wozu brauchst du das Wörterbuch?* Der Partner antwortet je nach Kärtchen mit *damit* (z. B. *Ich brauche ein Wörterbuch, damit ich meinen Kindern bei den Hausaufgaben helfen kann.*) oder *um … zu* (z. B. *Ich brauche ein Wörterbuch, um unbekannte Wörter zu suchen.*) Usw.	KV
6	Je 3–4 TN arbeiten zusammen. Bei heterogenen Kursen arbeiten die TN aus dem gleichen Land oder Kulturkreis zusammen. Jede Gruppe verfasst auf einem DIN-A3-Papier einen kleinen Knigge für ihr Land. Die TN schreiben 5 oder mehr Ratschläge, wie man sich im entsprechenden Land in den im KB genannten bzw. weiteren Bereichen, in denen Fremde Schwierigkeiten haben könnten, verhalten sollte.	DIN-A3-Papier
	ALTERNATIVE: Die TN schreiben in Kleingruppen einen Nonsens-Knigge für ein Fantasieland, dem sie auch einen Namen geben. Geben Sie ggf. einige Beispiele vor, z. B. *Nach dem Essen soll man den Teller und das Messer ablecken, damit sie sauber sind.* Die Gruppen stellen ihr Land und den dazugehörigen Knigge im Kurs vor. Die TN können auch einen Anti-Knigge verfassen: Was muss ich tun, um mich ganz falsch zu benehmen?	

Sprachhandlungen: die passende Anrede verwenden; Tipps in einem Text verstehen; über Anredeformen sprechen; nähere Informationen geben

Lerninhalte: GR: Relativsätze im Akkusativ | Aussprache: Aussage als Frage intonieren | Landeskunde: *Du* oder *Sie*

	Erläuterungen zum Unterricht	Materialien
7	Sammeln Sie mit den TN, welche Personen sie normalerweise mit *Sie* ansprechen und welche mit *du*, und notieren Sie die Antworten an der Tafel. Projizieren Sie die Fotos. Die TN beschreiben, was sie sehen, und überlegen, welche dieser Personen sich duzen und welche sich siezen. Bitten Sie die TN zu erklären, warum sie meinen, dass das so ist. **Lösung:** *1 auf der Straße: ältere und jüngerer Mann; eher Sie; 2 im Café: junge Frauen; eher du; 3 in der Arbeit: jüngere Kollegen, ein älterer Kollege; eher Sie; vgl. auch Text in KB8*	Kopie auf Folie
8a	Die TN lesen den Text. Je 2 TN arbeiten zusammen, A markiert im Text, in welchen Situationen man *du* sagt, B markiert, wann man *Sie* sagt. Danach besprechen die Paare die Informationen miteinander. **Lösung:** ***du:*** *Kinder bis zum Schulalter dürfen zu allen du sagen; Kinder zu Kindern; Jugendliche und Studenten; Mitglieder der Familie und gute Freunde; in Österreich und der Schweiz eher als in Deutschland; auf dem Dorf eher als in der Stadt; beim Wandern und bei vielen Sportarten; auf Partys, in Clubs und Bars –* ***Sie:*** *Kinder zu den meisten Erwachsenen; Erwachsene, wenn sie sich nicht gut kennen; fremde ältere Personen; Polizisten, Lehrer, Professoren, Beamte; den Chef; Kollegen, die man noch nicht gut kennt*	

8b Je 2 TN lesen gemeinsam die Sätze und überlegen, ob man die Personen mit *du* oder mit *Sie* ansprechen sollte. Ggf. lesen sie dazu noch einmal im Text nach. Vergleichen Sie im Kurs. Danach spielen die TN 3 Situationen mit dem Partner. Lassen Sie jede Situation von einer der Gruppen im Kurs vorspielen.

Lösung: *1 Sie; 2 du; 3 Sie; 4 Sie; 5 Sie; 6 du*

Gut gesagt: Die TN hören einen kurzen Dialog, wie man das Du anbieten kann. Die TN lesen noch einmal die Redemittel im Kasten und spielen den Dialog mit ihrem Nachbarn nach. Dabei können sie die Redemittel auch variieren (z. B. *ich heiße* + Vorname).

CD: Track 2.55

IAW: TB 12/2

INFO: Früher gab es sehr klare Regeln, wer wem das Du anbieten durfte: der Ältere dem Jüngeren, die Frau dem Mann und der im Beruf höher Gestellte dem ihm Untergeordneten. Theoretisch gelten diese Regeln zwar auch heute noch, werden aber häufig sehr flexibel gebraucht. Im Berufsleben hängt es oft von der Branche ab, ob eher geduzt oder gesiezt wird, und auch im Privatleben gehen einige Menschen sehr schnell zum Du über oder duzen von Anfang an, während andere das förmliche Sie bevorzugen. Dazu kommen noch regionale Unterschiede. Gegenüber Kindern ist es üblich, bis zu einem bestimmten Alter (ca. 14–16) das Du zu benutzen; dann werden Jugendliche in der Regel, wenn sie nicht zur Familie gehören und nicht schon lange bekannt sind, gesiezt.

8c Die TN sprechen im Kurs darüber, welche Unterschiede in der Anrede es in ihrem Land gibt. Gibt es etwas Ähnliches wie *Sie* und *Du*? In welcher Situation sagt man was? Sind die Regeln für die Anrede sehr starr oder eher flexibel? Welche Möglichkeiten gibt es sonst noch, Höflichkeit auszudrücken? Fragen Sie die TN auch – falls in ihren Ländern ein Unterschied zwischen *du* und *Sie* gemacht wird –, wer wem das Du anbieten darf und wie das geschieht.

In heterogenen Kursen arbeiten TN aus demselben Herkunftsland zusammen. Sie sammeln (ggf. schriftlich) ihre Ergebnisse in der Gruppe und vergleichen anschließend im Kurs.

Nach KB8c (oder KB8d) eignet sich Filmszene 12.24 mit KB14.

DVD: Szene 12.24

8d Die TN wählen in Kleingruppen eines der Bilder von KB7 und schreiben einen Dialog dazu. Anschließend spielen die TN ihren Dialog im Kurs vor.

VARIANTE: Statt der Fotos von KB7 können die TN auch Fotos aus Zeitschriften nehmen.

Zeitschriften

9a Schreiben Sie den Relativsatz *Das ist ein guter Freund von mir, der mich natürlich duzt.* an die Tafel. Lesen Sie den Satz vor und fragen Sie die TN, ob sie diese Struktur wiedererkennen. Wiederholen Sie gemeinsam mit den TN, welche Charakteristiken die Relativsätze haben (*nähere Beschreibung einer Person oder eines Objekts; Nebensatz mit Verb am Ende; Relativpronomen am Anfang des Nebensatzes*). Lassen Sie die TN den Relativsatz in 2 Sätze (*Das ist ein guter Freund von mir. Er duzt mich natürlich.*) auflösen und schreiben Sie diese auch an die Tafel. Weisen Sie darauf hin, dass das Relativpronomen hier im Nominativ steht, es „ersetzt" *er*.

Schreiben Sie das Satzpaar des Beispiels auch an die Tafel und markieren Sie das Verb und das Akkusativpronomen wie im KB. Erklären Sie, dass es jetzt um die Relativsätze im Akkusativ geht. Vergleichen Sie mit dem anderen Satzpaar an der Tafel. Das Relativpronomen „ersetzt" *ihn* und steht damit im Akkusativ. Lesen Sie gemeinsam die beiden Grammatikkästen. Weisen Sie darauf hin, dass die Relativpronomen im Akkusativ, ebenso wie im Nominativ, die gleiche Form wie der bestimmte Artikel haben.

Die TN markieren auch in Satz 2 und 3 die Verben und Akkusativpronomen. Dann ergänzen sie das Relativpronomen. Vergleichen Sie im Kurs.

IAW: TB 12/3

AB9b im Kurs, um den Unterschied zwischen Relativsätzen im Nominativ und Relativsätzen im Akkusativ zu verdeutlichen.

9b Die TN vervollständigen die Beispiele mit realen Personen aus ihrem Leben und schreiben dann Relativsätze.

Lösung: *1 … ist eine Kollegin, die ich schon lange kenne. 2 … sind Freunde, die ich oft treffe. 3 … ist der Arzt, den ich wieder anrufen muss. 4 … ist ein Freund, den ich schon lange nicht gesehen habe.*

VARIANTE für sprachlich stärkere Gruppen: Die TN machen einen ▶ **Kursspaziergang** und fragen sich gegenseitig *Wie heißt die Kollegin, die du schon lange kennst?* Usw.

	ALTERNATIVE: Je 3–4 TN machen auf einem DIN-A3-Papier eine ▶ **Collage**, auf der sie ihr Land vorstellen. Dazu machen sie Zeichnungen oder schneiden passende Bilder aus Zeitschriften aus und beschriften diese mit Relativsätzen im Nominativ oder Akkusativ. Beispiel: *Das ist der Tierpark, den jedes Jahr viele Touristen besuchen.* Usw. Machen Sie damit eine ▶ **Ausstellung**. ERWEITERUNG: Kopieren Sie die **Kopiervorlage** für je 2 TN. Erklären Sie, dass es sich hier um ein ABC-Quiz handelt, das heißt, für (fast) jeden Buchstaben des Alphabets muss eine Lösung gefunden werden. Die TN ergänzen gemeinsam das passende Relativpronomen und lösen die Quizfrage. Vergleichen Sie dann im Kurs. Sie können der KV mehr Wettbewerbscharakter verleihen, indem Sie der Gruppe, die zuerst alle Lösungen gefunden hat, einen kleinen Preis verleihen. Ggf. decken Sie, wenn es Ihnen sinnvoller erscheint, die Lösungen beim Kopieren ab. Oder Sie schneiden das Quiz in der Mitte (nach L) auseinander und benutzen es als Wechselspiel. Sie müssten dazu auch die Lösung teilen (A–L, M–Z). Jeder TN ergänzt zuerst die Relativpronomen und überlegt die Lösung. Danach liest der erste TN ein Rätsel vor (*Das ist ein Mensch, der Kranken hilft. Er beginnt mit A.*), der zweite TN hat 10 Sekunden Zeit für die Antwort. Der TN, der die meisten Fragen richtig beantwortet hat, gewinnt. Analysieren Sie zum Schluss gemeinsam mit den TN, ob das Relativpronomen im Nominativ oder im Akkusativ steht und auf was es sich bezieht. Damit kontrollieren Sie auch, ob das richtige Relativpronomen eingesetzt wurde.	Collage KV
10a	Wiederholen Sie zuerst die unterschiedlichen Strukturen von Aussagen (Verb an 2. Position) bzw. Fragen (Verb an 1. Position oder W-Wort und Verb an 2. Position). Lesen Sie mit den TN den Tipp. Erklären Sie, dass eine Aussage zu einer Frage werden kann, wenn der Sprecher am Satzende die Stimme hebt. Die Satzstruktur bleibt dabei gleich. Machen Sie ggf. noch ein Beispiel. Die TN hören dann 6 Sätze und kreuzen an, ob es sich ihrer Meinung nach um eine Frage oder eine Aussage handelt.	CD: Track 2.56
10b	Die TN hören nun 6 Gespräche, in denen die Sätze aus KB10a vorkommen, zur Kontrolle und vergleichen im Kurs. **Lösung:** *1 Aussage; 2 Frage; 3 Frage; 4 Aussage; 5 Frage; 6 Aussage*	CD: Track 2.57–62
10c	Je 2 TN arbeiten zusammen. Jeder der TN nimmt 10 Zettel oder Kärtchen und notiert auf 5 Kärtchen 5 Sätze und auf den anderen 5 Kärtchen entweder ein Fragezeichen oder ein Ausrufezeichen. Die TN machen 2 Stapel, ziehen von jedem Stapel ein Kärtchen und lesen den Satz laut so vor, wie das Satzzeichen ihnen angibt. Der Partner sagt, ob es sich um eine Frage oder eine Aussage handelt.	Zettel oder Kärtchen

Sprachhandlungen/Strategie: über Klischees sprechen; Klischees recherchieren und darüber schreiben
Lerninhalte: WS: Klischees | Landeskunde: Klischees

	Erläuterungen zum Unterricht	Materialien
11a	Projizieren Sie die Bilder. Die TN beschreiben im Kurs, was sie sehen, und überlegen, welche Klischees aus welchem Land (D-A-CH) hier dargestellt werden. Fragen Sie die TN, inwieweit diese Klischees ihrer Meinung nach zutreffen. **Lösung:** *1 Wiener Opernball; 2 Die Deutschen lieben ihr Auto und pflegen es sehr gut, sie haben oft neue Autos; 3 eine Almhütte in der Schweiz, Käse, Kühe, Mann mit Bart und Hut; 4 Die Züge in der Schweiz sind sehr pünktlich. Die Leute ärgern sich, weil der Zug 1 Minute zu spät kommt. (Die Züge in Deutschland haben oft Verspätung.)*	Kopie auf Folie
11b	Die TN hören 2 Gespräche und notieren, auf welche Klischees von KB11a die beiden Studenten eingehen. **Lösung:** *Gespräch 1: 3, 4 – Gespräch 2: 2*	CD: Track 2.63–64
11c	Die TN hören die Gespräche noch einmal und schreiben auf, welche weiteren Klischees die Studenten erwähnen und was sie darüber sagen. Vergleichen Sie im Kurs. **Lösung:** *Gespräch 1: Alle Schweizer sind sehr sportlich, gehen in die Berge und fahren im Winter Ski. – Gespräch 2: Die Deutschen essen nur Bratwürste und Sauerkraut oder Kartoffeln.*	CD: Track 2.63–64
AB11	a im Kurs zur Wortschatz-Vorentlastung, b ggf. als schriftliche Vorbereitung von KB11d oder als Hausaufgabe.	

11d	Die TN sammeln ggf. weitere Klischees über Deutschland, Österreich und die Schweiz. Dann diskutieren sie im Kurs, wie ihre eigenen Erfahrungen mit den deutschsprachigen Ländern sind, was sie oder ihre Bekannten erlebt haben oder was sie von diesen Ländern gehört haben.	
	Nach KB11 eignet sich Filmszene 12.25 mit KB15.	DVD: Szene 12.25
12a	Fragen Sie die TN, wie ein gut strukturierter Text aufgebaut sein sollte (*Einleitung, Nennung der verschiedenen Argumente und Begründung, Zusammenfassung …*). Sammeln Sie ggf. gemeinsam passendes Vokabular dazu (*zuerst, dann, später, erstens, zweitens, abschließend …*). Die TN lesen zusammen den Blog über Österreich und nummerieren die Textteile in der richtigen Reihenfolge. Danach vergleichen je 2 TN ihre Ergebnisse. Lesen Sie abschließend mit den TN die Infobox. Versuchen Sie gemeinsam die Punkte anhand des Textes nachzuvollziehen. **Lösung:** *3; 5; 2; 1; 4*	
12b	Die TN lesen den Text noch einmal und markieren alle Klischees. Sammeln Sie die Klischees an der Tafel. Die TN fassen im Kurs zusammen, was der Blogger über die genannten Klischees denkt. **Lösung:** *1 die Österreicher leben noch in der Kaiserzeit, mögen das Vornehme, Altmodische; das mag der Blogger nicht, aber andere Österreicher mögen das; 2 alle Österreicher können gut Ski fahren; der Blogger nicht, seine Freunde schon; 3 Österreicher sind sehr höflich; der Blogger glaubt, dass das vielleicht stimmt*	
12c	Lesen Sie gemeinsam die 3 Überschriften und ordnen Sie sie den Textteilen aus KB12a zu. Je 2 TN arbeiten zusammen, lesen die bereits zugeordneten Wendungen und ergänzen weitere passende Ausdrücke aus dem Text. Vergleichen Sie im Kurs.	
	VARIANTE: Machen Sie ▶ **Lernplakate**. Beschriften Sie 3 Plakate mit je einer der 3 Überschriften (*Thema nennen, Aussagen ordnen und eine Meinung äußern* und *zusammenfassen / zum Schluss kommen*). Schreiben Sie die Satzanfänge, die im KB stehen, auf Papierstreifen. Die TN ordnen die Satzanfänge dem passenden Plakat zu und kleben sie auf. Danach suchen sie weitere Beispiele im Text bzw. darüber hinaus. Hängen Sie die Plakate im Kursraum auf.	Lernplakate, Papierstreifen, Kleber
13	Die TN schreiben einen kurzen Text über ihr Land. Dafür verwenden sie die Regeln zum Aufbau eines Textes und die Ausdrücke von KB12c.	
	VARIANTE: Wenn die TN in Gruppen arbeiten (z. B. in heterogenen Kursen nach Herkunftsland), kann jede Gruppe ca. 5–10 Minuten ihre Ideen sammeln und eine ▶ **Mini-Präsentation** machen. Im Anschluss diskutiert der Kurs über die genannten typischen Dinge oder Eigenschaften. ERWEITERUNG: Die TN legen ihre Texte auf den Tischen im Kursraum aus. Zu jedem Text sollte ein DIN-A3-Papier dazu gelegt werden. Die TN gehen durch den Kursraum, lesen die Texte und schreiben einen Kommentar dazu (▶ **stummer Dialog**). Bei den Texten, bei denen schon Kommentare von anderen TN stehen, können die TN auf den Text selbst oder auf die Kommentare eingehen.	DIN-A3-Papier

Der Film: Das ist doch kein Berliner! | Ein toller Film

	Lösungen zur DVD	Materialien
14a	*die Semmel, die Schrippe; der Krapfen*	DVD: Szene 12.24
14b	*süß (I); Schock zur Großstadt (I); nur ein paar Häuser (B); langweilig (I); zu spießig (I); nett und herzlich (B); Oma-Typ (B); alle duzen sich (B); alle siezen sich (I)*	DVD: Szene 12.24
15a	*Eindrücke aus Deutschland: da sieht es seltsam aus, es sieht genauso aus wie in der Türkei – Weihnachten: es gibt Geschenke, die verpackt sein müssen; eine Glocke klingelt, dann dürfen die Kinder ins Wohnzimmer; es gibt einen kleinen Weihnachtsbaum – Deutsche oder Türken: die Türken haben deutsche Pässe bekommen; sie fühlen sich als Deutsche und Türken – Gemeinsame Reise: nach 40 Jahren in Deutschland fahren alle zusammen mit einem Bus in die Türkei; der Vater hat ein Haus dort gekauft, in der Heimat*	DVD: Szene 12.25

	Erläuterungen zum Unterricht	Materialien
1	Je 4 TN spielen in Paaren zusammen das Wiederholungsspiel. Dazu stellen beide Teams ihre Spielfigur auf Start. Die Teams gehen abwechselnd mit ihrer Spielfigur 1 oder 2 Felder weiter, dabei ist die Richtung egal. Wenn die Spieler auf ein grünes Feld kommen, spielen sie mit dem Partner einen Dialog (Dialogkarten); wenn sie auf ein rotes Feld kommen, lösen sie eine Aufgabe (Aufgabenkarten). Jeder Dialog und jede Aufgabe dürfen nur einmal gespielt bzw. gelöst werden. Akzeptieren die Mitspieler den Dialog oder ist die Aufgabe korrekt gelöst, dürfen die Spieler auf dem Feld bleiben; wenn nicht, gehen sie ein Feld zurück. Das Team, das zuerst ans Ziel gelangt, hat gewonnen. **Lösung zu den Aufgaben:** *1 In was für einem Haus wohnst du? Was für eine Arbeit hast du? Was für Hobbys hast du? …; 2 ältere Menschen, den Chef, Lehrer …; 3 Ich würde gern mehr lesen, ich wäre gern öfter in Italien, ich hätte gern einen Hund …; 4 Worauf freut sich Lisa? Bei wem ruft sie an? 5 Kommt Zeit, kommt Rat. Zeit ist Geld. …; 6 Erik ist der Student, der immer zu spät kommt. Susanna ist die Studentin, die immer Jeans trägt. …; 7 Ja, das ist eine gute Idee. Natürlich komme ich mit. Super, wann und wo treffen wir uns? … 8 du wärst, er wäre, ihr wärt, sie wären; 9 Jemand tanzt, jemand trinkt (etwas), zwei Leute unterhalten sich; 10 Tut mir leid, ich kann nicht. Ich habe heute keine Lust, aber wir können gern morgen kochen. Ich koche nicht gern, aber wir könnten zusammen in ein Restaurant gehen. … 11 Kann/Könnte ich bitte deinen Kugelschreiber haben? 12 Eine Familie ist am Strand. Die Mutter und der Vater sitzen auf Liegestühlen, die Mutter liest ein Buch, der Vater schläft. Das Kind spielt im Sand und isst ein Eis. 13 warten auf, sich erinnern an, sich ärgern über, sich kümmern um; 14 bar, mit Kreditkarte, per Überweisung; 15 … um (andere Leute) nicht zu stören. … um dem Gastgeber eine Freude zu machen. 16 Spielfilme, Komödien, Thriller, Dokumentarfilme, Krimis …* *Zur Beurteilung der Dialoge (geeignete Redemittel) können die TN ggf. in den Kapiteln unter den passenden Sprachhandlungen nachsehen: Lernprobleme verstehen und beschreiben, Ratschläge verstehen und geben (Kap. 7/3–4); Vorschläge machen und darauf reagieren, sich verabreden (Kap. 8/8); (Konzert)Karten kaufen (Kap. 10/4); Ratschläge geben (Kap. 11/5); gemeinsam etwas planen (Kap. 11/8); Informationen über andere Kulturen verstehen, über Benehmen sprechen (Kap. 12/3–6).*	2 Spielfiguren pro Gruppe IAW: TB P4
2a	Je 2 TN besprechen miteinander, was sie auf den einzelnen Fotos sehen, und stellen Mutmaßungen darüber an, was das bedeuten kann (z. B. *Die junge Frau auf Foto 1 sieht traurig aus. Vielleicht kommt sie gerade aus der Arbeit und ist sehr müde. Sie möchte nur noch nach Hause und sich ausruhen.*) Sie ordnen die Fotos dann so an, dass eine Geschichte entsteht. Sprachlich schwächere TN können auch einzelne Fotos weglassen, wenn ihnen dazu nichts einfällt.	
2b	Je 2 TN überlegen sich einen Titel für ihre Geschichte und schreiben kurze Dialoge zu jedem Bild. Danach spielen sie die Geschichte im Kurs vor. ERWEITERUNG: Kopieren Sie die **Kopiervorlage** für jedes Paar zweimal. Kopieren Sie auch die Fotos für jedes Paar einmal. Die TN schneiden die Fotos aus und kleben sie in ihrer persönlichen Reihenfolge auf DIN-A3-Papier auf, so dass später die einzelnen Regiekarten unter die Fotos geklebt werden können. Dann versuchen sie, die Regiekarten zu füllen, d. h. eine Art „Drehbuch" für ein kleines 2-Personen-Theaterstück zu machen. Dazu überlegen sie sich einen Titel für die Geschichte und schreiben zu jedem Foto Szenenbeschreibungen (z. B. Foto D: Paul und Paula sitzen glücklich zusammen auf dem Balkon), Regieanweisungen (z. B. Paul nimmt Paulas Hand) und Dialoge (z. B.: Paul: *Es war wirklich eine gute Idee, hierher zu kommen.*) auf die Karte. Danach studieren sie ihr „Stück" ein und spielen es im Kurs vor. Wenn die TN Lust haben, können sie sich gegenseitig mit einer Kamera oder einem Handy filmen und sich die Filme anschließend gemeinsam ansehen.	KV Kopien der Fotos, Scheren, DIN-A3-Papier, Kleber Handy
2c	Die TN bewerten gegenseitig die Geschichten bzw. Theaterstücke und Filme. Dazu können sie bei Interesse gemeinsam Symbole wie in der Arbeitsanweisung erfinden und an die Geschichten und Filme vergeben.	
AB Plattform 4	Hier bereiten sich die TN auf A2-Prüfungen vor: Sie bekommen Tipps und trainieren Lesen und Sprechen. Sie machen das am Beispiel der Prüfung *Start Deutsch 2*: *Lesen* Teil 3 und *Sprechen* Teil 3.	

Kopiervorlage zu Plattform 4, Aufgabe 2

Szenenbeschreibung

Dialog

Regieanweisung

Kopiervorlage zu Kapitel 1, Aufgabe 9c

Warum???

Frau Schmidt geht heute nicht aus dem Haus? Warum?
Lösung: Weil es regnet.

Die TN spielen in Kleingruppen (3–4 TN). Ein TN zieht eine Karte und liest den Text, z. B. *Frau Schmidt geht heute nicht aus dem Haus. Warum?* Die TN stellen nun Vermutungen mit *weil* an, z. B. *Geht sie nicht aus dem Haus, weil sie viel Arbeit hat?* Der TN mit der Karte soll nur mit *ja, nein* oder *ich weiß nicht / das ist nicht wichtig* antworten. (Natürlich sind Hinweise, Hilfen oder wirklich nötige Ergänzungen auch erlaubt).
So könnte das Ratespiel weitergehen:
TN 2: *Geht sie nicht aus dem Haus, weil sie Besuch hat?* – TN 1: *Nein!*
TN 3: *Geht sie nicht aus dem Haus, weil das Wetter schlecht ist?* – TN 1: *Ja, aber wie ist das Wetter genau?*
TN 2: *Geht sie nicht aus dem Haus, weil es sehr kalt ist?* – TN 1: *Nein, es ist nicht kalt.*
TN 4: *Geht sie nicht aus dem Haus, weil es regnet?* – TN 1: *Ja, richtig.*
Der TN, der die Lösung erraten hat, darf als nächster eine Karte ziehen.

Herr Hofmüller sitzt viele Nächte im Auto. Warum? Lösung: Weil er Taxifahrer ist.	Klaus trägt heute eine gelbe und eine rote Socke. Warum? Lösung: Weil es am Morgen sehr dunkel war.
Lina isst heute im Restaurant. Warum? Lösung: Weil ihr Kühlschrank leer ist.	Maria liegt seit zwei Tagen im Krankenhaus. Warum? Lösung: Weil sie ein Baby bekommen hat.
Maja ist heute sehr müde. Warum? Lösung: Weil sie gestern ihren Geburtstag gefeiert hat.	Herr Petersen geht morgen nicht zur Arbeit. Warum? Lösung: Weil morgen Samstag ist.
Marius bezahlt seine Getränke im Café nicht. Warum? Lösung: Weil er der Chef ist.	Renate trägt fast immer weiße Kleidung. Warum? Lösung: Weil sie Ärztin ist.
Georg hat heute schlechte Laune. Warum? Lösung: Weil sein Auto kaputt ist.	Thomas trägt heute eine rote Mütze. Warum? Lösung: Weil er als Nikolaus jobbt.
Larissa ist heute sehr nervös. Warum? Lösung: Weil sie eine Prüfung hat.	Angelo putzt heute seine Wohnung. Warum? Lösung: Weil seine Mutter kommt.
Elias langweilt sich. Warum? Lösung: Weil nichts im Fernsehen kommt.	Uta macht immer Urlaub in Italien. Warum? Lösung: Weil sie sehr gern Pizza isst.
Frau Sommer kauft jede Woche ein Kilo Karotten. Warum? Lösung: Weil sie einen Hasen hat.	Mia und Ernesto singen und tanzen auf der Straße. Warum? Lösung: Weil ihr Team beim Fußball gewonnen hat.

Kopiervorlage zu Kapitel 1, Aufgabe 13a

Welcher Lernertyp sind Sie?

Mit diesem Test können Sie feststellen, welcher Lernstil bei Ihnen am stärksten ausgeprägt ist. Beantworten Sie die Fragen und lesen Sie danach die Auswertung.

1. Sie sind im Urlaub in Deutschland. Was gefällt Ihnen besonders?
⧫ Den Leuten zuhören.
◊ Anzeigen und Plakate anschauen.
■ Im Café etwas bestellen oder am Markt einkaufen.
□ Eine deutsche Zeitung lesen.

2. Sie sind fremd in der Stadt und suchen das Museum. Was machen Sie?
⧫ Sie fragen nach dem Weg.
◊ Sie benutzen einen Stadtplan.
■ Sie laufen los und folgen Ihrer Intuition.
□ Sie lesen noch einmal im Reiseführer nach, wie Sie dorthin kommen.

3. Der letzte Urlaub am Meer: Woran denken Sie gern?
⧫ An das Geräusch der Wellen.
◊ An den Sonnenuntergang.
■ An den Sand unter den Füßen beim Spazierengehen am Strand.
□ An das Buch, das Sie gelesen haben.

4. Sie möchten etwas Leckeres für Freunde kochen. Was machen Sie?
⧫ Sie rufen Ihre Mutter an und lassen sich ein Rezept erklären.
◊ Sie suchen in einem Kochbuch nach einem Rezept mit einem schönen Foto.
■ Sie kaufen ein, was Ihnen gefällt, und bereiten daraus ein Gericht zu.
□ Sie haben Ihre Lieblingsrezepte in einem Heft aufgeschrieben, dort suchen Sie.

5. Ihr letzter Deutschkurs: Woran erinnern Sie sich gerne?
⧫ An ein Lied von einer deutschen Band.
◊ An ein Bild im Kursraum.
■ An die Rollenspiele.
□ An das Lehrbuch.

6. Ein guter Lehrer: Wie muss er für Sie sein?
⧫ Er erklärt und diskutiert viel.
◊ Er arbeitet viel mit der Tafel, dem Projektor und zeigt Videos.
■ Er lässt die Teilnehmer ihre Materialien selbst herstellen und macht viele Spiele.
□ Er gibt zusätzlich interessante Texte und Arbeitsblätter aus.

Auswertung

Lerntyp SEHEN (am meisten Antwort ◊):	Sie können sich alles gut merken, was Sie sehen. Was Sie durch Bilder, Skizzen und Filme lernen, behalten Sie besonders gut. Lerntipp: Benutzen Sie Farben, machen Sie Zeichnungen und fertigen Sie Wortigel zum Vokabellernen an.
Lerntyp HÖREN (am meisten Antwort ⧫):	Alles, was Sie hören, merken Sie sich besonders gut. Im Unterricht hilft es Ihnen, wenn der Lehrer oder die anderen Teilnehmer etwas erklären, und Sie mögen Hörtexte auf der CD. Lerntipp: Sehen Sie viele deutsche Filme, hören Sie deutsche Musik und „vertonen" Sie die Grammatik. Sie können sich auch selbst aufnehmen.
Lerntyp HANDELN (am meisten Antwort ■):	Am besten lernen Sie mit Bewegung oder wenn Sie etwas selbst machen. Es hilft Ihnen, wenn Sie beim Vokabellernen durchs Zimmer „wandern" können. Im Unterricht mögen Sie Spiele und Kärtchen, bei denen Sie etwas in der Hand halten, bewegen und verschieben können. Lerntipp: Stellen Sie selbst Lernkarten, Poster und Spiele her und lernen Sie Vokabeln z. B. mit Pantomime.
Lerntyp LESEN (am meisten Antwort □):	Sie mögen es, wenn Sie alles, was Sie neu lernen, auch geschrieben sehen. Sie arbeiten gerne mit einem Lehrbuch oder schreiben mit, was der Kursleiter erzählt, damit Sie es zu Hause nachlesen können. Lerntipp: Holen Sie sich deutsche Bücher aus der Bibliothek, kaufen Sie deutsche Zeitungen und Zeitschriften oder lesen Sie interessante Texte im Internet. Schreiben Sie Neues, das Sie hören und behalten wollen, auf.

Kopiervorlage zu Kapitel 2, Aufgabe 2

Sie sind **Michael Zieg**. Sie haben nach der Schule Wirtschaft studiert und schnell einen guten Job in einer großen Firma gefunden. Sie sind viel gereist und haben viel Geld verdient, aber die Arbeit war sehr anstrengend. Nach 5 Jahren hatten Sie keine Lust mehr und haben sich ein kleines Haus in Schweden gekauft. In der Zukunft möchten Sie als Reiseführer arbeiten und deutschen Touristen das Land zeigen.

Sie sind **Tanja Schaab**. Nach der Schule sind Sie zuerst ein Jahr durch Südamerika gereist. Danach haben Sie eine Ausbildung zur Krankenschwester gemacht und 2 Jahre in einem Krankenhaus gearbeitet. Sie finden es schön, kranken Menschen helfen zu können. Jetzt studieren Sie Medizin, weil Sie später in Südamerika als Ärztin arbeiten möchten.

Sie sind **Martina Wöhrl**. Nach der Schule haben Sie eine Lehre als Elektrikerin gemacht und dann 3 Jahre für eine Telefongesellschaft gearbeitet. Die Arbeit hat Ihnen nicht gefallen, weil Sie keinen Kontakt zu Menschen hatten. Jetzt machen Sie eine Umschulung zur Physiotherapeutin. Sie müssen viel lernen und haben viele Prüfungen, aber es macht Ihnen Spaß. Ihr Traum ist eine eigene Praxis, zusammen mit Ihrem Mann.

Sie sind **Wolfgang Krug**. Nach der Schule haben Sie Politik studiert und verschiedene Praktika gemacht. Aber Sie konnten keine Arbeit finden und haben 2 Jahre lang als Taxifahrer gejobbt. Das war interessant, weil Sie viele Menschen kennengelernt haben, aber Sie mussten oft am Wochenende und in der Nacht arbeiten. Heute sind Sie Bürgermeister in einer kleinen Stadt in Norddeutschland und sind zufrieden. Ihr Traum ist es, als Politiker in Berlin zu arbeiten.

Sie sind **Jörn Hausner**. Nach der Schule haben Sie ein Jahr in einer Diskothek gearbeitet, um Geld zu verdienen. Das war eine interessante Erfahrung, aber Sie haben wenig geschlafen und hatten Probleme mit der Gesundheit. Danach haben Sie 7 Jahre Gitarre in einer Jazz-Band gespielt. Sie sind viel gereist und haben viele Städte kennengelernt, aber Sie hatten viel Stress und wenig Zeit. Heute arbeiten Sie als Gitarrenlehrer in einer Musikschule. Sie haben ein ruhiges Leben, aber die Arbeit macht Ihnen keinen Spaß. Ihr Traum ist es, ein Buch über Ihr Leben zu schreiben.

Sie sind **Anni Meyer**. Nach der Schule waren Sie ein Jahr als Au-Pair in Frankreich, danach haben Sie Lehramt für Französisch und Englisch studiert. Anschließend haben Sie 4 Jahre als Lehrerin in einem Gymnasium in Berlin gearbeitet. Die Arbeit hat Ihnen überhaupt nicht gefallen, die Schüler waren sehr unmotiviert und Sie mögen keine großen Städte. Jetzt machen Sie eine Ausbildung zur Köchin. Sie müssen viel arbeiten und verdienen nicht viel, aber Sie sind glücklich. Später möchten Sie gern ein Restaurant mit französischer Küche eröffnen.

Sie sind **Christine Seuffert**. Gleich nach der Schule haben Sie geheiratet und 2 Kinder bekommen. Als die Kinder in die Schule gekommen sind, haben Sie angefangen, einige Stunden in einem Kindergarten zu arbeiten. Die Arbeit mit den Kindern hat Ihnen gut gefallen, weil Sie kreativ sein konnten und Kinder mögen. Heute studieren Sie Psychologie. Ihr Traum ist es, Arbeit in einer Praxis zu finden und mit Kindern zu arbeiten.

Sie sind **Thomas Hofmann**. Sie haben eine Ausbildung zum Friseur gemacht und dann in einem kleinen Friseursalon gearbeitet. Die Arbeit hat Ihnen gefallen, aber Sie hatten Probleme mit dem Chef und konnten nicht sehr kreativ sein. Darum haben Sie einen eigenen Salon eröffnet. Sie verdienen nicht viel Geld, aber die Arbeit macht Spaß. In einigen Jahren möchten Sie eine Ausbildung zum Maskenbildner machen und in einem Theater arbeiten.

Sie sind **Anja Schreiner**. Nach der Schule waren Sie ein Jahr in den USA, um gut Englisch zu lernen. Danach haben Sie eine Ausbildung zur Flugbegleiterin gemacht. Sie haben einige Jahre als Flugbegleiterin gearbeitet und haben viele Länder besucht. Aber die Arbeit war sehr langweilig. Heute arbeiten Sie in Frankfurt am Flughafen beim Check-in, aber die Arbeit macht Ihnen auch keinen Spaß. Ihr Traum ist es, noch mehr Sprachen zu lernen und Bücher zu übersetzen.

Sie sind **Alida Vitale**. Nach der Schule haben Sie Ihre Familie in Italien besucht und sind durch das Land gereist. Danach haben Sie Übersetzung für Englisch und Italienisch in Deutschland studiert. Sie haben 5 Jahre lang Texte für die Wirtschaft übersetzt. Es hat Ihnen nicht gefallen, die Texte waren langweilig und Sie hatten keine Kollegen. Heute organisieren Sie Sprachreisen nach Italien und sind sehr zufrieden. In der Zukunft möchten Sie auch selbst Italienisch unterrichten.

Kopiervorlage zu Kapitel 2, Aufgabe 9b

Merkbild

Wo steht/liegt/hängt ...? Wohin hat Niklas ... gestellt/gelegt/gehängt?
Sehen Sie sich das Bild ca. 3 Minuten lang an und versuchen Sie, sich die Lage der Gegenstände einzuprägen. Knicken Sie das Bild dann nach hinten. Lesen Sie die Aussagen. Sind sie richtig oder falsch? Korrigieren Sie die falschen Sätze. Knicken Sie dann das Bild wieder nach vorne und vergleichen Sie Ihre Antworten mit dem Bild. An wie viele Dinge haben Sie sich richtig erinnert?

	r	f	
1. Niklas hat die Uhr über die Tür gehängt.	☐	☐	______
2. Das Bild hängt über dem Kühlschrank.	☐	☐	______
3. Niklas hat das Telefon auf den Boden gelegt.	☐	☐	______
4. Niklas hat das Kochbuch in den Schrank gestellt.	☐	☐	______
5. Das Mehl steht im Regal.	☐	☐	______
6. Der Kalender hängt hinter der Tür.	☐	☐	______
7. Das Öl steht auf der Spüle.	☐	☐	______
8. Das Salz steht im Schrank.	☐	☐	______
9. Niklas hat die Tassen auf den Tisch gestellt.	☐	☐	______
10. Niklas hat die Zeitungen auf den Stuhl gelegt.	☐	☐	______

Kopiervorlage zu Kapitel 3, Aufgabe 5c

Wechselspiel: Vergleiche mit *als* oder *(genau)so ... wie*

A Fragen Sie Ihren Partner, achten Sie auf das richtige Fragewort. Ihr Partner antwortet.

hoch – h**öh**er – am h**ö**chsten

Beispiel: 1. teuer: eine Tasse Kaffee – eine Tasse Tee
A: *Was ist teurer, eine Tasse Kaffee oder eine Tasse Tee?*
B: *Eine Tasse Kaffee ist teurer als eine Tasse Tee.*

1. teuer: eine Tasse Kaffee – eine Tasse Tee
2. Fluss kurz: der Mississippi – der Amazonas
3. jung: Daniel – Moritz
4. Monat lang: der Juli – der Dezember
5. hoch: der Eiffelturm – der Schiefe Turm von Pisa
6. Film alt: Avatar – Harry Potter 1
7. Stadt interessant: Nennen Sie zwei eigene Beispiele.
8. Essen gesund: Nennen Sie zwei eigene Beispiele.

Jetzt fragt Sie Ihr Partner. Bitte antworten Sie mit Hilfe Ihrer Informationen.

9. Madrid (3,3 Mio) – Berlin (3,5 Mio)
10. der Zug (220km/h) – das Flugzeug (980km/h)
11. das Matterhorn (4478 m) – die Zugspitze (2962 m)
12. Amanda (1,75 m) – Selma (1,75 m)
13. der Gepard (bis zu 110 km/h) – der Puma (72 km/h)
14. am Nordpol (minus 15–20 Grad) – am Südpol (ca. minus 40 Grad)
15. Sagen Sie Ihre eigene Meinung!
16. Sagen Sie Ihre eigene Meinung!

✂ ....

B Ihr Partner fragt Sie. Bitte antworten Sie mit Hilfe Ihrer Informationen.

hoch – h**öh**er – am h**ö**chsten

Beispiel: 1. eine Tasse Kaffee (3,50 Euro) – eine Tasse Tee (2,80 Euro)
A: *Was ist teurer, eine Tasse Kaffee oder eine Tasse Tee?*
B: *Eine Tasse Kaffee ist teurer als eine Tasse Tee.*

1. eine Tasse Kaffee (3,50 Euro) – eine Tasse Tee (2,80 Euro)
2. der Mississippi (3778 km) – der Amazonas (6448 km)
3. Daniel (16 Jahre) – Moritz (19 Jahre)
4. der Juli (31 Tage) – der Dezember (31 Tage)
5. der Eiffelturm (324 m) – der Schiefe Turm von Pisa (55 m)
6. Avatar (2009) – Harry Potter 1 (2001)
7. Sagen Sie Ihre eigene Meinung!
8. Sagen Sie Ihre eigene Meinung!

Fragen Sie Ihren Partner, achten Sie auf das richtige Fragewort. Ihr Partner antwortet.

9. klein: Madrid – Berlin
10. schnell: der Zug – das Flugzeug
11. Berg hoch: das Matterhorn – die Zugspitze
12. groß: Amanda – Selma
13. schnell: der Gepard – der Puma
14. kalt: am Nordpol – am Südpol
15. Sänger/in gut: Nennen Sie zwei eigene Beispiele.
16. Beruf schwierig: Nennen Sie zwei eigene Beispiele.

Kopiervorlage zu Kapitel 3, Aufgabe 13a

Filmbeschreibung

1 **Welchen Film haben Sie zuletzt gesehen? Welcher Film hat Sie am meisten beeindruckt? Sammeln Sie Stichpunkte zu folgenden Fragen.**

Wie heißt der Film?
Was für ein Film ist es? Wie ist er? (Komödie, Thriller, Romanze, Fantasy-Film, Actionfilm ...; lustig, spannend, kitschig ...)?
Wann und wo spielt der Film?
Wer sind die Hauptpersonen?
Was ist die Handlung des Films?
Was hat Ihnen gefallen? Warum?
Was hat Ihnen nicht gefallen? Warum?

2 **Die folgenden Formulierungen können Ihnen helfen, aus Ihren Stichpunkten eine Filmbeschreibung zu machen und auch einen Kommentar zum Film zu schreiben. Wählen Sie aus und schreiben Sie Ihren Text.**

Filmtitel	Der Film heißt ... Der Titel des Films ist ...
Filmtyp	Es handelt sich um eine Komödie / einen Thriller ... Er ist lustig/spannend ...
Inhalt: Ort und Zeit, Personen, Geschichte	Der Film / Die Geschichte spielt in ... Der Film spielt während ... Im Film geht es um die Zeit nach/vor/während ...
	Die Hauptpersonen sind ... Er/Sie ist ein ...
	Der Film handelt / erzählt von ... Der Film beginnt mit ... Zuerst ... / Dann ... / Danach ... / Später ... / Zum Schluss ...
Kommentar	Mir hat (nicht) gefallen, dass ... Ich finde den Film super, weil ... Nicht gut finde ich, dass ... Die Schauspieler ... Die Handlung / Die Geschichte ... Die Musik ...

Kopiervorlage zu Kapitel 4, Aufgabe 5

Nebensätze mit *wenn*, *weil* und *dass*

Bilden Sie aus den vorgegebenen Satzteilen Fragen. Notieren Sie diese, wenn Sie möchten. Stellen Sie die Fragen verschiedenen TN und versuchen Sie, bei jeder Frage eine Person zu notieren, die mit *Ja* geantwortet hat. Erzählen Sie dann im Kurs.

Beispiel: oft müde sein – weil – viel arbeiten müssen: *Sind Sie oft müde, weil Sie viel arbeiten müssen?* ___*Maja*___
Maja ist oft müde, weil sie viel arbeiten muss.

1. **oft müde sein – weil – viel arbeiten müssen** ____________
2. **denken – dass – Deutsch schwieriger als Englisch sein** ____________
3. **im Kino weinen – wenn – der Film traurig sein** ____________
4. **aufgeregt sein – wenn – vor vielen Leuten sprechen müssen** ____________
5. **schlechte Laune haben – wenn – nicht genug geschlafen haben** ____________
6. **melancholisch sein – wenn – es regnen** ____________
7. **es schrecklich finden – dass – jeden Tag früh aufstehen müssen** ____________
8. **Angst haben – wenn – einen großen Hund sehen** ____________
9. **glauben – dass – Frauen mehr Gefühle zeigen als Männer** ____________
10. **glücklich sein – weil – bald eine Reise machen** ____________
11. **sich freuen – wenn – Blumen bekommen** ____________
12. **sich oft ärgern – weil – die Nachbarn sehr laut sein** ____________

1 ____

2 ____

3 ____

4 ____

5 ____

6 ____

7 ____

8 ____

9 ____

10 ____

11 ____

12 ____

Kopiervorlage zu Kapitel 4, Aufgabe 7c

Oktoberfest in München

der Hut – lustig
das Lebkuchenherz – lecker
die Brezel – frisch
die Touristen – japanisch

Oktoberfest in München

der Hut – lustig
das Lebkuchenherz – lecker
die Brezel – frisch
die Touristen – japanisch

Oktoberfest in München

der Hut – lustig
das Lebkuchenherz – lecker
die Brezel – frisch
die Touristen – japanisch

Oktoberfest in München

der Hut – lustig
das Lebkuchenherz – lecker
die Brezel – frisch
die Touristen – japanisch

Christkindlesmarkt in Nürnberg

der Schnee – weiß
das Geschenk – originell
die Kerze – schön
die Weihnachtskugeln – rot

Christkindlesmarkt in Nürnberg

der Schnee – weiß
das Geschenk – originell
die Kerze – schön
die Weihnachtskugeln – rot

Christkindlesmarkt in Nürnberg

der Schnee – weiß
das Geschenk – originell
die Kerze – schön
die Weihnachtskugeln – rot

Christkindlesmarkt in Nürnberg

der Schnee – weiß
das Geschenk – originell
die Kerze – schön
die Weihnachtskugeln – rot

Donauinselfest in Wien

der Eintritt – frei
das Programm – bunt
die Musik – international
die Besucher – fröhlich

Donauinselfest in Wien

der Eintritt – frei
das Programm – bunt
die Musik – international
die Besucher – fröhlich

Donauinselfest in Wien

der Eintritt – frei
das Programm – bunt
die Musik – international
die Besucher – fröhlich

Donauinselfest in Wien

der Eintritt – frei
das Programm – bunt
die Musik – international
die Besucher – fröhlich

Basler Fasnacht

der Wagen – geschmückt
das Kostüm – toll
die Maske – traditionell
die Trommeln – laut

Basler Fasnacht

der Wagen – geschmückt
das Kostüm – toll
die Maske – traditionell
die Trommeln – laut

Basler Fasnacht

der Wagen – geschmückt
das Kostüm – toll
die Maske – traditionell
die Trommeln – laut

Basler Fasnacht

der Wagen – geschmückt
das Kostüm – toll
die Maske – traditionell
die Trommeln – laut

Kopiervorlage zu Kapitel 5, Aufgabe 2

Berufe raten: Was bin ich?

1 **Was ist Ihr Beruf? Was ist Ihr Traumberuf? Sammeln Sie Stichpunkte zu folgenden Bereichen. Benutzen Sie ggf. Ihr Wörterbuch.**

Arbeitsort (Büro, Werkstatt, Schule, Krankenhaus, in der Natur ...)

____

Tätigkeiten (schreiben, erklären, verkaufen, bohren, montieren ...)

____

Arbeitsergebnis (Gegenstand (Auto, Buch, Wurst ...), Geld, zufriedene Kunden ...)

____

Arbeitsbereich (Verkauf, Beratung, Service ...)

____

Arbeitsmittel (Hammer, Computer, Hände, Lebensmittel, Maschinen ...)

____

Arbeitszeiten (vormittags, nachts, am Wochenende ...)

____

Ausbildung (Schule, Lehre, Studium, Praktika ...)

____

2 **Die folgenden Formulierungen können Ihnen helfen, anderen TN passend zu den Stichpunkten oben Ja-/Nein-Fragen zu stellen. Wählen Sie aus und versuchen Sie, die Berufe der anderen zu erraten.**

Arbeitsort	Arbeiten Sie in einem Büro / in einer Werkstatt / in der Natur ...?
Tätigkeiten **Arbeitsergebnis** **Arbeitsbereich**	Arbeiten Sie meistens allein / im Team / mit Kunden ...? Ist Ihre Arbeit körperlich anstrengend? Stellen Sie einen Gegenstand her? Ist der Gegenstand groß/klein/hart ...? Hat der Gegenstand ...? Haben Sie mit Technik/Menschen/Natur/Büchern ... zu tun? Beraten/Bedienen/Helfen Sie Menschen? ...
Arbeitsmittel	Brauchen Sie spezielles Werkzeug / eine Maschine / ein Fahrzeug / Kollegen ...?
Arbeitszeiten	Arbeiten Sie nachts/morgens ...? Können Sie immer arbeiten?
Ausbildung	Haben Sie studiert? Haben Sie eine Lehre gemacht? Haben Sie bei ... gelernt? ...

Kopiervorlage zu Kapitel 5, Aufgabe 6

A: Ergänzen Sie die Adjektiv-Endungen. Lesen Sie dann Ihrem Partner den Text vor. Ihr Partner malt nach Ihren Angaben das farbige Bild.

Auf dem Bild sieht man eine braun____ Wand. In der Mitte ist ein groß____, hellgrün____ Fenster mit hell-blau____ Vorhängen. Die Vorhänge sind kurz____ und haben dunkl____ Streifen. Am Fenster steht eine jung____ Frau mit lang____, dunkl____ Haaren und schaut aus dem Fenster. Man sieht die jung____ Frau von hinten. Sie trägt ein weiß____ Kleid mit blau____ Streifen und weiß____ Schuhe. Vor dem Fenster sieht man das weit____ Meer und ganz hinten Land und grün____ Bäume. In der Mitte schwimmt ein klein____, weiß____ Schiff.*

*Möchten Sie das Bild im Original sehen? Dann suchen Sie im Internet „Junges Mädchen, am Fenster stehend" von Salvador Dali.

Bild zu Text B

B: Ergänzen Sie die Adjektiv-Endungen. Lesen Sie dann Ihrem Partner den Text vor. Ihr Partner malt nach Ihren Angaben das farbige Bild.

Auf dem Bild sieht man ein freundlich____ Zimmer. Es hat weiß____ Wände und einen rot____ Teppich. In der Mitte hinten steht ein alt____ Schrank mit einem groß____ Spiegel. Eine Frau mit braun____ Haaren in einem weit____, weiß____ Kleid sieht sich im Spiegel an. Man sieht die jung____ Frau von der Seite, sie schaut nach links. Um ihren schlank____ Hals trägt sie ein schwarz____ Tuch. Sie hat gelb____ Schuhe an. Rechts neben dem alt____ Schrank steht ein hell____, bequem____ Sofa mit bunt____ Blumen. Dahinter kann man eine offen____ Tür oder ein offen____ Fenster vermuten.*

*Möchten Sie das Bild im Original sehen? Dann suchen Sie im Internet „Junge Frau im Spiegel" von Berthe Morisot.

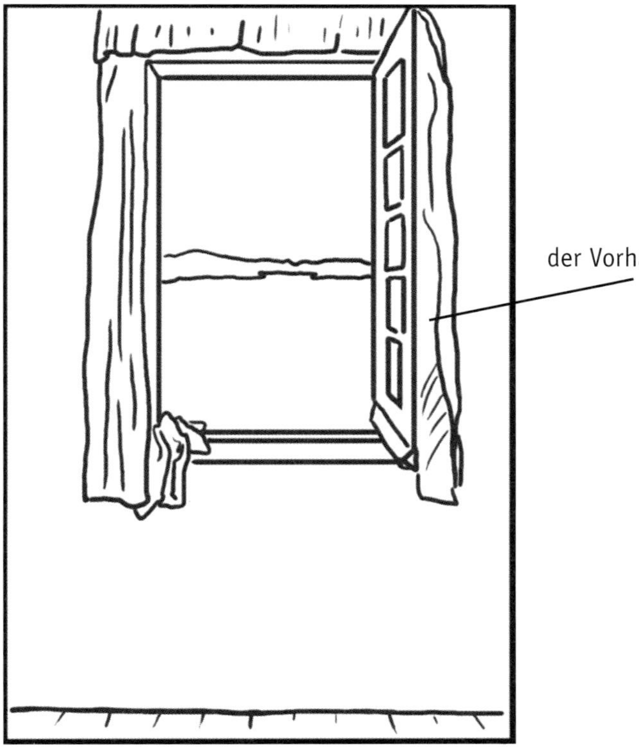

Bild zu Text A

Kopiervorlage zu Kapitel 6, Aufgabe 13d

Mit dem Fahrrad auf Reisen

Welche Fragen stellt der Journalist? Suchen Sie die 8 richtigen Fragen heraus.

	Lösung
Wie sind Sie denn auf die Idee zu dieser Fahrradtour gekommen?	r
Und wie oft haben Sie die Fahrt schon gemacht?	r
Und warum machen Sie das immer wieder?	r
Was nehmen Sie alles mit?	r
Wie sieht Ihr Fahrrad bei der Abfahrt aus?	r
Wie viele Kilometer fahren Sie denn durchschnittlich pro Tag?	r
Wo übernachten Sie normalerweise?	r
Was finden Sie eigentlich auf der Tour am schönsten?	r
Haben Sie diese Fahrt schon oft gemacht?	f
Warum finden Sie diese Strecke so interessant?	f
Wo schlafen Sie auf Ihrer Fahrradtour?	f
Fahren Sie jeden Tag oder machen Sie an manchen Tagen eine Pause?	f
Lernen Sie auf Ihren Touren viele Menschen kennen?	f
Nehmen Sie viele Dinge mit?	f
Was müssen Sie für Ihre Fahrradtour planen?	f
Was gefällt Ihnen an Ihren Touren besonders?	f

Kopiervorlage zu Kapitel 6, Aufgabe 14c

Auf Reisen

Arbeiten Sie in Kleingruppen. Wählen Sie eine der vorgeschlagenen Reisen oder denken Sie sich selbst eine eher ungewöhnliche Reise aus. Bereiten Sie sich gemeinsam auf die Reise vor. Die unten stehenden Fragen helfen Ihnen. Sie können auch im Internet Informationen zu Ihrer Reise recherchieren. Stellen Sie Ihre fiktive Reise dann im Kurs vor und beantworten Sie die Fragen der anderen Kursteilnehmer.

Wann fahren Sie?
Wie lange fahren Sie?
Womit fahren Sie?
Was möchten Sie sehen/unternehmen?
Was nehmen Sie mit?
Woran müssen Sie noch bei der Vorbereitung denken?
Warum möchten Sie diese Reise machen?

Mit Rad und Schiff auf den Inseln im Mittelmeer	**Husky-Safari in Lappland**
Mongolei: Unterwegs in der Wüste Gobi	**Auf den Spuren der Goldsucher durch Alaska**
Mit dem Orient-Express von Paris nach Istanbul	**Segelreise in der Karibik**
Der Jakobsweg: Zu Fuß nach Santiago de Compostela	**Mit den Rollschuhen von Berlin nach München**
Mit dem Motorrad auf der Route 66	**Mit dem VW-Bus durch D-A-CH**
Die Allgäu-Orient-Rallye	**Einmal um die ganze Welt**

Kopiervorlage zu Kapitel 7, Aufgabe 8

Temporale Präpositionen

Vor wie vielen Jahren haben Sie Ihren besten Freund / Ihre beste Freundin kennengelernt?	**Wann müssen Sie morgens aufstehen?**
Wie lange waren Sie nicht mehr im Kino? (Antworten Sie mit *seit*.)	**Wie lange brauchen Sie morgens im Bad?** (Antworten Sie mit *über*.)
Seit wann wohnen Sie in Ihrer Wohnung / Ihrem Haus?	**Bis wie viel Uhr fahren in Ihrem (Kurs-)Ort nachts die Busse?**
An welchen Tagen treiben Sie Sport?	**Seit wann lernen Sie Deutsch?**
Wann haben Sie das letzte Mal für Freunde gekocht?	**Wann haben die Geschäfte in Ihrem Land geöffnet?** (Antworten Sie mit *von … bis*.)
In welchem Alter dürfen Jugendliche in Ihrem Land Auto fahren?	**Wann möchten Sie das nächste Mal in Urlaub fahren?** (Antworten Sie mit *in*.)
Von wann bis wann sehen Sie abends normalerweise fern?	**In welchem Monat haben Sie Geburtstag?**
Wann treffen Sie Ihre Freunde? (Antworten Sie mit *nach*.)	**Wann haben Sie das letzte Mal ein gutes Restaurant besucht?** (Antworten Sie mit *vor*.)
In welcher Jahreszeit gehen Sie am liebsten im Park spazieren?	**An welchem Datum ist Silvester?**
Wie lange braucht ein Flugzeug von Ihrem Land nach Deutschland? (Antworten Sie mit *über*.)	**Ab wann hat das Kursbüro/Sekretariat in Ihrer Schule geöffnet?**
Nach wie vielen Monaten oder Jahren Deutschunterricht kann man sich gut mit Deutschen unterhalten?	**Wann haben Sie Deutschunterricht?**
Von wann bis wann ist Herbst?	**Wann essen Sie zu Mittag?**

Kopiervorlage zu Kapitel 7, Aufgabe 13b

Kriterien für eine gute Präsentation

	++	+	0	–	Bemerkungen
Aufbau/Struktur: **Ist die Präsentation klar gegliedert? Gibt es eine Einleitung, einen Hauptteil, einen Schluss? ...**					
Inhalt: **Interessant? Neu?** **Zum Thema passend? ...**					
Bildliche Darstellung: **Klar? Verständlich?** **Gibt es Fotos, Bilder, Zeichnungen, Grafiken? ...**					
Sprache: **Konnte man die Präsentation gut verstehen?** **Kurze Sätze? Bekanntes Vokabular? ...**					
Stimme und Sprechtempo: **Laut genug? Klar und deutlich?** **Dynamisch? Gute Pausen? Betonung? ...**					
Kontakt zu den Zuhörern: **Halten die Sprecher Blickkontakt mit den Zuhörern? Sehen sie alle Zuhörer an? Sprechen sie frei oder lesen sie ab? ...**					
Gestik/Haltung: **Ist die Gestik offen, ruhig, freundlich ...?** **Was machen die Hände? ...**					
Kreativität der Präsentation: **Was war besonders (neu, originell, lustig ...)? ...**					

Kopiervorlage zu Kapitel 8, Aufgabe 5c

deshalb und *trotzdem*

Es regnet, ...	Morgen habe ich eine wichtige Prüfung, ...
Ich habe Kopfschmerzen, ...	Meine Mutter kommt zu Besuch, ...
Ich kann nicht schwimmen, ...	Ich koche gern, ...
Mein Auto ist kaputt, ...	Ich bin verliebt, ...
Ich habe im Lotto gewonnen, ...	Ich mag Fußball, ...
Ich habe heute lange geschlafen, ...	Ich habe Hunger, ...
Ich habe viel Stress, ...	Ich treibe viel Sport, ...
Ich liebe Tiere, ...	Ich arbeite viel , ...
Heute ist Sonntag, ...	Die Musik ist sehr laut, ...
Mein Nachbar ist sehr nett, ...	Ich habe 4 Kinder, ...

Kopiervorlage zu Kapitel 8, Aufgabe 9

Termine, Termine!

Das ist Ihr Terminkalender für die nächste Woche. Einige Termine haben Sie schon. Tragen Sie die Termine im Kalender ein. Sie möchten sich aber auch noch mit einigen Personen aus Ihrem Kurs verabreden. Spielen Sie Dialoge und versuchen Sie, einen gemeinsamen Termin zu finden.

Beispiel: Sie fragen: *Sabina, möchten Sie / möchtest du am Freitagabend mit mir ins Kino gehen?*
Sabina antwortet: *Ja, gerne, um wie viel Uhr?* oder *Nein, tut mir leid. Am Freitagabend gehe ich mit Mama ins Kino. Können Sie / Kannst du vielleicht am Samstagabend? ...*

	Montag	Dienstag	Mittwoch	Donnerstag	Freitag	Samstag	Sonntag
10 Uhr							
11 Uhr							
12 Uhr							
13 Uhr							
14 Uhr							
15 Uhr							
16 Uhr							
17 Uhr							
18 Uhr							
19 Uhr							
20 Uhr							
21 Uhr							

Montag 12–13 Uhr Tennis	Dienstag 18–20 Uhr Flamenco-Kurs	Mittwoch 10 Uhr Frühstück mit Chris	Donnerstag 10–13 Uhr Chagall-Ausstellung	Freitag 19 Uhr Kino mit Mama	Samstag 16–18 Uhr Schwimmbad	Sonntag Wandern mit Dorian und Beate
Montag 11 Uhr Sofa abholen	Dienstag 17–18 Uhr Judo	Mittwoch 11–12 Uhr Fitness-Studio	Donnerstag 14–17 Uhr Englisch lernen mit Walter	Freitag 16 Uhr Kaffee mit Sam	Samstag 19 Uhr Italienisch Essen mit Ada	Sonntag 20 Uhr Theater mit Sabine und Artur
Montag 15–17 Uhr Gitarren-Unterricht	Dienstag 13 Uhr Mittagessen mit Thomas	Mittwoch 19–21 Uhr Tanzen	Donnerstag 14–16 Uhr Yoga	Freitag 15 Uhr Dr. Marx	Samstag Radtour mit Conny	Sonntag 12 Uhr Mittagessen bei Oma

Kopiervorlage zu Kapitel 9, Aufgabe 10c

Die drei Spatzen

In einem leeren Haselstrauch,
da sitzen drei Spatzen, Bauch an Bauch.

Der Erich rechts und links der Franz
und mittendrin der freche Hans.

Sie haben die Augen zu, ganz zu,
und obendrüber, da schneit es, hu!

Sie rücken zusammen dicht an dicht,
so warm wie Hans hat's niemand nicht.

Sie hör'n alle drei ihrer Herzlein Gepoch.
Und wenn sie nicht weg sind, so sitzen sie noch.

Christian Morgenstern (1871–1914)

frech – lustig und mutig; sie rücken zusammen dicht an dicht – sie setzen sich nah zusammen; sie hör'n ihrer Herzlein Gepoch – sie hören ihre Herzen klopfen

Die Ameisen

In Hamburg lebten zwei Ameisen,
Die wollten nach Australien reisen.
Bei Altona auf der Chaussee
Da taten ihnen die Beine weh,
Und da verzichteten sie weise
Denn auf den letzten Rest der Reise.

So will man oft und kann doch nicht
Und leistet dann recht gern Verzicht.

Joachim Ringelnatz (1883–1934)

Altona – Vorort von Hamburg; die Chaussee – Straße; sie verzichteten auf den letzten Rest der Reise – sie beendeten ihre Reise schon hier; weise – klug; denn – hier: dann; man leistet Verzicht – man verzichtet, man macht etwas nicht

Die fünf Hühnerchen

Ich war mal in dem Dorfe,
Da gab es einen Sturm,
Da zankten sich fünf Hühnerchen
Um einen Regenwurm.

Und als kein Wurm mehr war zu sehn,
Da sagten alle: Piep!
Da hatten die fünf Hühnerchen
Einander wieder lieb.

Victor Blüthgen (1844–1920)

der Sturm – sehr starker Wind; sie zankten sich – sie hatten Streit

Kopiervorlage zu Kapitel 9, Aufgabe 12d

Vater Richard

möchte gern Fische, weil sie so schön bunt sind und nicht viel Geld kosten. Außerdem hat er viel Stress in der Arbeit und ein Aquarium mit Fischen wirkt beruhigend. Fische machen auch nur wenig Arbeit.

Mutter Claudia

möchte gern einen Vogel, z. B. einen Kanarienvogel. Das Haus ist ja nicht so groß und ein Vogel braucht nicht viel Platz. Außerdem hat sie immer viel Arbeit im Büro und dann abends zu Hause mit der Familie. Ein Vogel braucht nicht so viel Pflege und das Singen ist sehr hübsch und entspannend.

Oma Rita

möchte gern eine Katze. Sie hat einen kranken Fuß und ist oft allein zu Hause. Da kann die Katze mit ihr zusammen sein. Sie können gemeinsam auf dem Sofa sitzen und Musik hören. Das ist gemütlich.

Opa Lorenz

möchte gern einen Hund. Er ist noch sehr aktiv und geht gern spazieren. Oma Rita hat Probleme mit dem Fuß, dann kann ihn der Hund begleiten. Er findet, dass Hunde die besten Freunde des Menschen sind.

Sohn Timmi

möchte eine Ratte. Ratten sind sehr intelligente Tiere, das hat er in der Schule gehört. Vielleicht kann die Ratte ein paar Zirkustricks lernen und er kann sie dann seinen Freunden zeigen. Außerdem hat die Ratte ein weiches Fell.

Tochter Paula

möchte einen Frosch. Sie findet Frösche nämlich interessant zu beobachten. Sie machen auch nur ganz wenig Arbeit und sind nicht teuer. Der Frosch kann in einem großen Glas in ihrem Zimmer wohnen und sie bringt ihm jeden Tag frische Fliegen. Vielleicht kann man sogar sehen, wie das Wetter am nächsten Tag wird?

Kopiervorlage zu Kapitel 10, Aufgabe 3b

Was für ein(e) … / Was für … oder Welcher/-es/-e?

Spielen Sie das Würfelspiel. Würfeln Sie und begeben Sie sich auf das entsprechende Feld. Ergänzen Sie das richtige Fragewort (die Antwort hilft Ihnen) oder beantworten Sie die Frage. Die Mitspieler kontrollieren. Wenn die Aufgabe falsch gelöst ist, müssen Sie wieder zurück zum letzten Feld. Wer zuerst durchs Ziel kommt, hat gewonnen.

Start

1 … Stift suchst du? – Den roten.

2 Welches Land haben Sie im letzten Urlaub besucht?

3 … Haustier hast du? – Einen Hamster.

4 … Sänger würdest du gern mal treffen? – Xavier Naidoo.

2 Felder vor ⇨

5 … Sendung läuft gerade im Fernsehen? – Eine Tiersendung.

6 Was für Bücher lesen Sie am liebsten?

7 … Bluse gefällt dir besser? Die rote oder die grüne? – Die grüne.

8 In … Haus wohnt Inga? – In dem in der Mitte.

9 … Mann meinst du? – Den Mann mit der Mütze.

2 Felder zurück ⇦

10 … Datum ist heute? – Der 5. Juli.

11 In … Haus wohnt Martin? – In einem Einfamilienhaus.

12 … Film hast du gestern im Kino gesehen? – Den Film „Almanya".

13 … Auto gehört dir? – Der schwarze Mercedes.

14 Was für einen Film möchten Sie gern mal wieder sehen?

15 Welches Buch haben Sie als letztes gelesen?

16 … Geschenk suchen Sie? – Eine schöne CD.

17 In … Restaurants gehst du gern? – In italienische.

2 Felder vor ⇨

18 … Rock möchtest du? – Einen langen, schwarzen Rock.

19 … Salat bringst du zur Party mit? – Einen Kartoffelsalat.

20 … Fluss fließt durch Dresden? – Die Elbe.

21 Was für einen Urlaub möchten Sie gern machen?

4 Felder zurück ⇦

22 Welchen Film haben Sie zuletzt gesehen?

23 … Auto hättest du gern? – Einen roten Ferrari.

Ziel

Gewonnen!

Kopiervorlage zu Kapitel 10, Aufgabe 10

Trio: Prominente

Karl Lagerfeld 1	Designer 1	immer eine Sonnenbrille tragen 1
Thomas Gottschalk 2	Moderator 2	im Fernsehen und im Radio moderieren 2
Anja Mittag 3	Fußballspielerin 3	in der deutschen Nationalmannschaft spielen 3
Christina Stürmer 4	Sängerin 4	das Lied „Ich lebe" singen 4
Roger Federer 5	Tennisspieler 5	die meisten Grand-Slam-Titel gewonnen haben 5
Edgar Selge 6	Schauspieler 6	im Film „Ludwig II" den Komponisten Richard Wagner spielen 6
Michael „Bully" Herbig 7	Regisseur 7	großen Erfolg mit dem Film „Der Schuh des Manitu" gehabt haben 7
Maria Riesch 8	Skifahrerin 8	1,82 m groß sein 8
DJ Bobo 9	Sänger und Musiker 9	eigentlich Peter René Baumann heißen 9

Kopiervorlage zu Kapitel 11, Aufgabe 6

Welcher Ratschlag ist der beste?

Sie möchten in Urlaub fahren, aber Sie haben nicht genug Geld. Fragen Sie, was Sie machen können. Welcher Ratschlag gefällt Ihnen am besten?	Ihr Freund / Ihre Freundin sitzt immer nur zu Hause. Sie möchten aber gern mehr unternehmen. Fragen Sie, was Sie machen können. Welcher Ratschlag gefällt Ihnen am besten?
Ihr Arzt hat gesagt, Sie sollen mehr auf Ihre Gesundheit achten. Fragen Sie, was Sie machen können. Welcher Ratschlag gefällt Ihnen am besten?	Sie haben den Geburtstag von Ihrer Oma vergessen und sie ist jetzt sehr böse. Fragen Sie, was Sie machen können. Welcher Ratschlag gefällt Ihnen am besten?
Sie möchten mit Ihrem neuen Freund / Ihrer neuen Freundin zusammenwohnen. Aber er/sie hat 2 Katzen und Sie haben eine Katzenallergie. Fragen Sie, was Sie machen können. Welcher Ratschlag gefällt Ihnen am besten?	Eine Freundin ruft Sie jeden Abend an und will stundenlang telefonieren. Ihrem Partner gefällt das gar nicht und Sie haben deshalb oft Streit. Fragen Sie, was Sie machen können. Welcher Ratschlag gefällt Ihnen am besten?
Sie schaffen es selten, pünktlich zu sein, und kommen oft zu spät. Darum haben Sie viele Probleme mit Ihrem Chef und Ihren Freunden. Fragen Sie, was Sie machen können. Welcher Ratschlag gefällt Ihnen am besten?	Sie haben Nachbarn, die oft laute Musik hören und lange Partys feiern. Sie haben schon versucht, mit ihnen zu reden, aber es ändert sich nichts. Fragen Sie, was Sie machen können. Welcher Ratschlag gefällt Ihnen am besten?
Ihr 15-jähriger Sohn ist gerade in einer schwierigen Phase. Er lernt nichts für die Schule und hat schlechte Noten. Außerdem spielt er jeden Tag stundenlang am Computer. Fragen Sie, was Sie machen können. Welcher Ratschlag gefällt Ihnen am besten?	Heute Abend kommen Ihr Chef und seine Frau zum Abendessen vorbei und Sie haben vergessen, rechtzeitig einzukaufen. Fragen Sie, was Sie machen können. Welcher Ratschlag gefällt Ihnen am besten?
Ihre Großtante hat Sie zu Ihrem Geburtstag eingeladen. Es gibt ein großes Fest mit der ganzen Familie. Sie haben keine Lust, auf das Fest zu gehen. Fragen Sie, was Sie machen können. Welcher Ratschlag gefällt Ihnen am besten?	Sie müssen morgen eine wichtige Seminararbeit für die Universität abgeben und gerade ist Ihr Computer kaputt gegangen. Fragen Sie, was Sie machen können. Welcher Ratschlag gefällt Ihnen am besten?
Sie haben eine 10-tägige Reise nach Mexiko gewonnen, aber Sie leben allein mit 2 Hunden und einer Katze. Jetzt wissen Sie nicht, was Sie in dieser Zeit mit den Tieren machen sollen. Fragen Sie, was Sie machen können. Welcher Ratschlag gefällt Ihnen am besten?	Sie fliegen morgen beruflich in die USA und können Ihren Pass und die Kreditkarte nirgendwo finden. Fragen Sie, was Sie machen können. Welcher Ratschlag gefällt Ihnen am besten?
Es ist Wochenende, Sie brauchen dringend Geld und haben die Geheimnummer Ihrer Bankkarte vergessen. Fragen Sie, was Sie machen können. Welcher Ratschlag gefällt Ihnen am besten?	Sie haben heute zum ersten Mal für Ihren neuen Partner gekocht. Leider haben Sie zu viel Salz zum Essen gegeben und es schmeckt schrecklich. Fragen Sie, was Sie machen können. Welcher Ratschlag gefällt Ihnen am besten?

Kopiervorlage zu Kapitel 11, Aufgabe 9d

über	sich erinnern	an	sich freuen
auf	sich kümmern	um	denken
an	sich ärgern	über	sprechen
über	sich interessieren	für	sich vorbereiten
auf	warten	auf	telefonieren
mit	sich unterhalten	über	diskutieren
über	sprechen	mit	sich freuen
über	sich konzentrieren	auf	sich entscheiden
für/gegen	sich auskennen	mit	nachdenken

Kopiervorlage zu Kapitel 12, Aufgabe 5

das Wörterbuch	das Handy	der Brief	damit
der Hammer	das Gemüse	die Uhr	um ... zu
der Bleistift	die Plastiktüte	der Topf	damit
das Auto	der Schlüssel	die Tasche	um ... zu
der Reisepass	der Schirm	das Telefon	damit
die Zeitung	das Handtuch	der Koffer	um ... zu
das Messer	das Radio	das Buch	damit
der Computer	die Schuhe	das Sofa	um ... zu

Kopiervorlage zu Kapitel 12, Aufgabe 9b

Das Relativsatz-ABC

Ergänzen Sie das richtige Relativpronomen im Nominativ oder Akkusativ und lösen Sie die Quizfragen.

A Das ist ein Mensch, ______ Kranken hilft. ______________

B Das ist ein Geschenk, ______ Frauen oft zum Geburtstag bekommen. ______________

C Das ist ein Gerät, ______ man zur elektronischen Kommunikation verwenden kann. ______________

D Das sind Orte, ______ auf dem Land liegen. ______________

E Das ist ein großes Tier, ______ Angst vor Mäusen hat. ______________

F Das ist ein Verkehrsmittel, ______ nur 2 Räder hat. ______________

G Das ist ein Tag, ______ man mit Freunden und Familie feiert. ______________

H Das ist ein Haustier, ______ der beste Freund des Menschen ist. ______________

I Das ist eine Sprache, ______ man in der Schweiz spricht. ______________

J Das ist ein Musikstil, ______ aus Amerika kommt. ______________

K Das ist ein Haustier, ______ Mäuse fängt. ______________

L Das ist ein Gegenstand, ______ man braucht, um Suppe zu essen. ______________

M Das ist das Wasser, ______ viele Leute im Urlaub mögen. ______________

N Das sind die Menschen, ______ neben mir wohnen. ______________

O Das ist ein Obst, ______ so heißt wie seine Farbe. ______________

P Das ist ein Gegenstand, ______ man oft zu Weihnachten oder zum Geburtstag bekommt. ______________

Q Das ist ein Zettel, ______ man an der Kasse bekommt. ______________

R Das ist eine Blume, ______ man die Königin aller Blumen nennt. ______________

S Das ist eine Jahreszeit, ______ in D-A-CH meist Sonne und Wärme bringt. ______________

T Das ist ein Getränk, ______ man in Großbritannien um 17 Uhr trinkt. ______________

U Das ist ein Gegenstand, ______ uns die Zeit sagt. ______________

V Das ist ein Tier, ______ fliegen kann. ______________

W Das ist eine Stadt, ______ im Osten von Österreich liegt. ______________

Z Das ist ein Papier, ______ über Politik, Sport und Kultur berichtet. ______________

der Arzt; Blumen; der Computer; Dörfer; der Elefant; das Fahrrad; der Geburtstag; der Hund; Italienisch; der Jazz; die Katze; der Löffel;
das Meer; die Nachbarn; die Orange; das Päckchen; die Quittung; die Rose; der Sommer; der Tee; die Uhr; der Vogel; Wien; die Zeitung

Glossar

Hier finden Sie eine alphabetische Zusammenstellung aller ▶ **Verweise** aus den „Erläuterungen zum Unterricht". Die einzelnen Begriffe werden erklärt und mit praktischen Beispielen für den Einsatz im Unterricht ergänzt.
Verweise in Klammern (▶ **Präsentation von Ergebnissen**) beziehen sich auf ein übergeordnetes Thema innerhalb des Glossars, zu dem es dort noch mehr Erklärungen und Beispiele gibt.

ABC Das ABC ist eine gute Möglichkeit, um Wortschatz zu sammeln und zu wiederholen. Geben Sie immer ein Thema vor, z. B. Sportarten, Reiseutensilien, Berufe usw. Je 4 TN bekommen ein DIN-A3-Papier und dicke Stifte. Sie schreiben alle Buchstaben des Alphabets untereinander. Zu jedem Buchstaben schreiben sie alle Wörter (Substantive mit Artikel, Verben, Adjektive), die ihnen zum Thema einfallen.

Ausstellung Die TN hängen ihre Produkte (Ergebnisse) im Kursraum auf. Alle sehen sich die Produkte der anderen TN an. Verteilen Sie für die Auswertung z. B. 3 farbige Klebepunkte an jeden TN. Die TN vergeben ihre 3 Punkte an die Produkte, die ihnen am besten gefallen. Der TN oder die Gruppe mit den meisten Punkten wird mit einem Preis prämiert.
Wenn zusätzliche Erläuterungen zu den Ergebnissen der Gruppenarbeit nötig sind, bietet es sich an, einen „Experten" einzusetzen. Während alle TN die Ausstellung besuchen, bleibt an jedem Plakat/Ausstellungstisch ein „Experte", der kurz die wichtigsten Punkte erklärt und auf Fragen der Besucher antwortet. Der „Experte" wird immer wieder abgewechselt, damit alle TN alle Ergebnisse ansehen können. (▶ **Präsentation von Ergebnissen**)

Collage Das Erstellen von Collagen ist eine motivierende, kreative Möglichkeit, Informationen zu einem Thema zu sammeln und darzustellen. Sie eignet sich aber auch zur Visualisierung grammatischer Strukturen oder für Wortschatztraining.
Sie brauchen dafür deutschsprachige Zeitschriften und Zeitungen, Scheren, DIN-A3-Papier, Kleber, dicke bunte Stifte. Die TN arbeiten in Kleingruppen zusammen. Je nach Arbeitsauftrag schneiden sie bestimmte Wörter, Sätze und/oder Fotos aus den Zeitschriften und Zeitungen aus. Dann arrangieren sie alles auf dem Papier und kleben es auf. Ggf. schreiben sie Erklärungen bzw. Kommentare dazu. Danach bietet sich eine ▶ **Ausstellung** bzw. ▶ **Präsentation** im Kurs an.

Dialoge auswendig lernen Das Einüben und Vorspielen von selbst geschriebenen Dialogen hilft den TN, Redemittel und Strukturen anzuwenden und zu automatisieren. Dazu sollten die Dialoge nicht zu lang sein. Korrigieren Sie die Texte und geben Sie den TN je nach Länge ca. 5–10 Minuten Zeit, ihre Dialogabschnitte erst alleine auswendig zu lernen. Sie können z. B. nach und nach immer mehr Textteile abdecken oder sich Schlüsselwörter notieren und mit deren Hilfe den Text wiedergeben und/oder die einzelnen Abschnitte noch einmal bewusst aufschreiben. Dann sollten sie den Dialog noch einmal kurz mit dem Partner einüben. Geben Sie ggf. auch ▶ **Tipps zum freien Sprechen**. Stellen Sie sich beim Vorspielen mit dem Text in die Nähe der TN und greifen Sie notfalls als „Souffleur" ein, wenn die TN ins Stocken geraten.
Falls ein Dialog lang bzw. komplex ist, sollte er lieber bewusst vorgelesen werden. (▶ **Tipps zum Vorlesen**)

Domino Je 3–5 TN spielen zusammen. Ein Domino-Kärtchen wird in die Mitte gelegt, alle anderen werden verteilt. Der erste Spieler legt nun entweder rechts oder links ein passendes Kärtchen an. Hat er keines, ist der nächste TN an der Reihe. Wer zuerst kein Kärtchen mehr hat, hat gewonnen.
Domino eignet sich für das Einüben von Wortschatz (z. B. Wort-Bild, Wort-Definition), Verbformen (z. B. Personalpronomen-Verbform, Infinitiv-Partizip, Verben mit festen Präpositionen), Sätzen (z. B. Fragen-Antworten) usw. Sprachlich stärkere TN können selbst ein Dominoset erstellen und mit einer anderen Gruppe tauschen. Sie sollten nur darauf achten, dass für jede linke Seite eine passende rechte Seite auf einem anderen Kärtchen ist, damit sich der Kreis schließen kann.

Feedback Es ist sinnvoll, im Kurs schon früh eine Feedbackkultur zu entwickeln. Das kann gelingen, indem man den TN bei Präsentationen unterschiedliche Beobachtungsaufgaben gibt. Diese können sich auf die Präsentation im Allgemeinen beziehen, z. B.: *Was war gut an dieser Präsentation, was nicht? Was kann man daraus lernen? Was kann man verbessern?* Konkretere Kriterien zur Qualität einer Präsentation können z. B. sein: *Ist die Präsentation klar gegliedert? Konnte man die Präsentation gut verstehen? Halten die Sprecher Blickkontakt mit den Zuhörern? Ist die Gestik offen, ruhig, freundlich …?*
Sprachliche Beobachtungsaufgaben können z. B. folgende Bereiche beinhalten: Aussprache, Wortschatz (Fachbegriffe, treffende Wortwahl …), Grammatik (Verbposition, Korrektheit eines bestimmten Grammatikphänomens, das gerade behandelt wurde, Satzbau …), Verständlichkeit usw. Sie können die Art der Beobachtungsaufgaben mischen oder den Schwerpunkt auf einen Bereich (inhaltliche Gestaltung der Präsentation, Vortrag, sprachliche Korrektheit o. Ä.) legen.
Mehrere TN sollten zusammen eine Beobachtungsaufgabe übernehmen. Nach der Präsentation machen Sie eine kurze Feedbackrunde, in der die TN zu ihrer Fragestellung berichten. In sprachlich homogenen Kursen können Sie das in den ersten Kapiteln auch in der Muttersprache machen lassen. In sprachlich heterogenen Kursen sollten die Fragen so einfach wie möglich formuliert werden und ggf. anfangs auch mögliche Antworten vorgeben werden.

Innerer Monolog Ein „innerer Monolog" ist ein in der Ich-Form verfasster Text, der die Gedankengänge einer Person wiedergibt. Es ist also eine Art „Selbstgespräch". Diese Textsorte lässt sich sehr gut als kreativer Schreibanlass verwenden. Die TN versetzen sich dazu in die Rolle von fiktiven oder echten Personen (aus Texten, Rollenspielen, ausgeschnittenen Fotos aus Zeitschriften usw.) und schreiben auf, was diese in einer bestimmten Situation denken und fühlen.

Kooperatives Lesen Beim kooperativen Lesen bearbeiten die TN in Kleingruppen einen Text. Je 2–3 TN lesen ihren Text oder Textteil, erarbeiten gemeinsam den Inhalt und fassen ihn in der Gruppe zusammen. Dann werden neue Gruppen gebildet, in denen aus jeder vorigen Gruppe mindestens ein TN ist (▶ **Wirbelgruppen**). Jeder TN erzählt nun der neuen Gruppe den Inhalt seines Textes oder Textteils, damit alle über alles informiert sind. Ermitteln Sie am Ende z. B. mit einem Quiz zu allen Texten (oder dem gesamten Text), inwieweit alle wichtigen Informationen vermittelt und verstanden wurden. Oder die TN lösen jetzt die KB-Aufgaben zum Text.
Bei längeren Texten können Sie auch verschiedene Aufgaben in die Gruppen geben. Unterteilen Sie den Text in ähnlich lange Abschnitte. Der erste TN fasst z. B. den Inhalt des Abschnitts zusammen, der zweite erarbeitet die grammatischen Strukturen, der dritte klärt neuen Wortschatz o. Ä. Nach jedem Abschnitt geben die TN ihre Aufgabe innerhalb ihrer Gruppe weiter. Nachdem sie so den gesamten Text bearbeitet haben, lösen sie die KB-Aufgaben zum Text.

Kursspaziergang Beim Kursspaziergang geht es darum, mit wechselnden Partnern kurze Gespräche zu führen oder gemeinsam eine Aufgabe zu lösen.
Jeder TN bekommt anfangs ein Kärtchen, z. B. mit einer Frage. Dann gehen alle TN durch den Kursraum und treffen sich mit einer Person. Mit dieser Person sprechen sie über ihre eigene Frage und die ihres Partners. Wenn sie fertig sind, tauschen sie die Karten und gehen zur nächsten Person. Das kann man beliebig oft wiederholen. Statt mit Fragen können Sie auch Kärtchen mit einzelnen Aufgaben oder Lückensätzen erstellen. Die Lösung sollte auf der Rückseite der Kärtchen stehen, damit die TN sich selbst korrigieren können.

Kursspiegel Die Idee eines Kursspiegels ist es, die einzelnen TN des Kurses anhand eines bestimmten Themas vorzustellen und so die Vielseitigkeit des Kurses aufzuzeigen.
Jeder TN erstellt dazu eine Art „Steckbrief" über seine eigene Person (oder nach einem Partnerinterview über den Partner) zu vorgegebenen Themen (z. B. Ich und mein Beruf; Mein Leben nach der Schule). Der Steckbrief kann mit einem Foto, Zeichnungen und/oder einem für die Person typischen Gegenstand illustriert werden. Die TN hängen ihre Steckbriefe im Kursraum auf. So entsteht ein Kursspiegel, der von Zeit zu Zeit um neue Informationen erweitert werden kann.
Mit den Informationen aus dem Kursspiegel können Sie *Ratespiele* machen lassen, z. B. eine Autogrammjagd: Dafür schreiben Sie eine Information von jedem TN auf ein DIN-A4-Papier und ziehen dahinter jeweils einen Strich für eine Unterschrift. Kopieren Sie dieses Arbeitsblatt für jeden TN. Die TN gehen durch den Raum und fragen die anderen TN, auf wen welche Information zutrifft, und lassen die Person, auf die sie zutrifft, unterschreiben. Wer zuerst zu allen Informationen eine Unterschrift hat, hat gewonnen. Je 3–4 TN können auch selbst ein *Quiz* zum Kursspiegel erstellen, dann tauschen die Gruppen ihr Quiz untereinander aus und lösen es. Den Kursspiegel können Sie auch als *Schreibanlass* nutzen. Schreiben Sie die Namen der TN auf einzelne Zettel. Jeder TN zieht einen Zettel und schreibt mit den Informationen aus dem Kursspiegel ein Elfchen (Gedicht) oder auch ein Porträt über diese Person. Auch als *Sprechanlass* eignet sich der Kursspiegel. Geben Sie dafür jedem TN einen Steckbrief, die TN machen mit diesem Steckbrief einen ▶ **Kursspaziergang**. Sie stellen sich gegenseitig Fragen zu der Person oder stellen sich die Person gegenseitig vor, ohne den Namen zu nennen. Der Partner rät den Namen der Person. Wichtig: Legen Sie vorher fest, ob die TN nur W-Fragen oder nur Ja-/Nein-Fragen stellen dürfen.

Kursstatistik Kursstatistiken dienen dazu, Meinungen der TN visuell und übersichtlich darzustellen. Einfache Möglichkeiten sind z. B. Strichlisten, Klebepunkte oder Balken. Es gibt aber auch komplexere und kreativere Möglichkeiten.
- ▶ **Landschaften stellen**
- ▶ **Sterndiagramm**

Landschaften stellen Landschaften stellen ist eine Methode, in der man in kurzer Zeit und auf anschauliche Weise viele Informationen von den TN bekommen kann. Als Antwort auf eine Frage gruppieren sich die TN der Antwort entsprechend im Raum. Dabei helfen Plakate mit den möglichen Antworten (*ja, nein, oft, manchmal, selten, nie;* Smileys für *das mag ich, das mag ich nicht, das ist mir egal* usw.). Die TN können sich auch anhand von Fotos positionieren, z. B. bei der Frage *Welcher Sport gefällt Ihnen am besten?* Bei Fragen nach zahlenmäßigen Häufigkeiten (z. B. *Wie oft in der Woche lernst du Deutsch?*) oder Bewertungen (z. B. *Wie wichtig findest du Hausaufgaben?*) können Sie einen Wollfaden auf den Boden legen (der Anfang steht für 0, die Mitte für 10, das Ende für 20 bzw. je weiter rechts, desto wichtiger o. Ä.), auf dem sich die TN positionieren können. Bei jeder neuen Frage wechseln die TN ihre Position.

Lebendiger Satz Diese Aktivität eignet sich gut, zur Bewusstmachung von Satzstrukturen wie Verbposition, Satzklammer und Nebensätze.
Überlegen Sie, in wie viele Teile sie den Satz unterteilen möchten. Dabei kann auf jeder Karte ein Wort, ein Teilsatz ein Satzzeichen usw. stehen. Schreiben Sie die einzelnen Elemente auf einzelne Karten. Der Satz *Er ist müde, weil er viel arbeiten muss.* könnte zum Beispiel in 10 Kärtchen unterteilt werden.

Er	ist	müde	,	weil
er	viel	arbeiten	muss	.

Bitten Sie 10 TN, nach vorne zu kommen, und geben Sie jedem eine Karte. Die anderen TN positionieren die 10 TN so, dass es einen grammatikalisch richtigen Satz ergibt. Dann thematisieren Sie, was von besonderem Interesse ist (hier: die Verbposition am Ende des Nebensatzes).
Alternativ können sich auch zuerst die TN mit Kärtchen positionieren. Die anderen TN sagen, ob es so richtig ist. Sie können die Sätze, wenn es passt, auch auf verschiedene Weise umstellen lassen, um den TN bestimmte Gesetzmäßigkeiten nahe zu bringen (z. B. dass auf Position 1 vieles stehen kann, das Verb aber auf Position 2 bleibt).

Glossar

Lernplakat Ebenso wie nach der Erarbeitung von grammatischen Regeln oder dem Erstellen einer Wortfamilie / eines Wortfeldes können TN Lernplakate auch zu Redemitteln gestalten, die im Kursraum aufgehängt und immer wieder als „Spickzettel" verwendet werden können. Wenn die Redemittel je nach Redeanlass thematisch geordnet werden, erhalten die TN eine schnelle Übersicht für Diskussionen und Rollenspiele. Auch Lernstrategien können mit Lernplakaten sinnvoll und übersichtlich visualisiert werden.
Sie brauchen dafür DIN-A3-Papier und dicke bunte Stifte. Wenn die Redemittel im KB vorgegeben sind, können sie auch auf Kärtchen geschrieben und dann aufgeklebt werden. Die TN arbeiten, je nach Bereich, in Kleingruppen oder im Kurs zusammen.

Paare finden Je 2–4 TN spielen mit ca. 20 Kärtchen. Immer 2 Kärtchen bilden ein Paar. Die TN mischen und legen alle Kärtchen verdeckt auf den Tisch. Ein TN beginnt und deckt nacheinander zwei Kärtchen auf. Passen sie zusammen, behält er sie und darf noch einmal spielen. Passen sie nicht, dreht er sie wieder um und der nächste TN ist dran. Der TN, der am Ende die meisten Paare hat, gewinnt.
Paare finden eignet sich z. B. für das Einüben von Wortschatz (z. B. Wort-Bild, Land-Sprache, Gegensatzpaare, Singular-Plural), Verbformen (z. B. Infinitiv-Verbform, Infinitiv-Präposition), Sätzen (z. B. Fragen-Antworten) usw.
Man kann das Spiel auch so spielen, dass jeweils 3 Karten (▶ **Trio-Spiel**) zusammengehören (z. B. Positiv-Komparativ-Superlativ).

Mini-Präsentationen Bei den Mini-Präsentationen stellen einzelne TN oder Kleingruppen ein einfaches Thema im Kurs vor. Das kann z. B. eine Reise, ein Bild, eine Stadt, eine Person und vieles mehr sein. Die TN sollten sich bemühen, 5 Minuten möglichst nicht zu überschreiten und auch nicht wesentlich kürzer zu sprechen. Um ein Gefühl dafür zu entwickeln, wie viel man in der Zeit sagen kann, können die TN zu Hause mit der Stoppuhr einen Text (langsam) lesen.

Folgende Punkte sind für eine Präsentation wichtig:
- Eine Präsentation hat einen förmlichen Anfang (*Guten Tag, mein Name ist ... und ich möchte Ihnen/euch heute ... vorstellen* o. Ä.) und ein förmliches Ende (*Vielen Dank. Haben Sie / Habt ihr noch Fragen?*).
- Es ist sehr wichtig, nur Vokabular und Strukturen zu verwenden, die im Niveau des Kurses bekannt sind.
- Die TN sollten darauf achten, klar und langsam zu sprechen und Pausen einzulegen.
- Die Sprecher halten Augenkontakt mit dem Publikum.
- Die Präsentation sollte visuell gestützt werden. (▶ **Präsentation von Ergebnissen**)

Präsentation von Ergebnissen

▶ **Ausstellung**

Poster/Plakat – Collage
Ein Poster/Plakat ist ein kreatives Medium, das die Lerner besonders gut zur Präsentation von Gruppenarbeiten, aber auch zur Unterstützung von Vorträgen einsetzen können. Poster/Plakate sollten möglichst groß, DIN A3 oder größer, sein. Sie stellen im Allgemeinen ein klar umrissenes Thema dar (Überschrift des Posters/Plakats), der Schwerpunkt liegt auf visuellen Elementen (Bilder, Fotos).

Power-Point
Wenn Ihre TN diese Präsentationsform wünschen, legen Sie vorab die Anzahl der Folien (und die Dauer der Präsentation) fest. Überlegen Sie gemeinsam, wie eine „gute" Folie aussieht (Textmenge, Schriftgröße). Weisen Sie die TN darauf hin, dass jede Folie auch ausreichend kommentiert werden muss, damit die Präsentation nicht zu einer „Diavorführung" wird.

Wandzeitung
Die Wandzeitung ist eine informative, detailliert gestaltete Präsentationsform von Arbeitsergebnissen. Legen Sie gemeinsam mit den TN das Thema und die Ziele der Wandzeitung fest: *Was soll die Wandzeitung zeigen? Wollen wir informieren, Meinungen darstellen oder ein Projekt vorstellen?* Die TN sammeln zum Thema aussagekräftige Fotos, Zeitungsausschnitte, Zeichnungen und andere Visualisierungen (Grafiken) und schreiben kurze eigene Texte dazu (auch Bildunterschriften oder Überschriften zu Unterthemen). Wichtig ist, dass die Textmenge nicht zu umfangreich und die Schriftgröße ausreichend ist, damit die Wandzeitung auch aus einer gewissen Entfernung lesbar ist.
Die Struktur der Zeitung sollte zuerst auf einem DIN-A4-Blatt geplant werden, auch eine passende, klare Überschrift müssen die TN finden. Für die Gestaltung brauchen Sie ein großes Plakat, ein Stück Tapete oder Packpapier. Dann legen die TN ihr Material auf das Papier auf und testen, ob ihr Plan auch optisch gut zusammenpasst. Bei der Gestaltung sollten die TN auf Schriftgröße, Schriftfarbe, ein ausgewogenes Verhältnis von Text und Bildern sowie auf eine logische Gliederung achten. Danach kleben sie die Materialien auf und hängen die Wandzeitung im Raum auf.

▶ **Wirbelgruppen**

Rechts-Links-Dialog Die TN schreiben den ersten Satz eines Dialogs auf ein Blatt Papier und geben das Blatt dann an den rechten Nachbarn weiter. Dieser reagiert auf den ersten Satz mit seiner Antwort und gibt das Blatt zurück. Auf diese Weise entstehen gleichzeitig 2 Dialoge, in denen jeder TN sowohl in Rolle A als auch in Rolle B schlüpft.

Redemittel-Diskussion Eine Redemittel-Diskussion bietet sich an, wenn im KB verschiedene Redemittel vorgegeben sind (z. B. um eine Beschwerde vorzubringen, seine Meinung zu äußern, sich auf etwas zu einigen etc.). Dazu wählt jeder TN ungefähr 5 Redemittel aus, die ihm besonders nützlich erscheinen und schreibt diese auf Zettel oder Kärtchen. Während der Diskussion legt er diese vor sich hin oder hält sie in der Hand. Die Zettel/Kärtchen dürfen nur dann weggelegt werden, wenn der TN sie in der Diskussion verwendet hat. Durch die Redemittel-Diskussion sollen die TN „gezwungen" werden, neu gelernte Strukturen auch tatsächlich im Gespräch anzuwenden und so zu automatisieren.

Sprechmühle Teilen Sie den Kurs in 2 Gruppen. Gruppe 1 bildet einen Kreis und schaut nach außen. Gruppe 2 bildet um Gruppe 1 herum einen Kreis und blickt nach innen, so dass sich immer 2 Personen gegenüberstehen. Geben Sie eine Frage oder einen Arbeitsauftrag in die Sprechmühle. Je 2 gegenüberstehende TN sprechen über die Frage / den Arbeitsauftrag. Wenn sie fertig sind, geht der Außenkreis oder der Innenkreis (nach Ihrer Anweisung) im oder gegen den Uhrzeigersinn um 1, 2 oder 3 Personen weiter. Sie stellen nun eine neue Frage / einen neuen Arbeitsauftrag. Usw.

Sterndiagramm Ein Sterndiagramm ist eine anschauliche Möglichkeit der Kursstatistik. Malen Sie dazu einen großen Stern an die Tafel oder auf ein Plakat. Jeder Bereich, der ausgewertet werden soll, wird auf einen Zacken des Sterns geschrieben. Der Stern wird von Kreisen durchzogen, bei dem jeder Kreis eine Maßeinheit repräsentiert, die inneren Kreise drücken einen kleinen Wert aus, die äußeren Kreise einen hohen Wert. Die Ergebnisse der einzelnen TN oder der Gruppe können nun in jedem Zacken festgehalten werden.

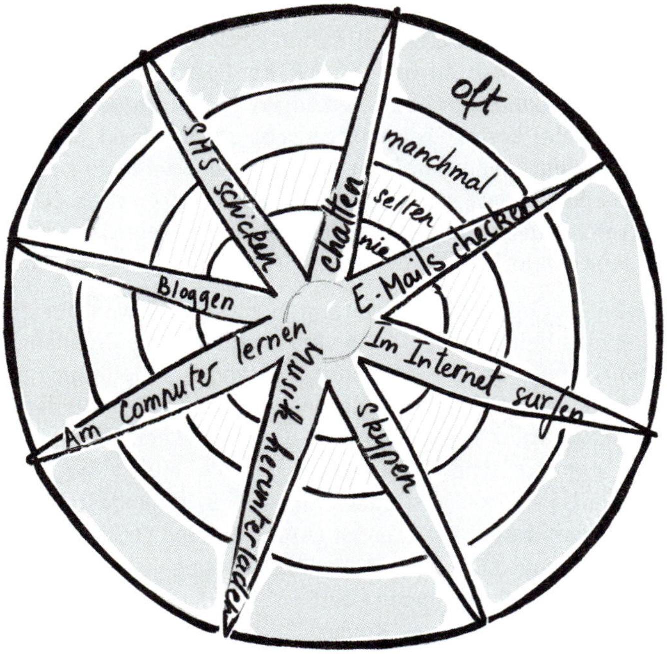

Stummer Dialog Beim stummen Dialog werden verschiedene Aussagen auf je ein DIN-A3-Papier geschrieben, die Papiere werden im Kursraum ausgelegt. Die TN gehen ohne zu sprechen durch den Raum, lesen die unterschiedlichen Aussagen und schreiben ihre eigene Meinung dazu. Danach gehen sie zum nächsten Blatt. Wenn schon Meinungen anderer TN unter den Aussagen stehen, reagieren die TN auch auf diese, so dass sich tatsächlich eine Art von Dialog ergibt.

Tipps zum freien Sprechen Im Unterricht sollte immer wieder darauf geachtet werden, dass den TN genügend Möglichkeiten zum freien Sprechen angeboten werden. Dafür eignen sich natürlich die Dialoge und Situationen im Kursbuch, aber auch selbst erstellte Rollenspiele oder Einzel- und Gruppenpräsentationen.

Dialoge

Freies Sprechen von Kursbuch-Dialogen üben

- Gehen Sie schrittweise vor: Lesen Sie die einzelnen Rollen zuerst einmal langsam vor. Betonen Sie besonders den Satzakzent und die Satzmelodie, unterstreichen Sie sie auch gestisch mit der Hand. Dann lassen Sie verschiedene TN nachsprechen und dabei Gestik und Mimik einsetzen und Blickkontakt miteinander aufnehmen.
- Übernehmen Sie dann eine Rolle, ein TN übernimmt die andere. Spielen Sie den Dialog exemplarisch vor. Achten Sie dabei unbedingt immer auf Gestik, Mimik, Blickkontakt sowie klare, deutliche Aussprache und Intonation. Danach üben die TN die Dialoge zu zweit oder in Gruppen. Ermuntern Sie sie zu übertreiben, ein bisschen Theater zu spielen. Die einzelnen Gruppen stellen dann ihre Dialoge frei im Kurs vor. Die anderen TN geben ▶ **Feedback** zu Gestik, Mimik, Blickkontakt, Aussprache und Intonation.

Sprechen wie ein ...

Die TN bekommen ein Kärtchen mit einem einfachen Satz aus dem aktuellen Kapitel. Sie lernen diesen Satz auswendig. Dann geben Sie ihnen vor, wie sie diesen Satz sprechen sollen, z. B. wie ein Pfarrer, ein Opa, ein Lehrer, ein Arzt, ein General, ein Baby, eine Sängerin ... Der Fantasie sind hier keine Grenzen gesetzt. Wichtig ist, dass die TN so viele verschiedene Rollen wie möglich einnehmen und mit ihrer Stimme und ihrem Körper die Rolle ausfüllen. Wichtig ist auch hier, dass die TN sich gegenseitig ▶ **Feedback** geben. Sie können diese Aktivität auch mit ganzen KB-Dialogen einsetzen.

Einstudiertes Rollenspiel mit Souffleur

Die TN erarbeiten in Kleingruppen selbst einen Dialog / ein Rollenspiel. Ein TN übernimmt dabei die Rolle des Souffleurs. Während die TN frei ihr einstudiertes Stück vorspielen, steht er unauffällig in der Nähe und spricht lautlos, aber mit deutlicher Mundbewegung mit, so dass die Schauspieler sich an in wenden können, wenn sie den Faden verlieren.

Präsentationen

Besprechen Sie mit den TN die **5 Regeln für eine gute Präsentation:**

1. Bereiten Sie sich inhaltlich gut vor. Das gibt Ihnen Sicherheit.
2. Machen Sie sich Notizen in Stichpunkten für den Vortrag. Auch wenn Sie die Präsentation einmal ganz ausformulieren (und aufschreiben), sollten Sie beim Vortrag nur auf Stichpunkte zurückgreifen.
3. Versuchen Sie, möglichst frei zu sprechen. Dann stimmt die Sprechgeschwindigkeit (eher langsam) und Sie achten mehr auf Aussprache und Intonation.
4. Sorgen Sie für Aufmerksamkeit. Sprechen Sie Ihre Zuhörer direkt an oder beziehen Sie sie durch Fragen ein.
5. Machen Sie deutlich, was die wichtigen Infos sind, die die Zuhörer ggf. mitnotieren sollten.

Präsentationstraining
Richtiges Stehen, Blickkontakt, Gestik und Mimik sind wichtige Faktoren, die TN bewusst einsetzen sollten, um die Angst vor dem freien Sprechen zu verlieren.

Richtiges Stehen
Sensibilisieren Sie Ihre TN für Stand, Körperhaltung, Gewichtsverlagerung und die Haltung der Hände und des Kopfes. Stellen Sie sich gemeinsam mit den TN in einem Kreis auf. Alle haben die Beine durchgestreckt und leicht geöffnet; die Füße stehen parallel und fest auf dem Boden. Der Rücken ist durchgestreckt, die Arme angewinkelt, die Hände – so sie nicht auf etwas zeigen oder etwas halten – liegen ineinander, Handflächen nach oben (das signalisiert Offenheit und Ehrlichkeit). Nehmen Sie als Kontrast gegensätzliche Haltungen ein, Sie können auch die TN eine Haltung vorgeben lassen. Wichtig dabei ist, dass sie abwechselnd die „richtige" Haltung und dann wieder eine „falsche" Haltung einnehmen, um sich des Unterschieds bewusst zu werden.

3-A-Technik: Aufnehmen – Aufschauen – Aussprechen
Bereiten Sie für jeden TN eine Karte mit einem Satz vor (z. B. *Ich spreche langsam.; Ich mache kurze Sätze.; Ich mache Pausen.* usw. oder Sie nehmen einfachere, bekannte Sätze aus dem Kursbuch). Je 4–6 TN arbeiten in Gruppen. Geben Sie jedem TN ein Kärtchen. Zuerst lesen die TN ihren Satz (= aufnehmen von Informationen). Dann macht jeder TN die Übung: Zuerst stellt er sich vor die Gruppe, dann stellt er sich bewusst richtig hin, schaut auf und nimmt so Blickkontakt auf, danach spricht er ganz bewusst den Satz aus, der auf seinem Kärtchen steht. Ein TN der Gruppe wird damit beauftragt, sofort *Stopp* zu sagen, sobald der Vortragende den Blickkontakt zum Publikum nicht hält, sondern auf das Kärtchen oder an die Wand sieht. Der Vortragende bedankt sich bei der Gruppe und bekommt Applaus. Danach bekommt er ▶ **Feedback** zu seiner Haltung, zum Blickkontakt, zur Gestik und Mimik und Aussprache.

Tipps zum Vorlesen
Machen Sie Ihre Lerner mit den **5 Regeln zum guten Vorlesen** vertraut:

1. Beginnen Sie nicht sofort mit dem Lesen. Warten Sie ab, bis das Publikum aufmerksam ist.
2. Versuchen Sie, laut, deutlich und mit klarer, fester Stimme zu lesen. Sprechen Sie eher zu langsam als zu schnell.
3. Variieren Sie Ihre Stimme, planen Sie Redepausen ein.
4. Suchen Sie immer wieder Blickkontakt.
5. Sehen Sie die Zuhörer an und versuchen Sie festzustellen, wie Ihr Vorlesen auf die Zuhörer gewirkt hat.

Szenisches Lesen
Je 3 TN arbeiten zusammen. Ein TN jeder Gruppe ist der Regisseur. Sagen Sie den TN, welchen Dialog/Text aus dem Kursbuch sie lesen können, lassen Sie einen Dialog/Text auswählen oder bringen Sie eigene kurze Texte mit. Die TN lesen ihren Text mit unterschiedlicher Sprechhaltung. Der Regisseur gibt seine Ideen und Verbesserungsvorschläge in die Gruppe. Die anderen reagieren darauf. Dann wird rotiert, damit jeder einmal liest und einmal Regisseur ist.

Lesen wie ein …
Die TN bekommen einen einfachen Lesetext oder wählen sich einen Lesetext aus. Sie lesen den Text einmal und markieren im Text, wo sie Pausen machen, wo sie die Stimme heben bzw. senken wollen, wo der Satzakzent ist und bei schwierigen Wörtern der Wortakzent. Dann üben je 2 TN gemeinsam und geben sich gegenseitig ▶ **Feedback**. Danach geben Sie Ihnen vor, wie sie diesen Text vorlesen sollen, wie bei ▶ **Tipps zum freien Sprechen** beschrieben.

Trio-Spiel Das Trio-Spiel entspricht dem Spiel ▶ **Paare finden**, nur gehören 3 (statt 2) Karten zusammen. Die 3 zusammengehörigen Karten könnten z. B. der Positiv, der Komparativ und der Superlativ desselben Adjektivs sein: *gut–besser–am besten*. Alle Karten werden gemischt und verdeckt auf den Tisch gelegt. Jeder TN deckt 3 Karten auf. Wenn sie zusammengehören, darf er sie behalten; wenn nicht, muss er die Karten wieder umdrehen und der nächste Spieler ist an der Reihe. Usw.

Wirbelgruppen Diese Sozialform eignet sich sowohl für die Gruppenarbeit als auch die ▶ **Präsentation** von Gruppenergebnissen. Bilden Sie 3 Gruppen A, B und C. Jede Gruppe arbeitet an 3 verschiedenen Themen und bereitet eine Präsentation vor (oder liest einen Text zu einem Thema, erarbeitet eine grammatische Struktur usw.). Dann bilden Sie neue Gruppen, in denen aus jeder Gruppe A, B, C mindestens jeweils eine Person vertreten ist (AAA, BBB und CCC werden zu ABC, ABC und ABC). Die TN stellen sich gegenseitig die Ergebnisse aus der Gruppenarbeit vor. Dann gehen die TN in ihre Ausgangsgruppe A, B oder C zurück und tauschen sich darüber aus, was sie gehört und gesehen haben. Danach können Sie noch einmal eine kurze Auswertung im Kurs machen oder Sie bereiten ein Quiz zum Thema vor, in dem Sie „überprüfen" können, wie gut die Erarbeitung des Themas funktioniert hat.